프리미어리그 전술 빅벤 즐기기

서현규 저

프리미어리그 전술 백배 즐기기

초판 1쇄 발행 _ 2018년 06월 26일
지은이 _ 서현규
펴낸이 _ 김명석
편집인 _ 김소율
표 지 _ 김소율
마케팅 _ 김미영
제작인쇄 _ 정문사
펴낸곳 _ 도서출판 엘티에스 출판부 "사람들"
등 록 _ 제2011-78호
주 소 _ 서울시 관악구 신림동 103-117번지 5F
전 화 _ 02-587-8607
팩 스 _ 02-876-8607
블로그 _ http : //blog.daum.net/ltslaw
이메일 _ ltslaw@hanmail.net

* 이 책의 판권은 지은이와
   도서출판 엘티에스 출판부 "사람들"에 있습니다.
   양측의 서면 동의 없는 무단전재 및 복제를 금합니다.
* 저자와의 협의 하에 인지는 생략합니다.

ⓒ 2018
저자 이메일 toru_100@naver.com
ISBN 979-11-6081-005-9 13690
정가 13,000원

저자서문

잉글랜드 프리미어리그는 9시간의 시차가 나는 저 멀리 유럽에서 펼쳐지는 리그지만, 국내에서 압도적인 인기를 끌고 있다. 다른 유럽 리그인 프리메라리가나 분데스리가 또는 세리에 A와 비교하면 더욱 그렇다. 매 경기가 끝날 때면 여러 축구 커뮤니티는 프리미어리그 이야기로 도배된다.

프리미어리그의 인기는 나날이 높아지고 있다. 비단 국내뿐만 아니라 전 세계적으로도 그렇다. 더욱 많은 사람들이 프리미어리그를 통해 해외 축구, 또는 축구 그 자체에 관심을 갖기 시작했다. 축구 팬들의 전체적인 수준이 높아진 만큼 그 숫자도 확연히 늘어난 것이다.

당연한 이야기지만 필자도 그 중 한 명이다. '피파 온라인2'라는 게임을 통해 축구에 처음으로 관심을 갖게 되었고, 프리미어리그를 챙겨보기 시작했다. 당시에도(그리 오래전 일은 아니지만) 프리미어리그란 일반 사람들이 가장 쉽게 접할 수 있는 해외 축구 무대였다.

이때부터 개인 축구 블로그를 운영하기 시작했다. 단순히 축구 글을 쓰고 싶어서 시작한 일이었다. 해외 축구의 이야기나 소식들을 글로 풀어내는 인터넷 스포츠 뉴스난이 너무나도 재밌게 다가왔다. 축구판이 돌아가는 전체적인 흐름을 보고 있자면, 마치 한 편의 영화를 보는 것 같았다. 자연스럽게 축구에 대한 글을 쓰고 싶다는 욕망이 생겼다.

프리미어리그 전술 백배 즐기기

해외 축구에 대해 알아가고 있을 즈음, '전술'이라는 요소에 꽂히기 시작했다. 그리고 이제는 축구판이 아닌, 어느 한 경기가 전개되어 가는 전체적인 흐름에 관심이 집중되었다. 그 시절부터 개인 블로그와 여러 축구 커뮤니티에 프리미어리그의 전술 분석 글을 꾸준히 써오고 있다.

지속적으로 전술을 분석한 글들을 써오며, 많은 팬들과 의견을 나누면서 중요한 한 가지를 깨달았다. 해외 축구의 전술을 알고자 하는 사람들은 많은데, 이를 명쾌하게 알려줄 미디어나 서적이 드물다는 것이다. 이들은 대개 포털사이트에 게재되어 있는 유명 전문가의 칼럼이나 해외에서 쓰인 번역 칼럼들을 통해 해외 축구의 전술들을 알아간다. 몇 번의 클릭으로 찾아볼 수 있기 때문이다. 또한 축구 서적을 통해 지식을 넓혀가기도 한다. 하지만 이는 모두 제한적이다. 국내 전문가들이 게재하는 칼럼은 항상 '전술'이라는 주제에만 국한되지 않으며, 해외의 모든 분석 글들이 번역되는 것도 아니다. 그렇다고 '축구 전술'을 다루는 서적이 국내에 그리 많은 것도 아니다.

이 책을 통해 많은 팬들이 축구 전술에 쉽게 다가갈 수 있는 징검다리가 되어주고 싶다. 프리미어리그는 많은 사람들에게 익숙하고 친근한 축구 무대이다. 비록 유럽에서 펼쳐지는 리그지만, 많은 축구 팬들의 주말 밤을 책임져왔다. 그런 만큼 프리미어리그를 통해 축구 전술을 풀어 나간다면, 독자들은 전략 전술에 대해 더 쉽고 친근하게 다가갈 수 있을 것이다.

Preface

　인연이란 참으로 묘한 것이라는 생각이 든다. 프리미어리그 전술 분석 글을 써왔지만 책으로 낼 마음은 먹지 않고 있었다. 문득 일면식도 없는 김기호 선생이 전화를 걸어 왔다. 여러 이야기가 오가면서 책으로 내자고 제안했다. 뜻밖의 제안이라 처음에는 주저했지만 용기를 내기로 했다. 바쁜 중에도 추천의 글을 써준 이수열 한국축구연구원 원장님의 관심과 성원에 깊이 감사드리며, 이 책을 내기로 결정하고 이렇게 출간해주신 김명석 도서출판 사람들 대표님에게 고마운 마음을 전한다. 많은 분들이 이 책을 읽어주셔서 출판사에도 효자 노릇을 해주었으면 하는 바람이다.

　이 책의 출간으로 더욱 막중한 책임감을 느끼며, 더욱 전략 전술 공부에 천착하여 보다 독창적이고 깊이 있는 프리미어리그 전술 분석 글을 블로그에 연재할 것을 약속드린다. 많은 분들의 도움과 격려에 힘입어 이 책이 태어났다. 그 분들에게 진심으로 우러나오는 감사의 말씀을 올린다.

2018. 4. 21

서현규

첫 출판을 축하드립니다 !

알고 있듯이, 프리미어리그는 현재 지구촌 최대의 프로 축구 리그다. 리그 중계 빈도도 단연 세계 1위다. 한국에서도 프리미어리그 팬들이 엄청나다. 그들은 밤새워 경기를 시청한다. 맨체스터 유나이티드를 응원하는 팬들이 3억 명이 넘는 등 세계 축구팬들의 이목을 집중시키고 있는 리그다. 또한 초일류 축구선수들이 뛰고 싶어 하는 꿈의 무대다.

자연스럽게 한국에서도 프리미어리그를 분석하는 글들이 꾸준히 발표되고 있다.

그러나 팬들이 요구하는 구조적이며 체계적으로 리그 경기를 관통하는 결과물이 부족했다. 이런 현실에서 팬들의 요구에 응답한 〈프리미어리그의 전술 백배 즐기기〉 출간은 여러 가지 뜻깊은 의미를 지니고 있다.

먼저, 프리미어리그를 이끌어 가고 있는 메이저 팀들의 전략 전술을 통합적으로 그리고 깊이 있게 알려주고 있다.

둘째, 팬들의 관심을 집중시킨 경기를 심층 분석하여 두 팀 감독의 전략 전술이 승패에 어떤 영향을 주었는지 환하게 열어 보여 준다. 팀 전력과 스쿼드에서 밀리지만 최적의 전략 전술 선택으로 승리하는 경기가 적지 않다. 이런 경기는 흥미진진하다.

셋째, 축구 경기를 읽고 해석하는 경기판독력을 성큼 높여준다. 이 책을 계속 공부해나가면 두 팀이 채택한 전략 전술을 구별해내며, 두 팀 감

독보다 더 적확한 전략 전술을 선택할 수 있는 능력을 소유할 수도 있지 않을까?

넷째, 현대 축구의 전략 전술 트렌드를 알 수 있다. 세계의 축구 명장들이 지휘하는 프리미어리그는 최첨단 전략 전술이 치열하게 경합하는 구체적인 현장이기 때문이다.

우연히 인터넷 축구카페에서 저자의 프리미어리그 분석 글을 읽었다. 내용이 간결하면서도 명쾌하고 적확했다. 독자를 자발적으로 동의하게 하는 설득력과 객관성이 있었다. '누가 이 글을 올렸을까?' 하는 궁금증이 일어났고, 이메일을 보냈다. 이후 저자와 몇 차례 통화하면서 책으로 출판할 것을 제안했다. 2018년 4월 중순 원고를 완성했고, 이렇게 책으로 태어났다. 저자의 첫 작품이다. 통쾌하다!

저자 서현규 씨는 올해 고교 3학년이다.

이 나이에 이런 예사롭지 않은 책을 출간한다는 게 쉬운 일인가? 우리는 뭔가를 추구하는 사람들에게 감사할 줄 알아야 한다. 인류 역사는 이런 사람들에 의해 발전해왔다. 책을 내기로 결의하고, 축구지식이 빈곤한 한국축구계에 이 책을 상재한 저자의 노고에 깊이 감사드린다. 우리는 이제 프리미어리그 분석에 이 책을 두고두고 활용할 수 있게 되었다.

한국축구계에 진정으로 공부하고자 하는 감독 코치들이 속속 등장하고 있는 건 참으로 고무적인 일이다. 세상 어느 분야든 공부하는 만큼 가르칠 수 있기 때문이다. 이 책이 이 땅의 소중한 지적 자산이 되어 평생교

육 자료로 사용될 것이다.

  이 책이 매일 매일 선수를 가르치는 감독 코치, 프로축구 선수가 되기로 결의한 선수, 축구마니아, 대학의 축구학과 교수와 학생, 대한축구협회, 프로축구연맹, 22개 프로구단, 선수 학부모 그리고 축구를 사랑하는 모든 사람들이 꼭 읽고 최고로 활용하기를 권유 드린다. 특히 선수를 지도하는 감독 코치는 책 사는 데 아끼지 말라! 책보다 더 효과적이고 강력한 평생교육 수단이 있는가? 진정으로 가르치는 사람은 배움을 게을리 하지 않는다.

  이 책의 앞날개 저자 소개에서 보듯이, 저자는 앞으로 전력분석관이 되려고 한다. 그 마음 변치 말고, 오직 축구 한 길로 전력투구해주기 바라는 마음 가득하다. 세월 속에서 한국축구를 혁신하고 지속적으로 성장시키는 중심인물 중의 한 사람으로 활동하는 걸 상상해본다.

  이 책을 출간하여 프리미어리그를 심도 있게 알게 해준 저자에게 거듭 감사의 마음과 박수를 보낸다. 그리고 다음 책이 벌써부터 기다려진다.

  노력하는 사람, 반드시 이루리 !

2018. 4. 20

김기호

추천사

김기호는 한국축구연구원 수석연구원이며, 7종 8권의 축구서적을 출간했다.
「슈팅」(두남/2017. 12), 「1등 축구팀을 만드는 비결」(도서출판 사람들/2017.1),
「헤딩」(도서출판 사람들/2014. 8), 「축구코칭론」(두남/2009.12), 「킥 오프」(삼보출판사/2005.8),
「신태용의 축구교실 킥」(예림기획/2003.3), 「축구 기초기술지도 上 下」(금광/1992.3)다.
현재 축구 카페 http://cafe.daum.net/soccos의 카페지기로 활동하고 있다.

추천사

　한 번씩 서점을 찾아가 스포츠 코너를 훑다보면 양질의 축구 서적을 수두룩하게 발견하곤 한다. 해외 번역서가 주를 이루었던 과거와는 달리, 요즘에는 국내 저자가 쓴 책도 많아지는 추세다. 좋은 현상이다. 책은 생각의 요람이다. 다양한 생각은 곧 문화 발전의 동력이 된다.

　하지만 그러면서도 한편으로는 아쉽다. 축구 서적의 수는 늘어가고 있지만, 정작 현대 축구의 이면을 면밀하게 들여다볼 수 있는 서적의 수는 부족하기 때문이다. 월드컵 같은 메이저 대회나 다음 시즌 유럽 리그를 전망하는 프리뷰 서적, 과거의 축구를 다룬 역사 서적, 그 외 축구 기술 설명서나 전술 설명서는 많이 나오는 편이지만 가장 최근의 한 시즌을 돌아보는 리뷰 서적은 부족하다. 아니 거의 없다고 봐도 무방하다. 한 해 동안 국제 축구를 대표하는 일선 지도자들이 소속팀을 어떻게 운영해왔는지, 여러 상황에 어떻게 대처해왔는지에 대한 분석은 현대 축구의 트렌드를 정확히 파악하는데 있어 중요한 자산이 된다. 따라서 과거의 전술을 다룬 서적, 미래를 전망하는 서적뿐만 아니라 현재를 명확히 조명해보는 서적 역시 필히 많아져야 한다.

　그런 의미에서 저자가 저술한 이 책은 의미가 남다르다. 이 책은 잉글랜드 프리미어리그 상위 6팀의 지도자들이 17-18 시즌 동안 팀 전술을 어떻게 운영해왔는지 상세하게 다루고 있다. 각 지도자가 시즌 전에 구상한 전술적 토대가 무엇인지, 시즌을 치르면서 상대에 따라, 여러 변수에 따라 어떻게 변화를 주며 대응해왔는지를 남다른 시각을 토대로 조목조목

추천사

집어내고 있다.

　이 책은 잘 정리된 17-18 시즌 프리미어리그 리뷰서임과 동시에 날카로운 전문적 시각이 느껴지는 훌륭한 전술 분석서다. 바쁜 일상에 쫓겨 이번 시즌 프리미어리그를 잘 챙겨보지 못한 축구팬들, 프리미어리그 동향에 대해 보다 자세히 알고 싶으신 분들에게 이 책을 강력히 추천한다. 평범한 축구팬들도 책 속의 내용을 하나하나 읽어 내려 가다보면 어느새 프리미어리그 전문가, 전술 전문가가 되어있는 자신을 발견하게 될 것이다.

　또한 이 책은 축구계 현장에서 활동하고 있는 지도자들에게도 훌륭한 참고서가 될 것이라고 확신한다. 책 속에 세세하게 정리되어 있는 프리미어리그 상위팀들의 빌드업, 침투, 피니시, 압박, 수비 구사 방식과 상대, 상황에 따른 전술 응용 방식 같은 내용들은 현장에서 바로 적용할 수 있는 고급 정보들이다.

　고등학생 신분으로 학업을 병행하는 바쁜 와중에도 이런 훌륭한 책을 펴낸 서현규 저자의 노고와 열정에 박수를 보낸다. 한국 축구계의 소중한 지적 자산이 될 이 책이 축구 팬들과 축구 관계자들에게 부디 널리 널리 읽히길 바란다. 마지막으로 오랜 기간 동안 축구 서적을 써온 저자로서 앞으로 서현규 저자의 멋진 행보를 기대해본다.

프리랜서
축구 칼럼니스트 **이수열**

제1부 전술 분석이 익숙하지 않은 사람들에게   12

    01. 포메이션은 단순한 숫자 놀음인가?   14

    02. 개인적인 전술 분석 방법   22

    03. 알아두면 유용한 축구 용어   29
        1) 하프 스페이스
        2) 라볼피아나
        3) 오버로드 투 아이솔레이트/의도적 고립
        4) 페너트레이션 단계

제2부 17/18 프리미어리그 빅 6 전술 분석   55

    01. 첼시 전술 분석   57
        1) 3-4-3 시스템
        2) 3-5-2 시스템

    02. 토트넘 전술 분석   94
        1) 3-5-2 시스템
        2) 4-2-3-1 시스템

    03. 맨체스터 시티 전술 분석   123
        4-3-3 시스템

04. 리버풀 전술 분석 157
    4-3-3 시스템

05. 아스날 전술 분석 196
    1) 3-4-3 시스템 - 공격
    2) 백4 시스템(4-3-3, 4-2-3-1) - 공격
    3) 백3, 백4 수비 시스템

06. 맨체스터 유나이티드 전술 분석 227
    1) 4-2-3-1 시스템 - 공격
    2) 4-3-3 시스템 - 공격
    3) 수비 시스템

제3부 주요 경기 분석   263

01. 토트넘 vs 도르트문트 264

02. 리버풀 vs 첼시 279

03. 맨체스터 유나이티드 vs 맨체스터 시티 296

04. 맨체스터 시티 vs 토트넘 311

05. 맨체스터 유나이티드 vs 첼시 327

06. 맨체스터 시티 vs 리버풀 345

프리미어리그 전술 백배 즐기기

제1부

전술 분석이 익숙하지 않은 사람들에게

01
포메이션은 단순한 숫자 놀음인가?

포메이션은 축구라는 스포츠에 있어 중요한 부분을 차지하는 요소다. 골키퍼를 제외한 10명의 필드 플레이어들을 어떻게 배치했는지 알려주는 가장 기본적인 좌표가 되기 때문이다. 4-3-3 포메이션을 예로 들 경우 4명의 수비수와 3명의 미드필더, 그리고 3명의 공격수를 놓은 대형이라 할 수 있다.

같은 포메이션이라 해도 선수들을 어떤 형태로 배치했는지에 따라 대형이 달라질 수 있다. 4-4-2 포메이션을 예로 들어보자. 4-4-2 포메이션은 4명의 수비수와 4명의 미드필더, 그리고 2명의 공격수를 놓은 대형이다. 여기서 4명의 미드필더를 여러 가지 형태로 배치할 수 있다. '―'와 같은 1자 형태로 배치할 수도 있고(플랫 4-4-2), 4-1-2-1-2와 같이 다이아몬드 대형으로도 놓을 수 있다.

이와 같이 모든 포메이션을 다양한 형태로 분류할 수 있을 것이다. 가령 4-3-3 포메이션을 예로 들 경우, 중앙 미드필더 라인을 어떻게 배치하느냐에 따라 달라질 수 있다. 중원 3미드필더를 '―'와 같은 1자 형태로 배치할 수도 있고, 역삼각형 대형으로 놓을 수도 있다. 3미드필더가 역삼각형 형태로 배치된다면 전체적으로 4-1-4-1과 같은 (좌우 미드필더와 윙어가 같은 선상에 선) 구조를 띠게 될 것이다.

개인적인 성향 차이가 존재하겠지만, 필자는 포메이션을 표현할 때 일일이 따져가면서 구분하지 않는 편이다. 쉽게 말해 미드필더를 다이아몬드 형태로 배치한 4-4-2를 말할 경우, '4-4-2', '다이아몬드 형 4-4-2', '4-3-1-2', '4-1-2-1-2' 등의 표현을 구분하지 않고 사용한다는 것이다. 축구에서 90분 내내 어느 한 대형만을 고수하며 움직이는 팀은 존재하지 않기 때문이다.

2017년 12월에 펼쳐졌던 맨시티와 토트넘 간의 경기를 예로 들어보자. 축구 통계 전문 사이트인 'whoscored.com'은 이 경기에서 토트넘이 들고 나온 포메이션을 4-3-1-2라 표기했다. 하지만 맨시티의 과르디올라 감독은 경기 후 인터뷰에서 "상대는 4-4-2 다이아몬드 형태로 경기를 시작했습니다."라고 언급하며 토트넘의 대형을 '4-4-2 다이아몬드 형태'라고 표현했다. 이렇듯 포메이션은 바라보는 사람의 관점에 따라 얼마든지 다르게 표현될 수 있는 요소라 할 수 있다.

중요한 점은 이 '포메이션'이 전술의 절대적인 면을 결정하지 않는다는 것이다. 미드필더 라인을 1자로 둔 4-4-2 포메이션을 예로 들어보자. 이 대형에서는 단 2명만의 중앙 미드필더를 두고 있다. 그렇기 때문에 4-3-3, 4-2-3-1, 4-3-1-2 등의 여러 포메이션과 맞붙을 때면 중원 지역에서 숫자가 부족한 상황이 발생할 것이다.

그렇다면, 미드필더 라인을 1자로 둔 4-4-2 포메이션을 활용하는 팀들은 모두 '중원 숫자가 부족하다.'라는 단점을 안고 있을까? 아니다. 전술은 절대 포메이션 하나만으로 정해지는 요소가 아니기 때문이다.

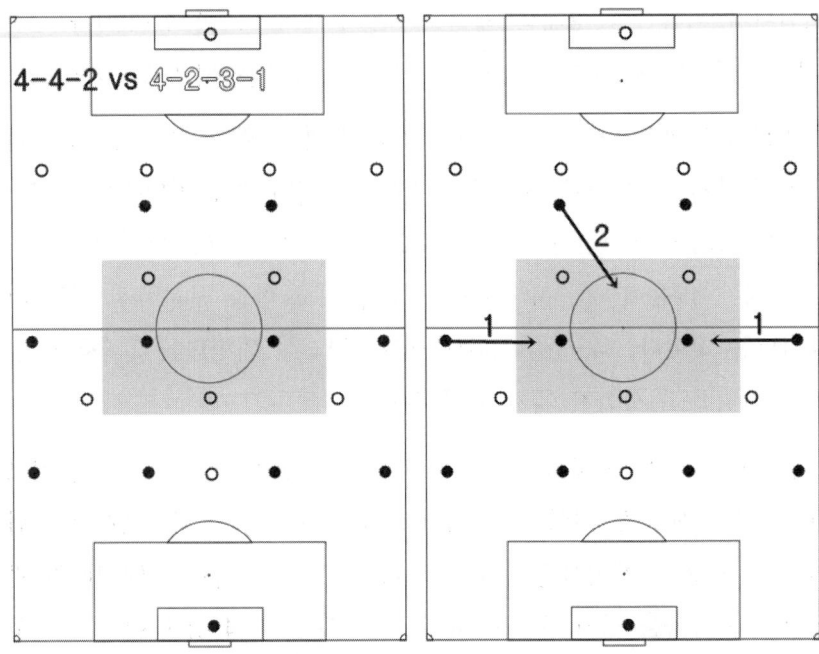

▲ 4-4-2 포메이션의 구조적 문제점을 해결하는 방법

중원 숫자가 부족하다는 4-4-2 포메이션의 구조적 문제점은 여러 가지 방법으로 해결할 수 있다. 중요한 점은 '그 안에서 뛰고 있는 선수들의 특징이 어떠한가.'이다. 일정 포메이션이 보유한 구조적 문제점을 선수들의 특징으로 해결할 수 있기 때문이다.

예를 들어 4-4-2의 양 측면 미드필더가 비교적 중앙 지역에 익숙한 선수들이라고 가정해보자. 그렇다면 중원 지역에서 수적으로 불리한 상황이 발생할 때, 양 측면 미드필더들에게 중앙으로 좁히라는 지시를 주문함으로써 4-4-2의 구조적 문제점을 상쇄할 수 있을 것이다. 중원에 4명의 선수들을 배치한 형태로 전환되는 것이다.

이런 식으로 선수들의 장/단점에 따라 다양한 해결책을 생각할 수 있다. 몇 가지 더 예를 들어 보자면, 최전방 2톱 자리에 밑 선으로 빈도 높게 내려오는 유형의 공격수를 두는 수도 존재한다. 또한 광범위한 영향력을 행사할 수 있는 2명의 중앙 미드필더를 배치할 수도 있을 것이다. 선수 개인의 능력으로 '중원 지역에서의 수적 불리' 문제점을 무마하는 방법이다.

중요한 점은 선수들의 '특징'을 활용하되, '강점'을 영리하게 이용하여 포메이션의 구조적 문제점을 커버해야 한다는 것이다. '중앙 지역에 익숙한 측면 미드필더를 배치한다.'고 가정해보자. 측면 미드필더가 중앙 지역에 익숙하다는 사실은 '특징'일 뿐, '강점'이라 할 수는 없을 것이다. 그렇기 때문에 측면 미드필더가 중앙으로 좁힐 경우 그들의 원 담당 공간을 커버해야 할 또 다른 대책을 찾아야 한다. 다른 선수들이 갖고 있는 강점을 통해서 말이다. 예를 들어 '높은 수비 라인에 익숙하다.'라는 강점을 갖고 있는 선수들로 수비 라인을 구성할 수 있을 것이다. 수비 라인과 미드필더 라인 간의 간격을 좁혀, 양 윙백들이 측면 미드필더의 원 담당 공간을 빠르게 커버할 수 있기 때문이다.

이렇듯 어느 한 팀이 유지하는 대형과 그 속에서 뛰고 있는 선수들의 특징, 강/약점은 밀접한 관계를 갖고 있다. 단순히 미드필더 라인을 1자로 둔 4-4-2 포메이션을 활용한다고 해서 중원이 약하다 할 수 없는 것이다. 모든 팀들은 경기 내에서 펼쳐지는 각 상황마다 다양한 대형을 형성한다. 포메이션 자체가 갖고 있는 구조적 장/단점과, 앞서 소개했듯 그 속에서 뛰고 있는 선수들의 특징을 조합해서 말이다.

예를 들어 4-3-3 포메이션 체제에서 수비형 미드필더의 롱 패스 능력이 뛰어나고, 양 윙백의 공격적 능력이 출중하다고 가정해보자. 그렇다면 빌드업을 전개할 때 전체적으로 3-4-3과 같은 대형을 형성하는 것이 효율적일 것이다. 수비형 미드필더가 센터백 사이로 내려오고, 양 윙백이 미드필더 라인으로 전진하면서 말이다.

수비시에도 감독이 원한다면 다른 포메이션으로 전환할 수 있다. 수비시에는 많은 팀들이 미드필더 라인이 1자로 형성된 4-4-2 대형을 선택하는 편이다. 수비시 가장 중요한 간격 유지를 비교적 쉽게 해낼 수 있기 때문이다. 신태용 호의 핵심 미드필더인 정우영은 "4-4-2는 심플하다. 세 줄로 딱딱 맞출 수 있고, 간격을 조절하기에도 좋다. 보는 입장에서도 간단하다. 선수들이 이해하기 쉬운 대형이다."라고 언급하며 4-4-2의 장점을 소개했다.[1]

중요한 점은 '다른 포메이션으로 어떻게 전환하는가.'이다. 4-2-3-1 포메이션을 사용하는 팀이 수비시 4-4-2 대형으로 전환한다고 가정해보자. 4-4-2로 전환하기 위해서라면 대체적으로 3명의 공격 2선 선수들 중 한 명이 1선으로 올라가야 할 것이다. 여기서 선수들의 성향에 따라 '전환하는 방식'이 얼마든지 달라질 수 있다. 만약 윙어가 측면 지향적인 선수일 경우에는 공격형 미드필더를 1선으로 올리는 게 효율적일 것이다. 하지만 윙어 중 한 명이 전방 수비에 강점을 가진 유형일 경우에는, 그 선수를 1선으로 올리는 것이 더욱 좋은 선택일 것이다. 이에 따라 나머지 윙어와 공격형 미드필더 선수는 4-4-2의 양 측면 미드필더 자리에 서게 될 것이다.

---

[1] 베스트 일레븐 - 정우영이 밝힌 4-4-2서 '잘 되는' 이유, 조남기 기자

비슷한 원리로, 그에 대한 합당한 이유가 있다면 백3과 백4 대형을 한 경기 내에서 혼용하는 것 역시 얼마든지 가능하다. 레알 마드리드와의 2017 슈퍼컵 경기에서 무리뉴 감독이 들고 나왔던 4-3-3 시스템을 예로 들어보자.

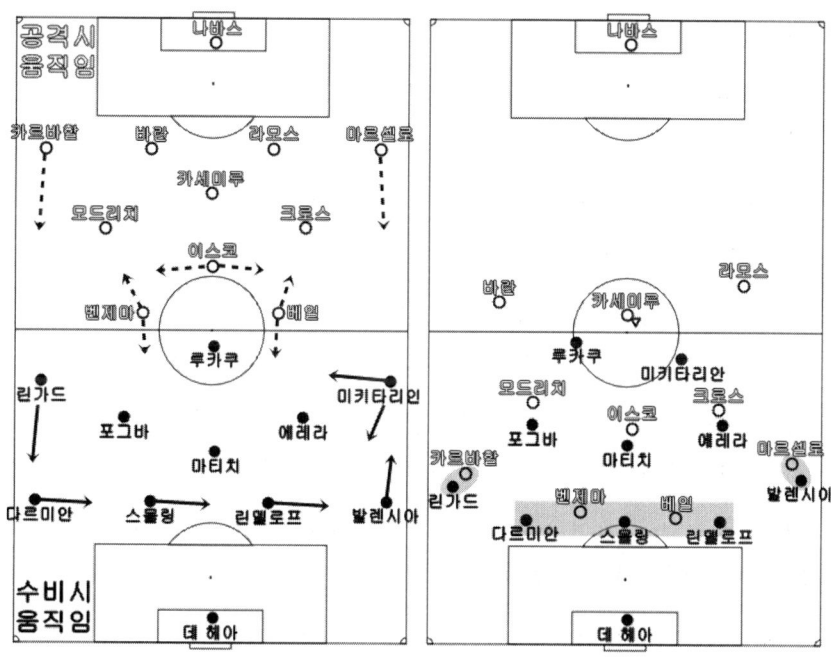

▲ 맨체스터 유나이티드의 수비시, 레알 마드리드의 공격시 움직임(좌)과 무리뉴의 의도(우)

당시 양 팀의 선발 라인업은 다음과 같이 이뤄졌다. 맨유 : '다르미안 – 스몰링 – 린델로프 – 발렌시아 / 포그바 – 마티치 – 에레라 / 린가드 – 루카쿠 – 미키타리안', 레알 : '마르셀로 – 라모스 – 바란 – 카르바할 / 크로스 – 카세미루 – 모드리치 / 이스코 / 베일 – 벤제마' 여기서 중요한 점은 다르미안과 린가드가 각각 왼쪽 윙백, 왼쪽 윙어

01. 포메이션은 단순한 숫자 놀음인가? 19

자리에 배치됐다는 사실이다.

다르미안은 매우 다재다능한 수비 능력을 갖춘 선수다. 그는 기본적으로 왼쪽, 오른쪽 윙백을 모두 소화할 수 있지만, 상황에 따라서라면 센터백까지 충분히 맡을 수 있는 자원이다. 드물지만 무리뉴 체제에서 센터백으로도 활약한 바가 있었다.

윙어로 나선 린가드는 지치지 않는 체력과 광범위한 활동량을 자랑하는 선수다. 공격 2선을 주 포지션으로 삼는 선수치고는 볼을 다루는 데 비교적 좋지 않은 모습을 보이지만, 그만큼 뛰어난 민첩성과 영리한 오프 더 볼 움직임으로 상대 수비수들을 상대해왔다.

무리뉴가 린가드와 다르미안을 왼쪽 측면에 함께 배치한 이유는 수비시 4-3-3에서 백3 체제로 전환하기 위함이었다. 이날 맨유가 수비를 진행할 때면 린가드가 수비 라인까지 내려오고, 다르미안이 중앙으로 좁힘으로써 '린가드 - 다르미안 - 스몰링 - 린델로프 - 발렌시아'로 이뤄진 변형 백3 라인(다르미안, 스몰링, 린델로프는 센터백, 린가드와 발렌시아는 윙백)을 형성했다.

맨유가 수비시 최후방 라인에 5명의 선수를 배치한 까닭은 레알 마드리드의 공격 형태를 막아내기 위해서였다. 이날 레알은 4-3-1-2 포메이션을 꺼내 들었다. 공격시 양 윙백인 마르셀로와 카르바할이 1선까지 전진하여 측면 지역을 담당했다. 그렇기 때문에 레알이 공격을 전개할 때면 1선에 4명의 선수(윙백 마르셀로, 카르바할, 2톱 벤제마, 베일)들을 배치한 셈이 됐다. 맨유는 이를 막아내기 위해 수비 라인에 5명의 선수를 배치했다. 레알의 공격 라인을 상대로 5:4 수적 우위를 형성해낼 수 있기 때문이다.

결론적으로, '포메이션은 숫자 놀음인가?'라는 질문을 받는다면 '그렇다.'에 가까운 대답을 하고 싶다. 포메이션이 전체적인 전술에 영향력을 행사한다는 것은 사실이다. 그러나 이는 매우 일부분에 지나지 않는다. 포메이션은 전술의 절대적인 면을 결정하는 요소가 아니다. 중요한 점은 '선수들의 특징, 장/단점을 활용하여 포메이션을 어떻게 사용하고 전환할 것인가.'라는 점이다.

각각의 상황에서 4-3-3, 4-4-2, 3-5-2 등의 대형 자체가 가져가는 의미는 분명히 존재한다. 어느 대형을 형성하느냐에 따라 전체적인 전술적 구도가 달라진다. 상술했듯 많은 팀들이 수비 상황에서는 4-4-2를 선호하는 것처럼 말이다. 하지만 축구 경기 내에서 벌어질 수 있는 '각각의 상황'은 다양하며, 이는 매우 빠르게 펼쳐지고 다시 전환된다. 90분 내내 1, 2개의 일정한 대형만으로는 절대 정상적인 경기를 치를 수 없다.

02
개인적인 전술 분석 방법

전술은 분석하는 사람의 시각과 관점 차이에 따라 얼마든지 다르게 해석할 수 있는 요소다. 전술에 대해 무언가를 알려주는 절대적인 지표가 없고, 주문을 내린 감독이 모든 전술적 의도에 대해 직접적으로 언급하는 일이 매우 드물기 때문이다.

'전술 분석이 뛰어나다.'라는 말을 듣기 위해서는 크게 2가지 요소를 잘할 수 있어야 한다고 생각한다. 하나는 경기 내에서 펼쳐지는 전술적 특징을 최대한 많이 찾아내야 한다는 것이고, 또 하나는 그것들을 정확하게 -감독의 원 의도와 알맞게- 짚어내야 한다는 것이다.

2017년 5월에 펼쳐졌던 맨유와 아약스 간의 유로파리그 결승전 경기를 예로 들어보자. 당시 무리뉴 감독이 의도한 큰 폭의 전술 변화는 2가지였다. 첫째는 당시 자주 활용해왔던 4-3-3 대신 4-2-3-1 대형을 꺼내들었다는 것이었고, 둘째는 포그바와 에레라를 중앙 미드필더로, 비교적 수비적인 펠라이니를 공격형 미드필더로 배치했다는 사실이었다.

무리뉴가 4-2-3-1을 꺼내든 이유는 아약스의 후방 빌드업 단계를 통제하기 위해서였을 것이다. 당시 아약스는 4-3-3 포메이션을 주 대형으로 삼고 있었다. 그렇기 때문에 4-2-3-1을 꺼내든다면 상대의 모든 선수들을 1 대 1로 마킹할 수 있는 구도가 펼쳐졌다. (윙어 – 윙백, 중원 삼각형 3미드필더 – 중원 역삼각형 3미드필더, 3톱 – 백 4 수비 라인) 중원의 포그바, 펠라이니, 에레라가 모두 1 대 1 수비에 강점을 가진 선수들이란 사실을 공략한 점이었다.

무리뉴는 자신의 아약스전 전술에 대해 다음과 같이 언급했다.

"아약스의 오른쪽 센터백인 데 리트를 철저히 압박하면서, 왼쪽 센터백인 산체스가 볼을 잡도록 유도했습니다(수비시 중앙 공격수 래쉬포드의 역할). 그리고 저는 아약스를 상대하기 위해 3미드필더를 변형시켰죠. 에레라와 포그바를 밑으로 내리고, 펠라이니를 전진시켰습니다. 산체스는 자연스레 롱 볼을 시도할 수밖에 없었으며, 제 선수들은 제공권에 강점을 보유한 자원들이었습니다."

"아약스는 강한 압박을 시도하고, 높은 볼 점유율을 유지하는 팀입니다. 이 점을 공략하기 위해 빌드업 단계에서 센터백과 미드필더 진영을 거치지 않도록 주문했습니다. 미드필더 진영에 볼이 없는데, 어떻게 강한 압박으로 중원에서 볼을 탈취할 수 있을까요?"(공중볼에 매우 강한 펠라이니를 공격형 미드필더로 배치한 이유. 이날 맨유는 후방 빌드업 단계에서 전방의 펠라이니를 겨냥한 롱 볼을 적극적으로 활용했다. 이날 펠라이니는 무려 21번의 공중볼 경합을 시도했다)

여기서 '무리뉴가 4-2-3-1을 사용하고, 펠라이니를 공격형 미드필더로 배치한 이유'에 대해 전술 분석을 진행한다고 가정해보자. 그렇다면 "1 대 1 마킹을 통해 아약스의 후방 빌드업 단계를 통제하기 위해"라는 답 하나보단, "공격시 펠라이니의 공중 장악 능력을 활용하며 아약스의 강점이 발휘될 수 있는 상황을 조성하지 않기 위해"라는 얘기를 함께 덧붙이는 사람이 전술 분석을 잘한다고 할 수 있을 것이다.

또한 '맨유가 아약스의 후방 빌드업을 통제하는 단계'를 중심으로 의견을 나눠본다 하자. 그렇다면 "맨유는 1 대 1 마킹을 통해 아약스의 후방 빌드업을 통제했다."라고 얘기한 사람보단, "맨유는 데 리트를 철저히 압박하고, 미드필더 라인에서 이뤄진 1 대 1 수비 구도를 통해 아약스의 후방 빌드업을 통제했다. 맨유의 선수들은 제공권에 강점을 갖고 있기 때문이다."라고 주장한 사람이 전술 분석에 더욱 뛰어나다 할 수 있을 것이다.

이렇듯 감독이 경기 내에서 의도한 전술들을 모두 짚어준다면, 전술 분석을 진행하는데 있어 개인적인 시각과 관점 차이를 최소화시킬 수 있을 것이다. 하지만 당연하게도 모든 경기에서 이러한 고급 정보들을 입수할 수는 없다. 어느 감독이 매 경기마다 자신의 전술적 의도를 모두 짚어주는가? 만약 그렇다면, 그 팀은 쉽게 공략당할 것이다.

필자는 경기의 스탯과 여러 기록 지표들을 적극적으로 활용하는 편이다. 비교적 기본적인 슈팅 숫자와 볼 점유율부터, 전문 사이트에서 찾아볼 수 있는 패스맵과 히트맵(선수들의 활동 범위를 나타내주는 지표)까지. 경기 내에서 일어난 '사실'들을 말해주는 것들이면 모두 활용하는 편이다.

경기 내 사실들을 말해주는 객관적 지표는 많은 도움을 준다. 우선 자신이 분석한 내용을 주장할 때 근거가 되어준다. 상술했듯 전술은 시각과 관점에 따라 얼마든지 다양하게 해석할 수 있다. 그렇기 때문에 주관적인 분석의 결과물을 말할 때면, 그에 알맞은 객관적인 지표가 주장에 힘을 실어줄 수 있을 것이다. 예를 들어 '이 윙어는 중앙으로 좁혀와 플레이 메이커 역할을 수행하는구나.'라는 분석을 했다면, 그 윙어의 히트맵이나 패스맵을 근거로 삼을 수 있을 것이다.

자신의 분석을 돌아볼 수 있게끔 해주는 계기가 될 수도 있다. 가령 'A라는 미드필더는 하프라인 밑 지역에만 주력하는구나.'라는 내용을 분석했다 하자. 이후 이 분석에 힘을 보태기 위해 A 미드필더의 패스맵을 찾아봤는데, 그는 공격 진영에서도 상당히 많은 패스를 시도한 선수였다. 그렇다면 경기를 다시 보면서 자신의 분석이 왜 정확하지 않았는지에 대해 돌아볼 수 있을 것이다. 그리고 결과론적으로는, 한층 더 정확한 결과물을 내는 계기로 작용하게 될 것이다.

필자 역시 '사실을 말해주는 객관적인 지표'에 많은 도움을 받아왔다. 전술 분석의 경우, 자신이 원한다고 해서 비약적인 능력 향상을 이뤄내기가 쉽지 않다(최소한 국내에서는). 대중적으로 전술 분석의 방법과 노하우를 자세히 알려주고, 틀린 부분을 바로잡아주는 전문가가 흔치 않기 때문이다. 그렇기 때문에 자신의 전술 분석을 스스로 바로잡아줄 수 있는 객관적인 지표는 그 무엇보다 중요한 열쇠라 할 수 있을 것이다.

개인적으로, 전술을 분석할 때 가장 집중적으로 보는 부분은 '감독의 전술적 의도는 무엇인가?'이다. '수비 라인의 형성 지점', '선수들의 공/수 포지셔닝', '선수들의 전술적 역할' 등 많은 전술적 요소들을 보면서 항상 '이 팀의 감독은 왜 이러한 전술을 꺼내들었을까?'라는 생각을 해본다. 본질적으로 이론과 실천이라는 요소는 다르게 작용할 때가 많기 때문이다. 상대팀의 전술적 성향, 후보/결장 명단, 선수들의 체력적 요건 등, 다양한 경기 환경들을 생각해본다면 감독의 전술적 의도를 보다 정확하게 유추할 수 있을 것이다. 경기 전후의 인터뷰 내용도 꾸준히 찾아본다면 큰 도움이 된다.

일반적으로 축구 경기는 다음과 같은 4단계로 분류된다. [공격 단계], [공격 → 수비 전환 단계], [수비 단계], [수비 → 공격 전환 단계]. 개인적으로는 이 4단계를 항상 머릿속에 염두에 두고 경기를 바라보는 편이다. 성향에 따라서라면 이 단계들을 더욱 세분화시킬 수도 있을 것이다.

경기를 쉽게 보기 위해 양 팀의 포메이션을 머릿속에 항상 그려놓는다. 당연한 이야기지만, 기본적으로 어떤 선수가 어느 포지션을 맡았는지 알아야 하기 때문이다. 그리고 이 대형을 토대로 각 라인에 상상 속의 줄을 그려본다. 만약 어느 한 팀이 4-3-3 포메이션을 활용한다면, 각각의 수비 라인(4)과 미드필더 라인(3), 공격 라인(3)에 줄이 이어져있다 상상하는 것이다.

그리고 선수들이 언제, 어떻게 움직이는지 보인다면 이후 '왜 저렇게 움직일까?'라는 생각을 항상 해본다. 상술한 감독의 전술적 의도와 직결되는 요소이기 때문이다. 선수들은 감독이 내린 전술적 주문을 실현해내기 위해 활동하기도 하고, 경기 내에서 이뤄지는 즉각적인 판단 아래 자유롭게 움직이기도 한다. 단순히 비슷한 상황의 두세 장면만을 보고, 전체적인 전술 속에서 선수들의 움직임에 대한 목적의 답을 도출하면 안 된다는 것이다.

예를 들어 4-4-2 포메이션을 꺼내 들은 수비팀과 4-2-3-1 대형을 활용하는 공격팀이 아래 그림과 같은 양상을 띠고 있다고 가정해보자. 양 팀은 각각 [수비 단계]와 [공격 단계]에 돌입해있는 상태다. 가상의 선을 그어본다면 양 팀의 전술이 어떻게 돌아가는지 비교적 쉽게 알 수 있을 것이다.

공격팀은 전체적으로 2-2-3-3과 비슷한 대형을 형성하고 있다. 기존 4-2-3-1 포메이션의 각 라인에 선을 그어본다면 2-2-3-3으로의 변형 방식을 비교적 쉽게 알 수 있을 것이다. 양 윙백이 높은 지점까지 전진하되 측면 공격수들이 중앙으로 좁히고, 2명의 중앙 미드필더는 윙백의 뒤 공간을 커버하기 위해 전진하지 않는다. 그리고 공격형 미드필더가 조금 처지면서 중앙 미드필더 라인과 1선 간의 연결 고리가 되어준다. 한편 수비팀은 전체적으로 6-3-1, 또는 4-5-1과 비슷한 대형이 형성되었다는 사실을 확인

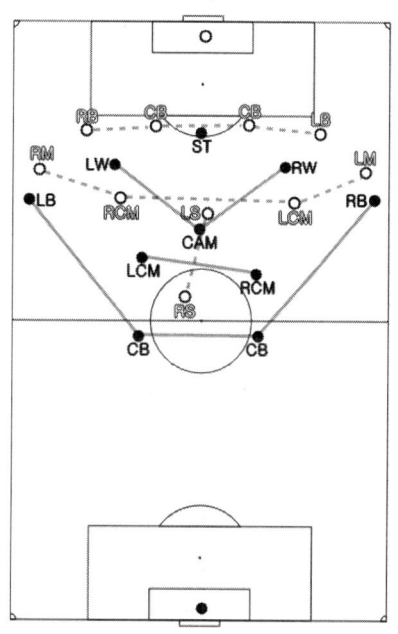

▲ 포메이션의 각 라인 마다 가상의 선을 그어본다면, 경기를 조금 더 쉽게 볼 수 있을 것이다.

할 수 있을 것이다. 눈에 띄는 점은 양 측면 미드필더가 수비 라인 부근으로 내려와 있다는 점이다. 이는 전진한 상대 윙백을 마킹하기 위해 내려온 것으로 해석할 수 있을 것이다(만약 측면 미드필더가 상대

윙백의 움직임에 맞춰 활동한다면). 또한 양 측면 미드필더의 적극적인 최후방 가담을 통해, 백4 라인은 부담 없이 좁은 간격을 형성할 수 있을 것이다. 부족해진 미드필더 라인을 채우기 위해 왼쪽 공격수가 밑선으로 내려왔다.

이러한 전체적인 대형 속에서 이뤄지는 수많은 전술적 요소들을 찾아내야 한다. 일반적으로 공격팀에서는 어떠한 패턴 플레이를 자주 활용하며, 어느 방향으로 자주 공격을 시도하고, 일정 방향으로 공격을 전개할 때면 어떠한 특징을 찾을 수 있는지를, 수비팀에서는 최후방 라인이 어느 지점에 형성되고, 압박의 강도가 어떠한지 등을 알아내야 한다.

경기를 모두 분석했다면 그 내용을 쭉 정리해본다. 필자는 여기서 큰 도움을 받았다. 메모한 내용을 읽으며 머릿속에 경기 장면을 떠올려보기도 하고, 개인 블로그와 여러 커뮤니티에 글을 쓰기도 한다. 여기서 다양한 사람들과 의견을 주고받고, 미처 깨닫지 못한 것들을 보충하며 많은 것들을 배워갔다. 그리고 이를 통해 전술을 바라보는 시각을 넓혀갈 수 있었다.

한 번에 많은 것들을 보려 하지 말길 바란다. 전문가들도 한 경기를 분석할 때 최소 2, 3번씩은 돌려본다. 차근차근 해나가면 된다. 한 번 볼 때 하나를 찾았다면 이를 정리해 머리에 새겨놓자. 그리고 같은 경기를 두 번 볼 때, 또는 같은 팀의 다른 경기를 분석할 때 보유한 정보를 바탕으로 다른 것들을 찾아가보자. 그러다 보면, 언젠가는 능통하게 분석하는 감각이 배어있을 것이다.

03
알아두면 유용한 축구 전술 용어

1. 하프 스페이스

현대 축구에 상생하는 전술의 부류들은 다양해졌다. 역사 속에 존재하는 많은 전술가들이 시행착오를 겪어온 만큼, 그 수준은 기하급수적으로 높아졌다. 어느 전술을 막아내기 위해 새로운 것들을 고안하는 방식으로 굴레가 이어졌다. 오늘날에는 일반인들이 생각할 수 있는 범주를 벗어난 전술들이 쏟아져 나오고 있다.

이러한 흐름에 맞춰 경기장의 공간을 구분하는 기준들도 늘어나기 시작했다. 전술은 선수들이 어느 지점에서 무엇을 하는지를 정한 약속이기 때문이다. 측면과 중앙, 공격과 수비 지역만으로 경기장을 바라보기에는 너무나도 오랜 시간이 흘렀다. 현대 축구의 논리를 통달한 많은 사람들은 다양한 시각으로 공간을 구분하기 시작했다.

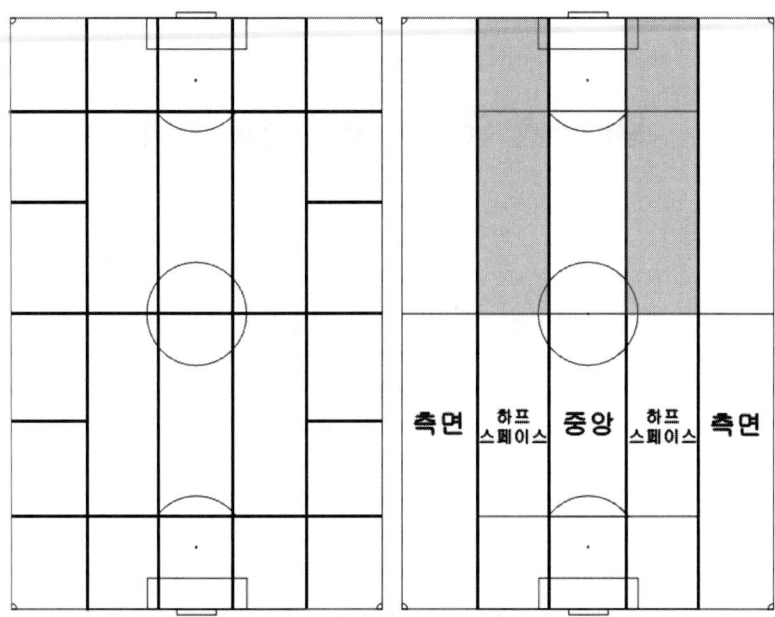

▲ 과르디올라의 공간 구분(좌)과 하프 스페이스 지역(우)

　대표적으로 현재 맨체스터 시티를 이끌고 있는 펩 과르디올라 감독을 들 수 있다. 과르디올라는 연습 경기에서 위 그림과 같이 공간을 구분하여 그라운드를 활용한다. 세로로 5개, 가로로 4개, 그리고 측면 지역을 6등분한 형태다. 단순히 그라운드를 12, 18등분 한 것과는 훨씬 세분화된 구분이라 할 수 있다. 과르디올라의 팀은 이 공간 구분을 바탕으로 전체적인 전술 체계를 형성해왔다.

　핵심은 하프 스페이스 (Half-Space)다. 하프 스페이스는 그라운드를 세로로 5등분 했을 때, 측면과 중앙의 사이 지역을 가리키는 용어이다. 과르디올라는 그간 이 지역에 자신의 에이스들을 배치해왔다. 바르셀로나에서는 사비와 이니에스타, 메시가 그랬고, 바이에른 뮌헨에서는 알론소, 리베리, 로벤 등이 하프 스페이스를 적극적으로 활용했다. 그리고 현재 맨시티에서는 2명의 플레이 메이커인 데 브루잉과 D.실바가 이 지역을 점령하고 있다.

전술의 최고봉에 오른 과르디올라가 이 지역을 열정적으로 좋아하는 만큼, 이미 현대 축구에서는 하프 스페이스가 전략적 요충지로 자리 잡은지 꽤 오랜 시간이 흘렀다. 유럽의 많은 명문 구단들은 이미 하프 스페이스를 적극적으로 활용하고 있는 중이다. 하프 스페이스가 현대 축구의 핵심으로 자리 잡은 이유로는 크게 3가지 요인을 들 수 있다.

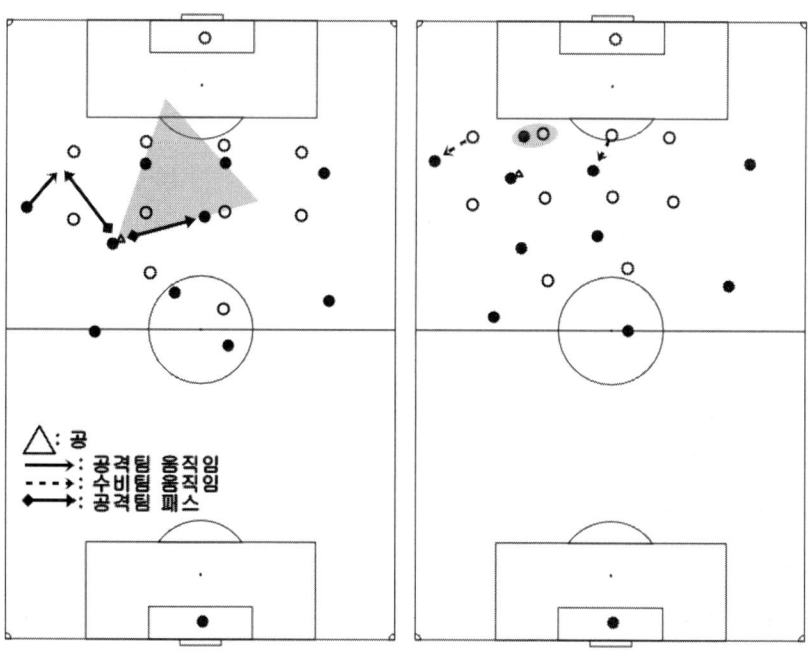

▲ 하프 스페이스가 가져다주는 이점

첫째는 광범위한 시야 제공이다. 하프 스페이스에 위치할 경우, 중앙과 반대편 코너 플래그 지역까지 모두 시야 안에 둘 수 있다. 이를 통해 전진 패스와 횡 패스, 상황에 따라서라면 효율적인 대각 패스 옵션까지도 모두 누릴 수 있다. 또한 상대 골대와 대각선 방향으로 바라보고 있기 때문에, 가까운 측면이나 후방 지역으로도 시야를 확보할 수 있다.

하프 스페이스는 중앙과 측면에서 누릴 수 있는 이점을 모두 가져다준다. 중앙 지역에서 시야를 확보할 경우에는 후방을 책임질 수 없다. 그렇다고 대각선 방향으로 몸을 돌려놓자니 전방의 모든 지역을 바라볼 수 없게 된다. 한편 측면에서 시야를 제공받을 경우에는 하프 스페이스보다 더욱 광범위한 지역을 확보할 수 있을 것이다. 그러나 구조적으로 터치라인을 옆에 두고 있기 때문에, 하프 스페이스에 비해 선택할 수 있는 공격 옵션이 크게 제한된다.

둘째는 다양한 옵션들을 선택할 수 있다는 것이다. 바로 앞에서 소개했듯 하프 스페이스는 효율적인 시야를 제공해주며, 중앙과 측면 사이에 위치한 지역이다. 그렇기 때문에 하프 스페이스를 활용할 경우 중앙과 측면 지역으로 모두 영향력을 발휘할 수 있다.

가장 기본적인 패스 전개부터 유기적인 수 싸움 가담까지 가능하다. 뒷장에서 소개하겠지만, 과르디올라는 데 브루잉과 D.실바를 1차적으로 하프 스페이스에 위치시키되, 2차적으로 자유롭게 움직이는 방향으로 활용했다. 하프 스페이스에서 플레이 메이킹과 중앙-측면 가담을 모두 해내기 위함이다. 데 브루잉과 D.실바는 하프 스페이스를 통해 공격 국면에서 발휘하는 영향력을 최대치로 끌어올렸다.

마지막으로 상대가 백4 시스템을 활용할 경우, 대체적으로 윙백과 센터백 사이 지역이 하프 스페이스가 된다. 이는 곧 하프 스페이스에 설 경우 상대 수비로부터 비교적 자유로워진다는 의미다. 많은 팀들은 측면 자원을 통해 상대 윙백을 끌어내고, 하프 스페이스 지역에 공간을 만들어냈다. 윙백과 센터백 사이에 위치한 공격수는 뒷공간으로 향하는 스루 패스를 전개하거나, 단숨에 두 수비수들을 모두 벗겨내기도 했다.

하프 스페이스의 이러한 이점은 다양한 방면으로 활용할 수 있다. 가령 최고 수준의 볼 컨트롤과 플레이 메이킹 능력을 보유한 메시가 하프 스페이스에 배치되었다고 가정해보자. 그렇다면 그 팀은 하프 스페이스에서 스루 패스를 전개하고, 상대 윙백과 센터백을 벗겨내기 위해 메시가 존재하는 쪽으로 빈도 높은 공격을 전개할 것이다. 반면 좁은 공간에서는 약하지만 최고 수준의 슈팅력을 보유한 손흥민이 하프 스페이스에 있다 가정해보자. 그 팀은 다른 지역으로 비교적 빈도 높은 공격을 전개하여, 손흥민 쪽에 위치한 상대 센터백의 시야를 뺏으려 할 것이다. 그리고 이를 통해 손흥민이 상대 센터백과 윙백 사이에서 자유를 얻는 상황을 만들어낼 것이다(실제로 15/16 시즌 후반기에 포체티노 감독은 손흥민을 이러한 형태로 활용하기도 했다).

많은 팀들이 하프 스페이스를 적극적으로 활용함에 따라, 이제는 이에 대한 수비도 중요한 전술적 요소가 됐다. 통상적으로 현대 축구에서는 아직까지 백3보다 백4 시스템을 많이 활용하는 추세이기 때문이다(16/17~17/18 시즌에는 백3을 활용하는 팀들이 많아진 추세이긴 하지만).

상술한 내용에 따라, 하프 스페이스를 상대하는 백4 수비 라인에서 중요한 점은 '윙백과 센터백 사이 공간'을 통제하는 일일 것이다. 많은 팀들은 이러한 문제점을 해결하기 위해 수비 라인의 밀도를 높이는 선택을 했다. 쉽게 말해, 윙백과 센터백 사이의 공간을 크게 좁혀 하프 스페이스 지역을 즉각적으로 수비할 수 있도록 한 것이다.

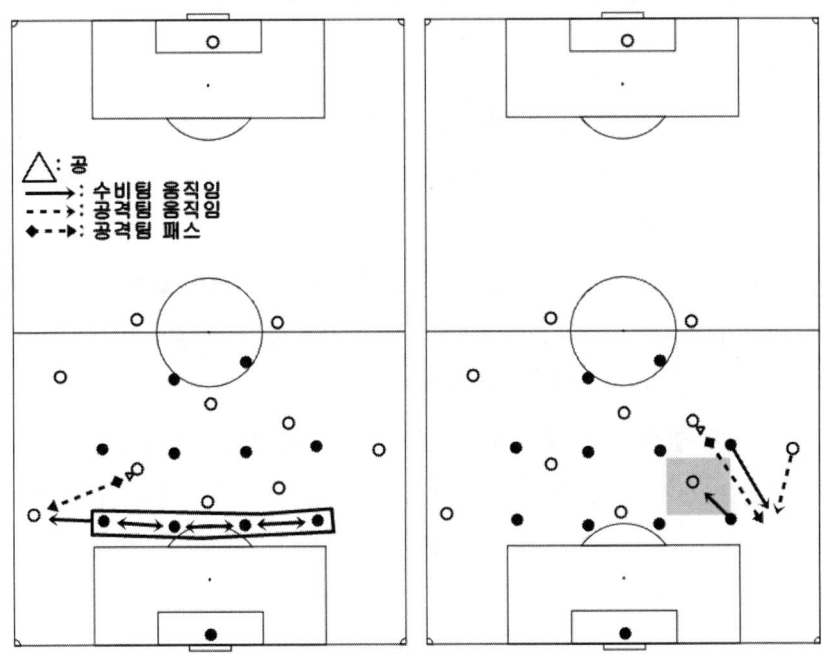

▲ 백4 수비 라인이 하프 스페이스를 막아내는 방법

백4 수비 라인의 밀도를 높이는 방법은 크게 2가지다. 첫째는 수비 진영에서 행해지는 모든 작업을 좁은 간격을 유지한 채 처리하는 것이다. 이 경우 수비 라인이 상대의 측면 공격 전개에 견고하게 대처할 수 있어야 한다. 그렇기 때문에 4명의 수비수 모두에게 높은 수준의 조직력과 활동량이 요구됐다.

한편 또 다른 방법은 수비 라인이 좁은 간격을 유지하되, 상대가 측면으로 공격을 전개할 경우 미드필더가 추가적인 가담에 나서는 것이다. 이는 좁은 간격을 유지하는 수비 라인이 흔들리지 않으면서 상대의 측면 공격을 막아낼 수 있는 수단이었다. 수비 가담에 나서는 미드필더는 주로 측면 미드필더가 됐다. 상대 윙백의 오버래핑에 맞춰 수비 라인으로 함께 내려왔다. 이 경우 백4 라인의 윙백이 하프 스페이스를 전담할 수 있었다. 이러한 수비 형태에서는 측면 미드필더 개인의 광범위한 활동량이 요구됐다. 또한 구조적으로 미드필더가 밑으로 내려오는 것이기 때문에, 수비-공격 전환시 전방 선수들이 효율적으로 움직여야 했다.

2. 라볼피아나

시간이 흐를수록 축구에서 행해지는 전술의 부류는 더욱 희미해졌다. 현대 축구에 가까워질수록 경기의 전체적인 템포나 역동성이 더욱 빨라졌기 때문이다. 실질적인 경기 면적은 더욱 콤팩트해졌으며, 감독들이 구사하는 전술의 종류는 더욱 다양해졌다. 축구는 골을 넣으면 승리하는 단순한 스포츠다. 그러나 골을 넣기 위한 과정의 난해함은 기하급수적으로 커지고 있다.

이제는 많은 팀들이 경기 내에서 백3과 백4 시스템을 혼용하고 있다. 각각의 시스템이 보유한 고유의 강점들을 활용해 경기를 풀어나가기 위해서다. 앞 '하프 스페이스' 편에서 소개했듯, 백4 시스템을 활용하는 팀이 상대의 하프 스페이스 공략을 막아내기 위해서라면, 미드필더를 수비 라인으로 내린 백5를 형성할 수 있는 것처럼 말이다.

현대 축구에서 이뤄지는 '백3-백4 혼용'의 근간은 라볼피아나라 할 수 있다. 정확한 이름은 '살리다 라볼피아나(La Salida Lavolpiana)'다. 아르헨티나의 히카르도 라 볼페 감독이 고안한 것으로 알려졌다. '라볼피아나'란 명칭은 라 볼페의 이름을 따 만들어진 것이다. 또한 'Salida (스페인어 출구라는 뜻을 갖고 있다)'란 단어를 보아 후방 빌드업 단계에서 활용되는 전술이란 사실을 알 수 있다.

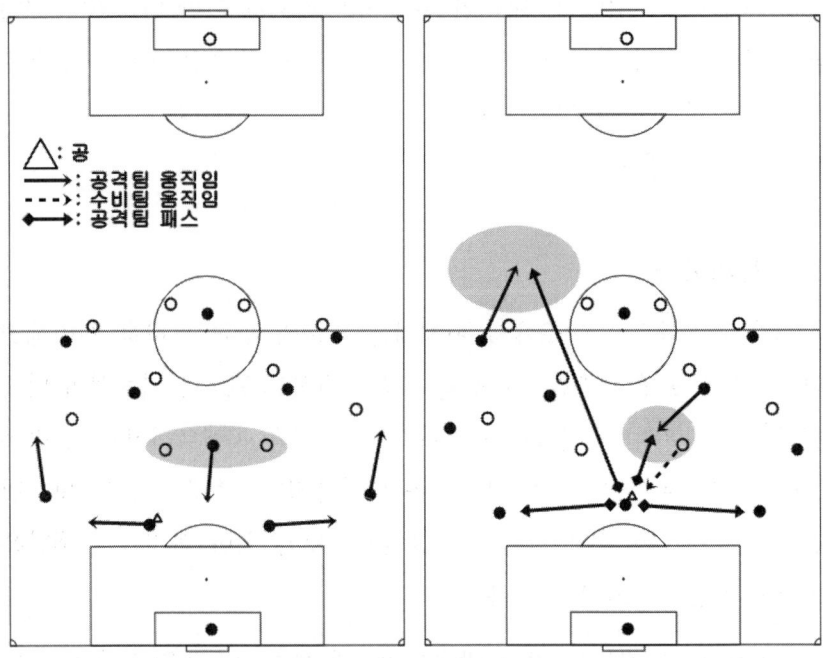

▲ 라볼피아나의 형성(좌)과 이점(우)

라볼피아나는 미드필더가 센터백 라인으로 내려와 빌드업을 전개하는 전술이다. 미드필더가 수비 라인으로 내려오고, 양 윙백이 전진함으로써 백4에서 백3으로 전환하는 형태다. 당연하겠지만 백3은 2명의 센터백과 내려온 미드필더로 구성된다.

밑선으로 내려온 미드필더는 상대의 압박으로부터 벗어난다. 그렇기 때문에 후방 빌드업 단계에서 자유로워질 수 있다. 이 선수는 대개 뛰어난 패스 능력과 넓은 시야를 보유한 자원이 될 것이다. 라볼피아나 대형을 형성하는 대부분의 팀은 이 미드필더를 필두로 후방 빌드업을 전개해나간다. 대표적으로 맨시티의 페르난지뉴, 바르셀로나의 부스케츠, 토트넘의 다이어, 한국 국가대표팀의 기성용을 들 수 있다.

라볼피아나 형태에서 미드필더는 어느 지역으로든지 내려올 수 있다. 대체적으로 센터백 사이 지역으로 내려오는 것이 일반적이다. 최대한 많은 패스 옵션을 가져갈 수 있기 때문이다. 하지만 상황에 따라서라면 센터백의 좌우 지역으로도 가담하는 것이 가능하다. 감독의 의도에 따라 결정되는 것이기 때문에 이유는 무한하겠지만, 대표적으로 2가지 요인을 손꼽을 수 있다.

첫째는 한 쪽 윙백의 오버래핑을 강조하기 위함이다. 미드필더가 좌우 지역으로 내려올 경우에는 대개 비대칭적인 라볼피아나 대형이 형성되는 경우가 많다. 미드필더를 필두로 그 지역에서 볼을 소유하기 때문이다. 이에 따라 윙백은 뒷공간의 부담 없이 1차적인 전진을 이뤄낼 수 있다. 둘째는 수비 라인으로 내려온 미드필더가 나머지 한 발을 능숙하게 활용하지 못할 때이다. 중앙에서 보다 많은 옵션을 효율적으로 누리기 위해서라면 양 발의 뛰어난 활용도가 요구된다. 특히나 상대가 내려온 미드필더를 강하게 압박할 때면 더욱 그렇다. 하지만 측면은 여건이 다르다. 측면은 터치라인을 옆에 두고 있기 때문에, 한 발만으로 대부분의 빌드업을 전개할 수 있다.

한편 이와는 조금 다른 측면으로 라볼피아나에 접근할 수도 있다. '선수들의 포지셔닝이 더욱 익숙하기 때문에.'라는 접근이다. 내려오는 미드필더가 탁월한 시야와 패스 능력을 보유하고 있고, 양 윙백이 오버래핑에 매우 능하다면, 굳이 상대가 압박을 가하지 않더라도 백3 체제를 형성하는 게 효율적일 것이다. 대표적으로 17/18 시즌의 레알 마드리드가 그렇다. 지단 감독은 마르셀로의 오버래핑을 강조하기 위해 정확한 패스 능력과 넓은 시야를 보유한 크로스를 왼쪽 센터백 지역으로 내린 라볼피아나 대형을 요구했다(오른쪽의 카르바할 역시 높은 지점까지 전진할 수 있었지만, 크로스가 왼쪽 센터백 지역으로 내려오기 때문에 마르셀로의 공격적 능력이 더욱 강조됐다).

레알 마드리드의 반대급부로는 같은 17/18 시즌의 리버풀을 들 수 있다. 리버풀은 라볼피아나 형태를 채택하진 않지만, 이러한 측면에서 바라볼 때 레알과 반대의 모습을 보였다. 리버풀의 오른쪽 윙백인 조 고메즈는 공격적 포지셔닝에 능하지 않은 선수이다(관련된 내용으로는 뒷장에서 자세히 소개하겠다). 그렇기 때문에 수비형 미드필더 헨더슨이 내려온 라볼피아나 대형을 형성할 경우, 고메즈가 비교적 익숙하지 않은 포지셔닝을 취하게 됐다. 클롭 감독은 이를 해결하기 위해 2명의 센터백과 고메즈가 백3을 구성하는 빌드업 대형을 형성했다. 백4에서 백3 체제로 전환하되, 고메즈의 포지셔닝을 위해 라볼피아나 형태를 채택하지 않은 것이다.

라볼피아나를 맞이하는 상대는 딜레마를 겪는다. 자유를 얻은 패스의 스페셜리스트(내려온 미드필더)를 압박하자니 전체적인 간격이 벌어진다. 이 경우에는 라볼피아나의 백3이 쉬운 전진 패스를 전개할 수 있다. 그렇다고 간격을 유지하면서 미드필더를 압박하자니, 드넓은 뒷공간을 노출하게 된다. 라볼피아나를 형성한 팀은 주로 최후방의 미드필더를 통해 뒷공간을 공략할 것이다.

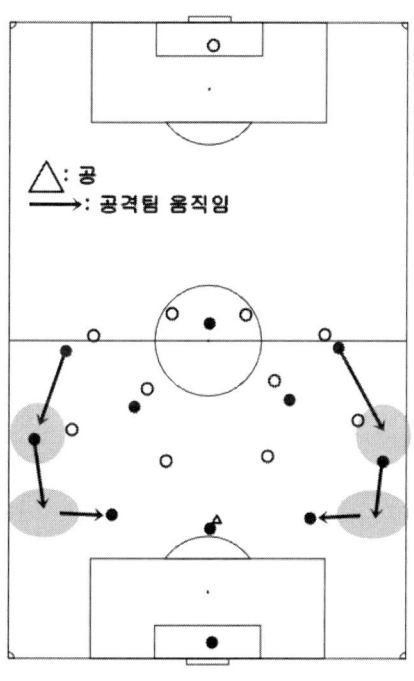

▲ 라볼피아나 형태에서는 3명의 최후방 선수에게 뛰어난 패스 능력을 요구한다.

3명은 경기장의 횡적 폭을 모두 커버하기에 가장 적당한 숫자다. 2명은 너무 적고, 4명은 많다. 한 명당 20~30m 정도의 횡 패스를 전개하면서 수비 라인에서 볼을 순환시킬 수 있다. 그렇기 때문에 백3 시스템을 활용하는 많은 팀들이 3명의 센터백만으로 후방 빌드업을 전개하기도 한다. 백3 체제에서는 라볼피아나 형태에 비해 선수들이 조직적으로 움직일 수 있다.

상대가 최후방 3명의 선수들을 전혀 압박하지 않을 경우에는, 라볼피아나 대형을 형성한 팀이 유기적인 볼 공유를 통해 수비 대형을 흔들 수 있다. 이를 통해 공간을 만들어내고, 순간적인 전진 패스를 전개한다. 그렇기 때문에 수비팀 입장에서는 내려앉기에도 부담이 따른다.

이러한 측면에서 볼 때, 라볼피아나 형태에서는 최후방 3명의 선수 모두에게 기본 수준의 빌드업 능력이 요구된다. 패스가 부족한 선수가 들어올 경우에는 간격 유지에 실패하기 때문이다. 이 '간격 유지 실패'는 대체적으로 패스 성공률을 높이기 위해 중앙 선수와 간격을 좁히는 경우가 대부분이다. 간격이 좁아진다면 윙백이 볼을 받으러 내려와야 하고, 윙백이 내려올 경우에는 윙어가 중앙 공격수를 지원하기 힘들어진다. 반면 3명의 패스 능력이 모두 출중하다면 라볼피아나 형태는 더욱 공격적으로 이뤄질 수 있다. 상술했듯 상대의 수비 대형으로 적극적인 전진 패스를 전개할 수 있고, 누구든지 뒷공간을 공략하는 롱 패스를 찔러줄 수 있기 때문이다.

많은 팀들은 이러한 라볼피아나를 압박하기 위해 아예 백3 체제의 빌드업 형태에 맞춘 전진 수비 대형을 준비하기도 했다. 가령 어느 한 팀이 4-2-3-1 포메이션에서 라볼피아나를 통해 3-1-3-3과 같은 대형으로 전환한다 치자. 그렇다면 이를 맞이하는 상대팀은 아예 3-1-3-3에 맞춘 전진 수비 형태를 준비하는 것이다.

대표적으로 17/18 시즌의 맨체스터 유나이티드를 예로 들 수 있다. 맨유가 라볼피아나 방식을 채택하는 4-3-3 포메이션을 수비할 때면 주로 4-4-2 대형을 형성했다. 4-3-3이 라볼피아나 대형을 형성할 경우 대개 3-4-3 포메이션을 띄기 때문이다. 맨유는 전방 2톱을 통해 상대 수비형 미드필더를 압박하고, 라볼피아나 - 3-4-3 - 형성을 유도했다. 이후 상대가 3-4-3 대형으로 전환한다면 4-4-2를 통해 막아냈다. 4-4-2는 3-4-3을 수비하기에 매우 용이한 대형이었다. 2톱이 최후방 3명의 수비수들을 견제하고, 4명의 미드필더 라인이 1 대 1 마킹을, 그리고 수비 라인이 상대의 3톱을 전담할 수 있기 때문이다.

3. 오버로드 투 아이솔레이트 / 의도적 고립

'수비는 좁게, 공격은 넓게'라는 명제는 축구 전술의 기초이다. 수비 시에는 위험 지역을 집중적으로 봉쇄하고, 공격시에는 경기장의 모든 지역을 활용해야 한다는 뜻이다. '오버로드 투 아이솔레이트 (Overload To Isolate)'는 현대 축구에서 이 명제의 공격 부분을 가장 명확하게 담아내고 있는 전술이라 할 수 있다.

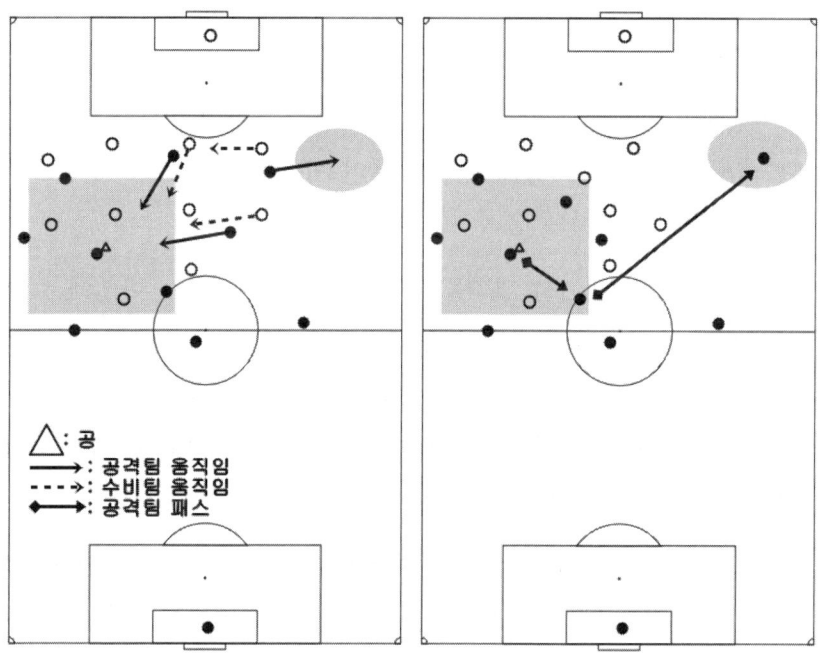

▲ '오버로드 투 아이솔레이트'의 형성

오버로드 투 아이솔레이트를 직역하자면 '과부하(Overload)와 고립(Isolate)'이다. 오버로드 투 아이솔레이트의 궁극적 목적은 어느 선수를 고의적으로 고립시켜, 이를 통해 공격을 풀어나가는 것이다. 1차적으로 다른 지역에 선수들을 밀집(과부하)시킨 후에 말이다. 오버로드 투 아이솔레이트는 위 그림처럼 과부하를 통해 상대 수비 대형을 일정 지역으로 끌어들이고, 고립된 선수가 이를 통해 자유를 누리는 형태로 전개된다. 지금부터는 표현을 간단화하기 위해 '오버로드 투 아이솔레이트'를 '의도적 고립'이란 단어로 활용하도록 하겠다.

축구에서의 의도적 고립은 펩 과르디올라 감독이 농구의 '아이솔레이션' 전술에서 아이디어를 착안해낸 것으로 알려져 있다. 농구에서의 아이솔레이션은 어느 한 선수가 수비수와의 1 대 1 구도를 이뤄낼 수 있도록 공격팀이 수비팀 선수들을 끌어주는 전술을 말한다. 대개 이 1 대 1 구도를 맞이하는 공격수는 팀의 에이스인 경우가 많다.

축구에 아이솔레이션 개념을 적용시킨 과르디올라는 바이에른 뮌헨 시절 다음과 같은 말을 언급했다. "모든 팀 종목에서 승리하는 비결은 한쪽에 전력을 집중시켜, 상대 수비를 그쪽으로 유인하는 것입니다. 한쪽으로 모여들어 그들을 유인한다면 반대쪽에 흠이 생기죠. 이러한 작업이 끝난다면, 반대쪽을 통해 득점할 수 있습니다."[2]

의도적 고립이 요구하는 사항은 크게 4가지로 정리할 수 있다. 첫째는 '상대의 강한 압박 속에서 볼을 컨트롤할 수 있는가'이다. 공격수들의 밀집은 곧 상대의 압박 밀도를 높이는 셈이 된다. 의도적 고립의 마지막 단계인 '고립'된 선수를 활용하기 위해서라면, 1차적으로 상대의 강한 압박 속에서 볼을 꺼내야 한다.

---

2) 과르디올라 컨피덴셜, 마르티 페라르니우 지음, 정훈채 옮김, 풋볼리스트, 2016, 188p

둘째는 '어떻게 전환할 것인가'이다. 고립된 선수는 많은 공간을 확보할수록 밀집 대형과의 거리가 멀어진다(상대의 수비 간격, 경기의 전체적인 상황 등에 따라 갈라지는 것이기 때문에 꼭 그렇지는 않지만, 대체적으로 이러한 경우가 대부분이다). 그렇기 때문에 상대의 강한 압박 속에서 볼을 소유했다면, 먼 거리의 전환을 어떻게 해낼 것인지 생각해봐야 할 필요가 있다. 밀집 대형 속에서 다이렉트로 롱 패스를 전개하는 방법도 있고, 후방 플레이메이커나 센터백을 거쳐 가는 루트도 존재한다.

셋째는 '어느 선수가 고립을 받는가.'이다. 가령 공격 지역에서 의도적 고립이 이뤄진다 가정해보자. 고립을 받는 선수는 기본적으로 뛰어난 공격 능력을 보유해야 하며, 상대 수비수와의 1 대 1 구도에 능해야 한다. 여기서 어느 유형의 선수가 이 주체가 되는지에 따라 누릴 수 있는 공격적 옵션이 달라질 것이다. 오른쪽 측면에서 활약하는 바이에른 뮌헨의 아르옌 로벤과 맨체스터 유나이티드의 안토니오 발렌시아를 예로 들어보자. 로벤이 고립 상황을 맞이할 경우에는 대개 중앙으로 잘라 들어와 직접적인 슈팅까지 이어간다. 전형적인 반대 발 윙어 유형의 선수로서, 날카로운 왼발을 보유하고 있기 때문이다. 반면 오른발이 주발인 발렌시아가 자유를 얻었다면 슈팅보단 크로스를 애용할 것이다.

마지막은 '밸런스를 어떻게 유지할 것인가'이다. 고립된 선수가 볼을 탈취당하거나, 전환 작업을 시도하는 도중에 패스가 잘렸을 경우, 공격팀은 '공-수 전환 단계'에서 위험을 맞이하게 된다. 상대의 공격 시발점이 '고립'된 선수의 지역에서 이뤄지기 때문이다. 과르디올라는 이러한 문제점을 방지하기 위해 중원 지역에서부터 큰 폭의 의도적 고립을 시도해야 한다고 주장했다.

바이에른 뮌헨 시절의 과르디올라는 다음과 같이 말했다. "단테가 로벤에게 긴 대각선 패스를 시도한다고 합시다. 이것은 우리의 페널티 박스 안이나 근처가 아닌, 중원까지 올라가 센터 서클 근처에서 시도되어야 하는 것입니다. 로벤이 볼을 빼앗겨도, 우리 선수들이 모두 올라가 가까이 있기 때문에 볼을 쉽게 되찾을 수 있죠. 하지만 만약 단테가 패스를 일찍 한다면 볼을 빼앗겼을 때 우리 선수들이 너무 뒤처져 있게 됩니다. 그렇다면 상대가 효율적인 역습으로 우리를 공격하겠죠."3)

의도적 고립 활용의 대표적 예로는 16/17 시즌 프리메라리가 12R에서 아틀레티코 마드리드를 3-0으로 침몰시켰던 레알 마드리드를 예로 들 수 있다. 당시 지네딘 지단 감독은 4-4-2 시스템을 꺼내 들었다. 베일과 호날두가 2톱을 이루고, '이스코-코바시치-모드리치-바스케스'가 미드필더 라인을, '마르셀로-나초-바란-카르바할'이 수비 라인을 구성하는 형태였다.

레알은 공격시 마르셀로가 자유를 얻는 의도적 고립 형태를 띠었다. 왼쪽의 이스코가 프리롤로 활동하며 ATM의 수비 대형을 몰아주고, 마르셀로가 빈 공간으로 전진하는 방식이었다. 때때로 베일이 왼쪽 측면으로 벌려 마르셀로를 지원하기도 했다. 이스코가 볼에 대해 적극적으로 관여했기 때문에, 중앙의 모드리치와 코바시치는 전진을 최소화

---

3) 과르디올라 컨피덴셜, 마르티 페라르니우 지음, 정훈채 옮김, 풋볼리스트, 2016, 174p

했다. 이날 코바시치와 모드리치는 마르셀로와 카르바할의 뒷공간을 커버하는데 주력하며 밸런스를 유지했다.

중요한 점은 의도적 고립을 통해 최종적인 슈팅 시도를 가져간다는 것이 아닌, 이 작업이 이뤄지는 본질적인 원리다. 선수들이 일정 지역으로 밀집함으로써 고립된 선수가 자유를 얻게 된다는 점을 주목해야 한다. 상술했듯 의도적 고립의 궁극적 목적은 어느 한 선수를 고의적으로 고립시켜, 이를 통해 공격을 풀어나가는 것이기 때문이다.

의도적 고립은 볼을 소유하고 있는 모든 상황에서 실행하는 것이 가능하다. 빠르거나 동시다발적으로 이뤄지는 선수들의 밀집과 고립을 통해 누군가가 자유로워질 수 있기 때문이다. 의도적 고립이 작은 폭으로 이뤄진다면 비단 공격 단계뿐만 아니라 후방 빌드업 상황에서도 적용할 수 있다.

아래의 그림처럼 4-3-3의 후방 빌드업과 4-4-2의 전방 수비 구도가 펼쳐졌다고 가정해보자. 수비팀 4-4-2는 4-3-3을 강하게 압박하고 있다. 2톱 중 한 명은 수비형 미드필더를 전문적으로 통제하며, 4명의 미드필더 라인은 4-3-3의 윙백과 좌우 미드필더를 모두 수비 범위 안에 두고 있다.

여기서 4-3-3은 의도적 고립을 통해 후방 빌드업을 풀어나가는 것이 가능하다. 우선 좌우 미드필더가 3선으로 내려오고, 양 윙어가 순간적으로 중앙으로 좁힌다. 그렇다면 수비팀은 양 측면 미드필더를 통해 움직이는 좌우 미드필더를 잡아낼 것이다. 중앙 미드필더가 상대 좌우 미드필더를 따라 전진할 경우, 좁힌 양 윙어가 자유로워질 수 있기 때문이다. 4-3-3의 좌우 미드필더가 상대 측면 미드필더를 끌어

냄으로써 양 윙백은 자유로워질 수 있다. 쉽게 말해, 윙어와 좌우 미드필더가 중앙으로 밀집하고, 윙백이 측면에서 고립된 것이었다.

과르디올라가 빌드업 단계에서 양 윙백을 중앙 지향적으로 활용한 전술적 이유도 이 때문이라 할 수 있다. 과르디올라는 뮌헨에서 알라바와 람을, 맨시티에서 사냐/클리시와 델프/워커를 빌드업시 중앙으로 좁혀 활용했다. 이는 양 윙백이 상대의 측면 자원을 중앙으로 끌어들여 윙어가 자유로워질 수

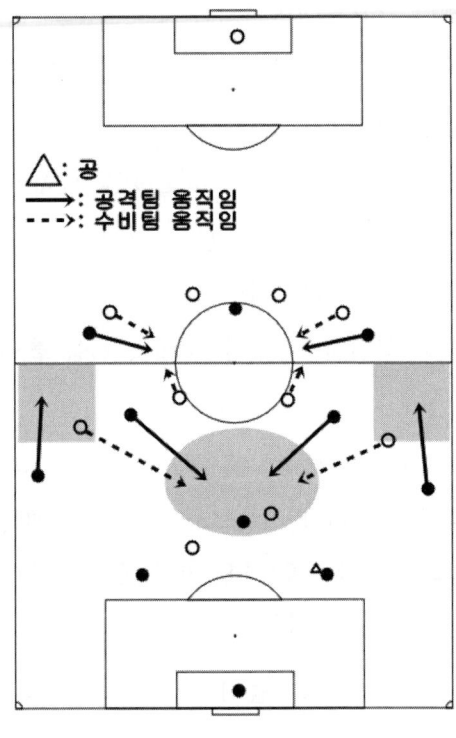

▲ 의도적 고립의 후방 빌드업 적용

있도록 하기 위함이었다. 자유를 얻은 윙어는 측면 지역에서 영향력을 발휘하여 공격을 이끌어나갔다. 뮌헨에서는 리베리와 로벤이 그랬고, 맨시티에서는 놀리토와 스털링, 사네가 그랬다.

4. 페너트레이션

축구에서의 페너트레이션(Penetration)은 공격의 마무리 단계를 일컫는 말이다. 공격팀이 빌드업을 통해 상대 진영 – 주로 파이널 서

드(경기장을 3등분 했을 때, 상대 골대와 가장 가까운 지역) 지역 – 까지 볼을 전진시키는데 성공했다면, 이후부터는 골을 넣기 위한 최종 작업을 맞이하게 된다. 축구에서는 이를 '페너트레이션' 단계라 부른다.

역습 등과 같은 특별한 상황이 아니라면, 일반적인 페너트레이션 단계는 폭 좁은 공간 속에서 선수들이 밀집된 구도로 펼쳐진다. 수비팀 입장에서는 볼이 골문 근처에 존재하는 위험 단계다. 협소한 공간만을 허용하더라도 충분히 실점의 빌미를 내줄 수 있다. 그렇기 때문에 이 과정에서는 순간적으로 노출된 공간을 먼저 점령하는 팀이 대개 우위를 점하게 된다.

이러한 이유 때문에 페너트레이션 단계를 맞이하는 대부분의 수비팀들은 지역 수비 체제를 유지한다. 촘촘한 간격을 바탕으로 형성된 지역 수비진은 어느 한 선수의 실수를 즉각적으로 커버할 수 있기 때문이다. 반면 맨 마킹 수비 형태는 선수 개개인의 포지셔닝이 공격팀의 움직임에 따라 결정된다. 공격팀이 비교적 쉽게 위험 공간을 열 수 있으며, 수비팀에게는 선수 개인의 실수가 더욱 치명적으로 다가온다. 그렇기 때문에 수비시 맨 마킹 체제를 형성하는 팀에게는 '페너트레이션 단계에서 어떻게 지역 수비 체제로 전환하는가.'의 명제가 상당히 중요한 요소로 작용되기도 한다..

페너트레이션 단계에서는 전체적인 전술보다 선수의 개인 능력이 더욱 큰 영향력을 발휘하는 편이다. 상술했듯 협소한 공간만으로 승부가 갈릴 수 있기 때문이다. 메시와 마라도나 같이 초인적인 드리블 돌파로 골을 넣는 것이 아니라면, 페너트레이션 단계에서는 '통찰력(크루이

프의 표현을 빌려)'이 가장 중요한 요소 중 하나로 작용한다. 볼이 돌고 있는 한 수비 대형에는 필연적으로 공간이 노출되기 때문이다.

수비팀은 대체적으로 중앙은 틀어막으면서 터치라인 부근의 지역을 열어놓는다. 위험 지역을 집중적으로 봉쇄하기 위해서다. 그러나 이 수비팀은 언제든지 골문 근처에 허점을 보일 수 있다. 만약 중앙에 밀집된 수비 블록이 상대의 공격에 따라 측면으로 이동한다면, '수비 대형이 이동하는 도중'에 순간적으로 공간을 노출하게 될 것이다. 수비 조직력의 차이가 이 '노출 공간'의 크기와 노출 빈도를 좌우한다.

중요한 점은 '누가 이 노출된 공간을 빠르게 점령하는가.'이다. 이 싸움의 승자에 따라 페너트레이션 단계에서 중요 공간을 지배하는 팀이 달라진다. 공격팀이 지배한다면 골을 넣을 수 있는 기회가 많아지고, 수비팀이 점령한다면 페너트레이션 단계를 안정적으로 틀어막을 수 있다. 축구계의 전설 크루이프는 '통찰'이라는 단어를 통해 다음과 같이 말했다. "스피드란 무엇일까요? 스포츠 언론은 종종 스피드와 통찰을 혼동합니다. 보세요, 제가 만약 다른 사람들보다 조금 더 빨리 뛰기 시작한다면, 저는 빨라 보입니다."

한편 체계적인 전술을 강조하는 과르디올라 역시 페너트레이션 단계에서는 선수들의 개인 능력을 강조하는 듯하다. 과르디올라 체제의 바르셀로나에서 뛰었던 앙리는 다음과 같이 말했다. "과르디올라는 경기 내 규율을 중요시하지만, 파이널 서드 지역에서는 선수들에게 자유를 줬습니다." 맨시티에서 활약하고 있는 데 브루잉 역시 과르디올라가 페너트레이션 단계에서 주문하는 자율성을 언급했다. "과르디올라 감독은 특유의 자유를 부여하지만, 여기에는 무언가가 정해져 있습니다. 그라운드 위쪽으로 전진할수록 더욱 많은 자유가 주어지죠."

일반적으로 페너트레이션 단계에서 골을 넣을 수 있는 방법으로는 크게 3가지를 생각할 수 있다. 첫째는 선수의 개인 돌파를 활용한 득점이다. 어느 한 선수가 2, 3명의 수비수들을 한 번에 벗겨내어 득점에 결정적인 공헌을 하는 것이다. 유명하게 알려진 메시의 빌바오전 득점이 대표적인 장면이다.

둘째는 선수들의 콤비네이션 플레이를 활용한 득점이다. 일정 지역에서 오밀조밀하게 펼쳐지는 패스 플레이를 통해 상대의 밀집 수비를 벗겨내고, 골을 넣는 방법이다. 당연한 얘기지만 이를 위해서라면 기본적으로 선수들 간의 좁은 간격이 형성되어야 할 것이다.

셋째는 측면 지역에서 파생되는 득점이다. 상술했듯 수비팀은 페너트레이션 단계에서 측면 공간을 열어놓는 경우가 많다. 중앙으로 밀집하여 위험 지역을 봉쇄하기 위함이다. 그렇기 때문에 측면 지역으로 공격을 전개할 경우 1차적으로 열린 공간에서 플레이를 펼칠 수 있다.

프리미어리그 **전술 백배 즐기기**

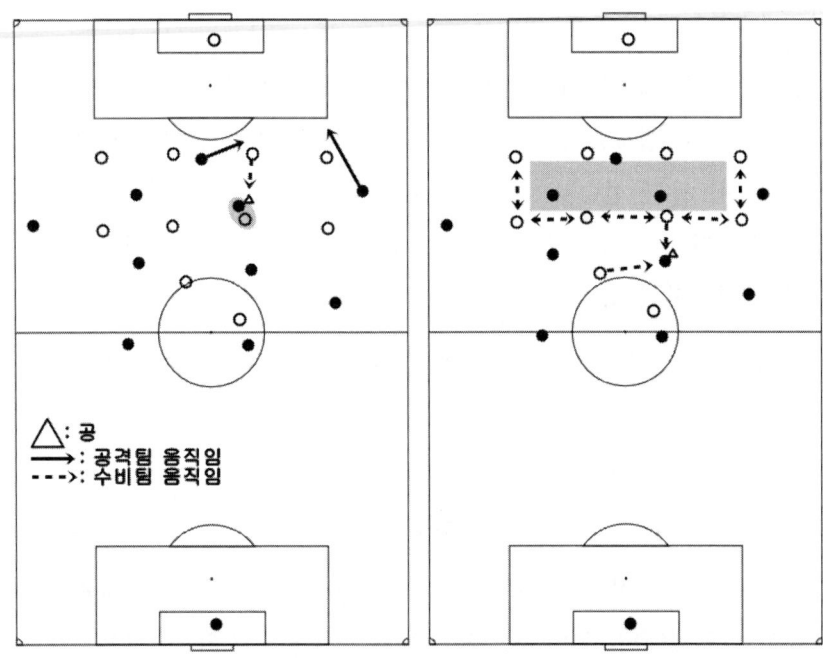

▲ 라인 사이 지역의 공략시 이점(좌)과 이상적인 수비법(우)

페너트레이션 단계에서 핵심이 되는 지역은 '수비팀의 라인 사이 지역'이다. 현대 축구에 노출된 대부분의 팀들은 수비시 2줄 수비를 형성한다. 수비 라인과 미드필더 라인을 1자로 놓아 상대의 공격에 대응하는 형태다. 대개 7~8명 정도로 형성되며, 많으면 9, 10명까지 모두 내려와 수비 대형을 구성한다.

두 줄 수비를 깨뜨릴 수 있는 가장 이상적인 방법은 수비 라인과 미드필더 라인의 사이 지역을 공략하는 것이다. 이 지역으로 볼을 투입할 경우 상대 수비는 혼란을 겪게 된다. 만약 라인 사이 지역의 선수가 볼을 받자마자 상대편 골문 방향으로 몸을 돌리는데 성공했다면,

수비팀 미드필더는 이를 즉각적으로 통제하기가 힘들어진다. 라인 사이 지역의 선수는 등을 지고 있는 상황이며, 수비팀 미드필더는 1차적으로 방향을 180° 돌린 이후에 복귀하기 때문이다.

상대 수비 라인과 정면으로 맞붙는 구도를 형성한 공격팀은 확실한 우위를 점하게 된다. 수비수가 끌려 나올 경우에는 뒷공간을 겨냥하는 스루 패스를 전개할 수 있으며, 그러지 않을 경우에는 곧바로 슈팅을 때리거나 측면으로 열어줄 수 있기 때문이다. 꼭 상대 수비수가 그러지 않더라도 공격팀은 스루패스, 슈팅, 측면 전개 등의 옵션을 언제든지 선택할 수 있다. 이러한 상황을 맞이하는 수비팀 입장에서는 딜레마다. 라인의 형성 지점을 높이자니 뒷공간을 겨냥하는 스루패스에 취약해지고, 반대로 낮추자니 상대의 즉각적인 슈팅 거리가 좁아지기 때문이다.

수비팀의 이상향은 상대가 라인 사이 지역으로 볼을 투입하지 못하게끔 하는 것이다. 두 줄 수비의 종/횡적 간격을 모두 좁힘으로써 라인 사이 지역을 완전히 봉쇄하는 것이다. 미드필더 라인이 횡적으로 좁아질 경우에는 상대의 패스 루트를 차단할 수 있으며, 라인 간의 종적 간격이 좁혀질 때면 위험 지역의 면적을 최소화할 수 있다.

수비팀의 횡적 간격이 매우 좁아짐에 따라, 벌어진 측면 공간을 커버하는 것은 팀마다 제각각이다. 앞 '하프 스페이스'편에서 소개했듯 백4 라인 전체가 역동적으로 움직일 수도 있고, 미드필더의 추가적인 최후방 가담을 주문할 수도 있다. 또는 아예 백5 대형을 형성하여 양 윙백이 부담 없이 측면 지역을 수비하는 것도 가능하다. 한편 프리미어리그 우승을 차지했던 15/16 시즌 레스터 시티의 경우에는 중앙 지역에만 치중했다. 측면 지역을 비워놓더라도, 그곳에서 제공되는 크로스를 센터백 로베르토 후트와 웨스 모건이 모두 처리했기 때문이다.

한국 대표팀은 라인 사이 지역을 집중적으로 봉쇄하려는 수비팀의 성향을 역이용하기도 했다. 지난 2017년 11월에 펼쳐진 세르비아와의 평가전이 그랬다. 당시 한국 대표팀은 4-4-2 시스템을 들고 나왔다. 손흥민과 구자철이 2톱을 이루고, '이재성-기성용-정우영-권창훈'이 미드필더 라인을, '김민우-김영권-장현수-최철순'이 최후방을 지키는 형태였다.

이재성, 손흥민, 구자철, 권창훈은 노골적으로 세르비아의 라인 사이 지역에서 활동했다. 수비시 4-4-2 대형을 형성하는 세르비아의 수비 라인과 미드필더 라인을 중앙 지역으로 밀집시키기 위함이었다. 신태용은 좁은 공간에서 무언가를 만들어낼 수 있는 구자철을 통해 세르비아의 라인 사이 지역을 파괴하려 했을 것이다. 4명으로 8명의 수비수들을 묶어낸 한국 대표팀은 이를 통해 김민우, 기성용, 정우영, 장현수, 최철순 등의 후방/측면 자원들이 넓은 공간 속에서 공격을 전개할 수 있게끔 했다.

신태용은 자유로운 후방/측면 자원을 활용해 세르비아의 수비 대형을 흔들고, 이를 통해 라인 사이 지역으로 공격을 전개하려 했을 것이다. 이날 한국은 세르비아의 라인 사이 지역으로 볼을 투입하는 단계까지 잘 해냈다. 그러나 문제는 그 이후부터였다. 이날 한국은 세르비아의 라인 사이 지역에서 공격을 전개하는데 다소 아쉬운 모습을 보여줬다.

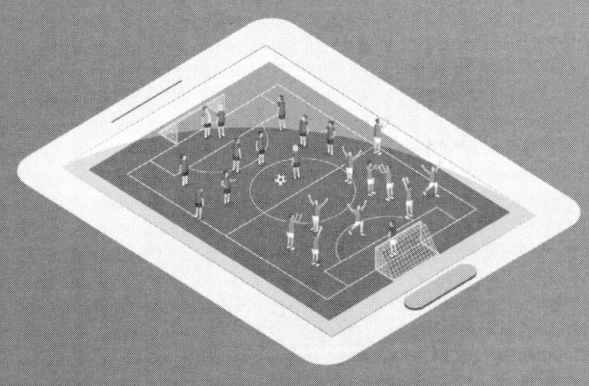

프리미어리그 전술 백배 즐기기

제2부

17/18 프리미어리그 빅 6 전술 분석

잉글랜드 프리미어리그는 전 세계에서 가장 많은 인기를 누리는 축구 리그 중 하나다. 특히나 국내에서의 인기는 스페인 프리메라리가, 독일 분데스리가, 이탈리아 세리에A 등에 비해 압도적이다. 매 경기가 진행될 때마다 인터넷은 프리미어리그 이야기들로 가득 채워진다.

당장 중계권료만 봐도 그렇다. 영국 스포츠 채널인 스카이스포츠와 BT스포츠는 지난 2013/2014 시즌부터 2015/2016 시즌까지 이어지는 중계권 계약을 체결했다. 그 금액은 무려 30억 1800만 파운드로, 한화로 약 4조 4000억에 달하는 액수였다. 이에 더해 하이라이트 방영권과 해외 생중계권 판매 수입까지 더한다면 그 금액은 천문학적이다. 2017/2018 시즌을 맞이한 현재는 이보다 더욱 높은 중계권료로 방영되고 있다.

프리미어리그 구단들은 이러한 자금을 토대로 매 이적 시장마다 세계 정상급 선수들을 영입하고 있다. 그리고 16/17시즌을 시작으로 유럽을 호령한 감독들도 잉글랜드 무대로 집결했다. 도르트문트를 세계 최고로 이끌었던 위르겐 클롭을 시작으로, 스페인과 독일 무대를 점령한 펩 과르디올라, 세리에A에서 무패우승을 일궈낸 안토니오 콩테, 첼시 경질 이후 맨유의 지휘봉을 잡은 조세 무리뉴까지. 프리미어리그는 이 변화를 기점으로 비약적인 수준 발전을 이뤄냈다.

01
첼시 전술 분석

17/18 시즌 첼시의 가장 큰 전술적 특징은 백3 포메이션만을 사용한다는 것이다. 16/17시즌에 부임한 콩테 감독의 초창기에는 백4를 기반으로 한 4-2-4 대형이 주력 포메이션이었다. 당시에는 아스필리쿠에타와 이바노비치가 양 윙백을 이뤘으며, 최전방에서 오스카가 코스타를 보좌해줬다.

하지만 2016년 9월에 펼쳐진 아스날과의 경기에서 3-0 대패를 당하자 과감한 전술 변화를 시도했다. 바로 콩테의 트레이드 마크라 할 수 있는 백3 포메이션을 꺼내든 것이다. 윙어를 주 포지션으로 삼아왔던 모제스를 윙백으로 전환시켰으며, 당시 신입생이었던 마르코스 알론소는 3백 체제에서 날개를 폈다. 모제스는 아스필리쿠에타와 캉테의 지도로 수비 능력을 향상시켰다고 한다.

체계적으로 잘 짜인 첼시의 백3 시스템은 16/17 시즌 잉글랜드 무대를 정복하기에 충분했다.

1. 3-4-3 시스템

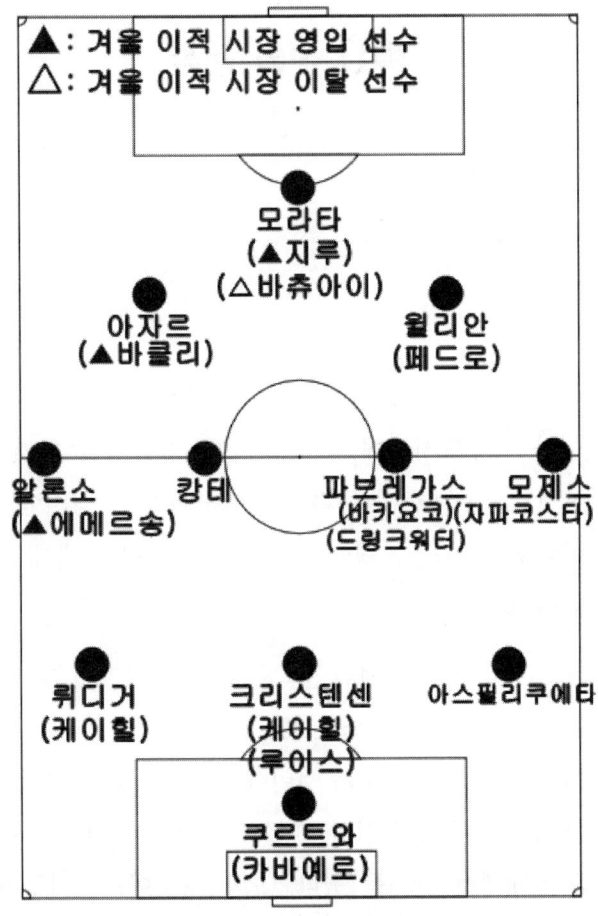

▲ 첼시의 3-4-3 포메이션

3-4-3은 16/17시즌 첼시가 프리미어리그 우승컵을 들어 올리면서 주력으로 사용했던 대형이다. 여름 이적 시장의 수완으로 2년간의 대체적인 스쿼드를 비교해보자면 크게 3자리에 변화가 일어났다.

첫째로는 중앙 센터백 자리에 16/17시즌 뮌헨글라드바흐로 임대를 갔다 온 안드레아스 크리스텐센이 들어왔다. 크리스텐센은 96년생의 젊은 유망주지만 나이에 못지않은 안정적인 수비력으로 한동안 주전 자리를 꿰찼다. 그의 가장 큰 장점은 패스 능력이다. 크리스텐센은 많은 경기에서 90% 이상의 패스 성공률을 기록하며 콩테의 마음을 사로잡았다.

> 17/18 프리미어리그가 종료된 시점에서, 크리스텐센은 리그 전체 선수들 중 패스 성공률 1위를 기록했다. 그는 평균 93.4%의 패스 성공률을 선보였다. 2위는 파비안 델프(93%), 3위는 무사 뎀벨레(92.2%) 4위는 니콜라스 오타멘디(91.9%)의 몫이었다.

그러나 강팀과의 경기가 연속적으로 치러졌던 2018년 2월 말에는 심리적으로 흔들리는 모습을 보여주기도 했다. 크리스텐센은 바르셀로나와의 챔피언스리그 16강 1차전부터 다음의 2차전까지, 첼시가 허용한 대부분의 실점 장면에 결정적인 관여를 했다. 96년생인 그가 한 달 간의 강행군을 완벽히 치러내기에는 아직 부족한 듯 보였다(2월 20일 ~ 3월 14일. 첼시는 이 동안 '바르샤-맨유-맨시티-팰리스-바르샤'로 이어지는 강행군을 소화했다).

한편 16/17 시즌 중앙 수비수 자리의 주전이었던 다비드 루이스는 최하위 센터백 옵션으로 밀려나간 추세다. 루이스는 지난 2017년 10월까지 꾸준한 경기 출전을 가졌지만 이후로 선발 라인업에 거의 들지 못했다. 특히나 1월 레스터 시티와의 리그 경기에서는 루이스가 분명한 출장 가능 상태였지만, 콩테는 그간 백3 체제에서 왼쪽 센터백으로

뛰어왔던 케이힐을 중앙 수비수로 기용했다.

둘째로는 중앙 미드필더 자리에 마티치가 빠졌다. 첼시는 2017/2018 시즌을 앞둔 여름 이적 시장에서 마티치를 맨유로 보내고, 바카요코와 드링크워터를 영입하면서 중앙 미드필더 체제에 큰 변화를 줬다. 3-5-2 체제에서는 주로 바카요코와 캉테, 파브레가스가 함께 뛰었지만, 3-4-3에서는 바카요코와 파브레가스, 드링크워터가 번갈아가면서 캉테와 짝을 이루는 경우가 많았다.

셋째는 최전방 스트라이커 자리에 코스타 대신 모라타가 들어왔다. 코스타는 콩테 감독의 휘하에서 연계에 주력한 모습을 보여줬다. 그는 16/17시즌 프리미어리그의 전체 스트라이커 중에서 2번째로 많은 패스를 시도했으며(1위 즐라탄 이브라히모비치), 75.2%의 패스 성공률을 기록했다. 모라타는 이와 다르게 비교적 1선에서 대개 득점에 치중하는 선수다. 그는 전체적으로 연계에 많은 심혈을 기울이기보단, 센터백 사이에서 골을 노리는 유형의 공격수다.

이후 첼시는 겨울 이적 시장에서 지루와 에메르송, 바클리를 추가로 데려오며 전력을 강화했다. 지루는 첼시, 아스날, 도르트문트 간에 이뤄진 삼각딜을 통해 첼시로 이적했다. 그는 2옵션 스트라이커인 바츄아이의 자리를 완벽하게 대체했다. 특히나 시즌 후반기에 들어 모라타가 극도의 부진에 빠지자, 잠시나마 첼시의 주전 자리를 꿰차기도 했다.

첼시와 아스날, 도르트문트는 겨울 이적 시장에 연쇄적인 스트라이커 이적을 이뤄냈다. 첼시는 도르트문트로 바츄아이를(임대), 도르트문트는 아스날로 오바메양을, 아스날은 첼시로 지루를 이적시킨 것이다. 이 세 선수는 모두 각자의 팀에서 최고의 활약을 펼쳤다. 특히나 도르트문트는 4월 바쮸아이에 대한 완전 영입에 큰 관심을 드러내기도 했다.

에메르송은 알론소의 왼쪽 윙백 자리를 받쳐주기 위해 영입됐다. 그간 첼시는 알론소의 공백을 대체할 수 있을 만한 유형의 선수를 찾지 못했다. 그렇기 때문에 오른쪽 윙백 자원인 모제스와 자파코스타가 종종 알론소의 자리를 메워주는 경우가 존재했다. 첼시는 AS로마로부터 에메르송을 영입하며 알론소의 후보 자원에 대한 고민을 해결했다.

3-4-3 포메이션은 전문적인 중앙 미드필더를 단 2명밖에 배치하지 않은 대형이다. 4명의 미드필더 라인은 2명의 중앙 미드필더와 2명의 윙백으로 이뤄져 있다. 그렇기 때문에 경기 내에서 조직적인 3-4-3 대형을 유지할 경우, 중원 지역에서 수적으로 불리해질 공산이 매우 크다.

16/17 시즌 첼시는 이러한 문제점을 해결하기 위해 마티치와 캉테를 확고한 주전 자원으로 분류했다. 캉테는 광범위한 활동량을 바탕으로 경기 내에 확실한 영향력을 행사할 수 있는 선수다. 마티치는 뛰어난 홀딩 능력을 바탕으로 중원을 확고히 지킬 수 있고, 공/수 양면으로 모두 일정 이상의 능력을 발휘할 수 있는 자원이다. 그렇기 때문에 캉테와 마티치가 중앙 미드필더 조합을 이룬다면 수적 열세에 처하더라도, 그 상황을 어느 정도 극복해낼 수 있었다.

반면 파브레가스는 캉테, 마티치와 다른 유형의 미드필더라 할 수 있다. 활동량과 수비력보단 넓은 시야와 정확한 패스를 강점으로 둔 선수다. 그렇기 때문에 파브레가스를 수적 열세 상황에 처할 가능성이 농후한 3-4-3의 중앙 미드필더로 두는 것은 분명 부담이 따르는 선택이라 할 수 있었다. 하지만 마티치가 떠나고, 점차 콩테의 축구에 녹아들기 시작하자 17/18 시즌 파브레가스는 많은 출전 기회를 부여받기 시작했다. 3미드필더 체제인 3-5-2 대형에서만이 아닌 3-4-3 시스템에서도 말이다.

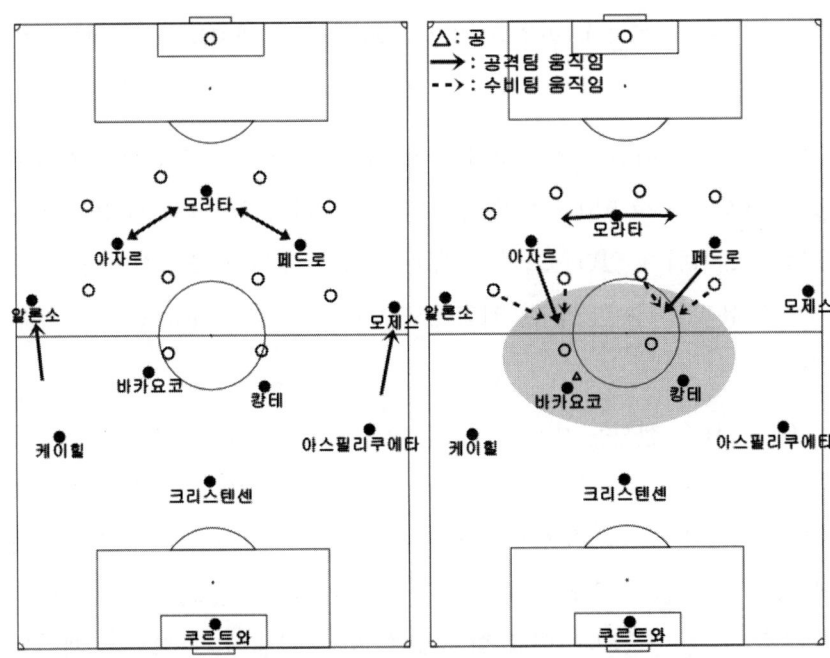

▲ 첼시의 3-4-3 체제가 형성하는 후방 빌드업 형태

상대팀이 전체적으로 내려앉은 상태에서, 첼시의 3-4-3 체제가 후방 빌드업을 전개할 때면 기본적으로 좌우 센터백이 넓은 측면 지역까지 벌려 섰다. 양 윙백 알론소와 모제스가 1차적으로 전진해야 했기

때문이다. 상대 압박이 없는 상태에서, 후방 빌드업시 좌우 센터백이 넓게 벌려서는 것은 현대 백3 시스템의 기본적인 움직임이기도 하다.

전진한 알론소와 모제스는 공격 진영의 각 측면 지역을 담당했다. 최전방 3톱을 이루는 아자르와 모라타, 페드로가 좁은 간격을 형성하도록 하기 위함이었다. 첼시의 3톱은 어느 지역에 위치하든 좁은 간격을 유지하는 경우가 많았다. 가령 케이힐이 볼을 잡아 왼쪽 방향으로 전체적인 빌드업이 이뤄질 경우, '아자르-모라타-페드로' 3톱이 좁은 간격을 형성한 채 왼쪽 진영으로 가담했다.

후방 빌드업 단계에서 이뤄진 3톱의 좁은 간격 유지는 상술한 3-4-3의 구조적 문제점(중앙 미드필더의 숫자가 부족하다는 것)을 해결해줬다. 첼시의 미드필더 라인이 볼을 잡을 경우 전방의 공격수들이 적극적으로 내려오면서 중원에 숫자를 더해준 것이다.

연계에 능한 스트라이커 코스타가 존재했던 16/17시즌에는 3명의 공격 라인 모두가 유기적으로 내려와 중원 숫자를 채워줬다. 코스타가 유독 많은 패스를 시도했던 이유가 이와 같은 전술적 맥락에서 나온 것이었다.

하지만 코스타에 비해 원톱 성향이 강한 모라타가 들어서자 양 윙어만이 중원으로 가담하는 빈도가 높아졌다. 모라타는 최전방에서 상대 센터백과 경합하고, 버텨주는 역할을 수행했다. 16/17 시즌에 비해 상대 수비 블록에 혼란을 야기하는 정도는 줄어들었지만, 확실한 한 방을 갖춘 것이다.

후방 빌드업 단계에서 중앙 미드필더 바카요코가 볼을 잡았다고 가정해보자. 이때 양 윙어 아자르와 페드로가 구조적 문제점을 해결하기 위해 유기적으로 중원에 가담을 할 것이다. 만약 아자르가 내려갈 경우, 모라타와 페드로는 1차적으로 유지한 좁은 간격을 통해 빠르게 2톱 대형을 형성하는 장면이 많았다. 상대의 중원 압박이 매우 강해 추가적인 숫자 가담이 필요한 경우에는 페드로가 얼마든지 내려올 수 있었다.

중원에서 볼을 잡은 첼시의 윙어는 최전방의 2톱을 지원해주는 플레이 메이커가 됐다. 짧은 패스에 능한 페드로와 탈압박의 최고 경지에 오른 아자르는 이러한 역할을 수행하기에 제격이었다.

16/17 시즌 콩테가 간헐적으로 파브레가스를 3-4-3의 공격 라인에 배치한 까닭도 이러한 이유 때문이었을 것이다. 파브레가스가 3톱의 일원으로 들어설 경우, 첼시의 공격 진영은 비교적 조직적인 형태로 변화했다. 파브레가스는 비교적 압박 밀도가 낮은 지역에서 큰 힘을 발휘할 수 있는 자원이기 때문이다. 그는 다른 공격 라인의 선수들에 비해 중원으로 가담하는 빈도가 월등히 높았다. 파브레가스는 '캉테-마티치' 조합으로 이뤄진 중원에 확실한 전진 패스 옵션이 돼주었다.

아자르는 15-16 시즌 초, 무리뉴 감독의 휘하에서 이러한 역할과 상당히 비슷한 롤을 수행하기도 했다. 당시 무리뉴 감독은 4-2-3-1 대형에서 코스타를 스트라이커로, '아자르-윌리안-페드로' 라인을 공격 2선으로 배치했다. 이때 아자르의 역할은 팀의 후방 빌드업 단계에서부터 3선 지역으로 내려가 볼을 받아주고, 뛰어난 드리블 능력을 이용해 전방까지 볼을 운반하는 것이었다. 이에 따라 경기 내에서는 실질적으로 아자르가 중앙 미드필더로, '윌리안-코스타-페드로'가 3톱을 이루는 4-3-3 대형이 형성되는 경우가 많았다.

설령 중원으로 내려온 아자르와 페드로가 볼을 잡지 못하더라도 상대 미드필더들을 끌어줄 수 있었다. 첼시의 후방 선수들(센터백, 중앙 미드필더)이 윙백과 1선으로 연결할 수 있는 전진 패스 옵션을 간접적으로 만들어준 것이다.

중원 지역에 숫자가 확보되는 순간 첼시의 양 윙백들은 1선까지 전진했다. 가장 기본적으로는 밑선으로 내려간 첼시 공격수의 공백을 메우기 위함이고, 아자르와 페드로가 상대 측면 수비수를 중앙으로 끌어내는 경우도 존재했기 때문이다. 양 윙백이 전진하는 순간에는 상대 수비수들의 전체적인 시야가 중앙으로 향해 있어 자유로워질 때가 꽤 나 많았다. 알론소와 모제스는 측면에서 중앙의 2톱을 지원했다.

만약 첼시의 수비 라인에서 측면에 위치한 양 윙백에게 볼이 전개될 경우에도 공격 라인의 적극적인 밑선 가담이 이뤄졌다. 이때에는 볼을 소유한 윙백 쪽의 윙어, 중앙 미드필더, 센터백이 모두 간격을 좁히면서 많은 패스 선택지들을 만들어줬다. 윙백은 콤비네이션 플레이로 상대 압박을 풀어내거나, 넓은 간격을 유지하는 센터백과 반대편 윙백을 통해 방향 전환을 시도할 수 있었다.

이러한 형태를 통해 첼시는 후방 빌드업 단계에서부터 무수히 많은 패스 옵션들을 만들어나갔다. 기본적으로 최후방 지역에서 압박이 들어오지 않는다면, 측면으로 넓게 벌린 좌우 센터백을 통해 상대 수비를 흔들 수 있었다. 이를 통해 미드필더 라인 선수들이 볼을 받을 공간을 마련하고, 이후 이뤄지는 윙어의 적극적인 중원 가담/밑선 이동을 통해 1선으로 공격을 전개했다.

만약 상대가 높은 지점에서부터 강한 압박을 밀어붙인다면, 양 윙어 아자르와 페드로가 활발하게 움직여 패스 루트를 만들어줘야 했다. 기본적으로 좌우 센터백이 넓게 벌려 설 수 없어 양 윙백이 1차적으로 전진하지 못했기 때문이다. 첼시의 양 윙어는 측면 지역을 점유하는 동시에 윙백의 패스 옵션이 되어줘야 했다. 16/17 시즌 첼시의 몇 안 되는 약점 중 하나가 상대의 전방 압박에 대한 대처이기도 했다. 당시에는 상대가 후방 빌드업을 통제하기 위해 수비 라인을 높은 지점까지 끌어올릴 경우, 첼시의 3톱은 철저히 상대 수비 뒷공간을 공략하기 위해 움직였다. 그러다 보니 후방 지역에서 '3-4'형태로 이뤄진 7명의 선수들만으로 상대 전방 압박을 벗겨내야 했다. 여기서 양 윙백은 터치라인 부근으로 벌려있는 경우가 많았기 때문에 4명의 미드필더 라인 전체가 정상적인 볼 공유를 하지 못했다. 골키퍼 쿠르트와 역시 필드 플레이어 급으로 볼을 잘 다루는 선수가 아니기 때문에, 첼시의 후방 선수들은 상대의 전방 압박에 크게 고전했다.

파브레가스가 들어올 경우에는 이러한 상황에서 큰 빛을 발할 수 있었다. 상대 수비 뒷공간이나 라인 사이 지역으로 정확한 패스를 넣어줄 수 있기 때문이었다. 2016년 12월에 펼쳐졌던 16/17시즌 리그 14R 맨시티전(3-1)이 특히나 그랬다. 당시 첼시는 파브레가스의 정확한 롱 패스를 통해 코스타의 동점골을 만들어냈다. 하지만 파브레가스의 중앙 미드필더 배치에는 상술한 전술적 약점이 존재했다. 이런 점을 생각해본다면, 16/17시즌 콩테에겐 파브레가스가 엄청난 딜레마로 다가왔을 것이다.

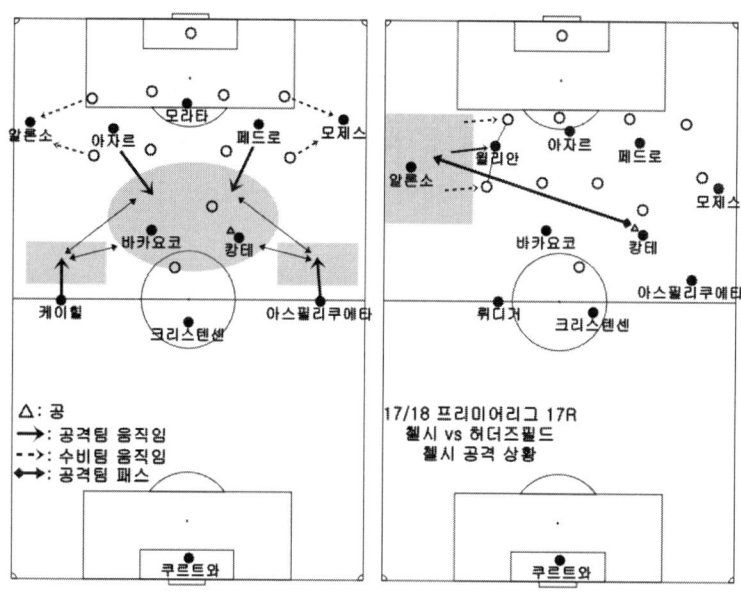

▲ 첼시의 3-4-3 체제가 형성하는 공격 형태(좌)와 양 윙백의 '의도적 고립'(우)

첼시가 상대 진영에서 볼을 소유해 본격적인 공격을 전개할 때면 유기적인 5톱을 형성했다. 윙백 알론소와 모제스가 실질적인 윙어 역할을 수행하면서 만들어진 대형이었다. 이들은 1선의 측면 지역 중 터치라인 부근의 공간을 전문적으로 담당했다.

터치라인 부근으로 넓게 벌려선 알론소와 모제스는 자유로운 상태에서 볼을 받는 경우가 많았다. 첼시 3톱이 좁은 간격을 유지한 탓에, 상대 윙백도 중앙 지향적인 위치 선정을 해야 하는 경우가 잦았기 때문이다. 알론소와 모제스는 크게 2가지 역할을 수행했다. 하나는 자유로운 상태에서 볼을 받아 직접적인 공격을 전개하거나 팀의 전체적인 볼 순환을 돕는 것이었고, 또 하나는 상대의 측면 수비수를 끌어내 아자르와 페드로에게 공간을 만들어주는 것이었다.

특히나 첼시는 볼을 소유하고 있는 모든 상황(후방 빌드업 단계, 공격 단계, 페너트레이션 단계 등)에서 양 윙백의 '의도적 고립'을 적극적으로 활용했다. 17/18 프리미어리그 17R 허더즈필드전(3-1 승리)이 특히나 그랬다.

당시 허더즈필드는 첼시의 공격을 틀어막기 위해 수비시 4-5-1 대형을 형성했다. 이들은 기본적으로 매우 타이트한 간격을 유지했다. 제로톱(아자르 스트라이커)으로 이뤄진 첼시의 3톱이 허더즈필드의 라인 사이 지역에서 볼을 받지 못하도록 하기 위함이었다.

여기에 허더즈필드의 와그너 감독은 몇 가지 마킹 체계를 준비했다. 허더즈필드의 양 측면 미드필더들이 첼시의 윙백을, 좌우 미드필더들이 캉테와 바카요코를 전문적으로 수비하는 것이었다.

첼시가 오른쪽으로 공격을 전개할 경우, 캉테가 볼을 잡을 때면 허더즈필드의 왼쪽 중앙 미드필더가 전진하는 양상이 펼쳐졌다. 이에 따라 나머지 4명의 미드필더 라인이 매우 좁은 간격을 형성하며 '윌리안-아자르-페드로' 3톱에게 연결될 수 있는 패스 루트를 제한했다.

여기서 첼시는 반대편 알론소의 '의도적 고립'을 활용했다. 허더즈필드의 오른쪽 측면 미드필더는 간격 유지를 위해 중앙으로 좁혔고, 첼시의 왼쪽 공격수 윌리안 역시 아자르와 좁은 간격을 유지하면서 허더즈필드의 오른쪽 수비수를 중앙으로 유인했기 때문이다. 볼 반대편의 알론소는 광범위한 공간을 얻을 수 있었다.

첼시는 이 점을 이용하여 오른쪽/왼쪽 공격시, '의도적 고립'을 당한 알론소/모제스를 적극적으로 활용했다. 이를 통해 팀의 2번째 골을 만들어냈고, 3번째 득점도 '의도적 고립'을 활용하진 않았지만, 비슷한 전개 과정을 통해 성공시켰다.

한편 첼시의 공격 상황에서 2명의 중앙 미드필더들은 전체적인 움직임과 활동 폭에 제한을 받았다. 상술했듯 1선에 유기적인 5톱이 형성됐기 때문이다. 이들은 상대 역습시 1차적인 저지선이 되어줘야 했다. 또한 공격 상황에서도 양 윙어가 적극적인 중원 가담에 나섰기 때문에 굳이 폭넓게 활동하며 공격 라인을 지원해주지 않아도 됐다.

좌우 센터백인 케이힐과 아스필리쿠에타는 공격 상황에서 간헐적으로 높은 위치까지 전진했다. 공격 상황에서 윙백의 역할과 중앙 미드필더가 처해있는 상황상, 본질적으로 첼시 미드필더 라인의 측면 공간을 담당해줄 마땅한 선수가 없었기 때문이다. 그렇기 때문에 좌우 센터백이 이 지역으로 전진하여 첼시의 전체적인 볼 점유를 도와줘야 했다.

케이힐과 아스필리쿠에타는 중앙 미드필더와 동일 선상에서 활동하는 경우가 많았다. 가령 첼시가 페너트레이션 단계까지 돌입하는데 성공하여 중앙 미드필더가 미들 서드 후반 지역까지 진출했을 경우, 케이힐과 아스필리쿠에타도 그들과 함께 이 지역으로 전진했다. 그렇기 때문에 11R 맨유전, 20R 브라이튼전 득점 장면과 같이 좌우 센터백이 최전방 모라타에게 직접적인 어시스트를 제공해주는 것도 가능했다 (물론 이 두 경기에서 첼시의 대형은 3-5-2였지만, '공격시 좌우 센터백의 전진'만을 따져본다면).

이러한 윙백 활용을 통제하기 위해, 많은 팀들이 첼시를 상대할 때면 백3 포메이션을 꺼내드는 경우가 잦았다. 터치라인 부근의 지역을 광범위하게 담당하는 알론소와 모제스를 전문적으로 통제하기 위함이었다. 이론적으로 본다면 이 경우 크게 2가지 이점을 가져갈 수 있었다. 첫째는 알론소와 모제스를 통해 이뤄지는 전체적인 볼 순환을 방해할 수 있었다. 그리고 둘째는 중원 지역으로 가담하는 아자르와 페드로를 측면에 대한 부담 없이 수비할 수 있었다.

이러한 백3 포메이션 맞불 작전은 첼시의 3-4-3에 대한 정보와 공략법이 많지 않았던 16/17 시즌에 자주 일어났다. 5-0으로 대패한 첫 희생양인 에버튼을 시작으로 스토크 시티, 맨체스터 시티, 맨체스터 유나이티드 등. 많은 명감독들이 16/17 시즌 첼시를 상대로 같은 백3 대형을 꺼내 들었다.

하지만 결과는 모두가 알고 있듯 그리 성공적이지 못했다. 이유는 당시 맞불 작전을 놓았던 팀들이 백3 포메이션 자체에 익숙하지 않기 때문이었다. 첼시의 윙백을 통제하더라도, 전체적인 조직의 완성도가 매우 좋지 못했다. 그렇기 때문에 과르디올라와 무리뉴가 16/17 시즌 후반기에 첼시와 맞붙었을 때에는 모두 백4 시스템을 들고 나왔다. 그 결과 맨시티는 비록 패했지만 충분히 훌륭한 경기력을 펼쳤으며, 맨유는 단 한 번의 유효 슈팅도 내주지 않은 채 완벽한 2-0 승리를 거뒀다. 여기서 언급한 맨시티의 전술은 다음 부분에서 자세하게 다뤄볼 예정이다.

최전방 3톱은 좁은 간격을 유지한 채 유기적인 포지션 스위칭을 가져가면서 상대 수비에 혼란을 야기한다. 그리고 후방을 받쳐주는 2명의 중앙 미드필더들과 연계하는 콤비네이션 플레이를 통해 상대의 밀집 수비를 뚫어내려 한다. 유기적인 패스 플레이를 통해 상대 박스 안에서 공간을 창출했다면, 첼시의 3톱은 과감하게 슈팅을 시도했다. 여기서 페드로와 윌리안의 정확한 킥력이 빛을 발했다.

중앙 콤비네이션 플레이를 시도하던 중 공격수들이 힘들 것 같다고 판단하거나, 상대 수비 블록이 볼 주위로 밀집될 경우 측면으로 넓게 벌린 양 윙백을 이용했다. 상술한 윙백의 '의도적 고립'을 활용한 것이다. 한 번에 이어지는 롱 패스를 시도해도 됐고, 전진한 좌우 센터백을 거쳐 반대편 윙백에게 볼을 전개할 수도 있었다.

'특정 측면에서 볼의 점유하고 있을 때 반대편 윙백의 의도적 고립'과 '공격시 좌우 센터백의 전진'은 후술할 첼시의 3-5-2 체제에서도, 토트넘과 아스날의 3-4-3 시스템에서도 흔하게 찾아볼 수 있는 특징이다.

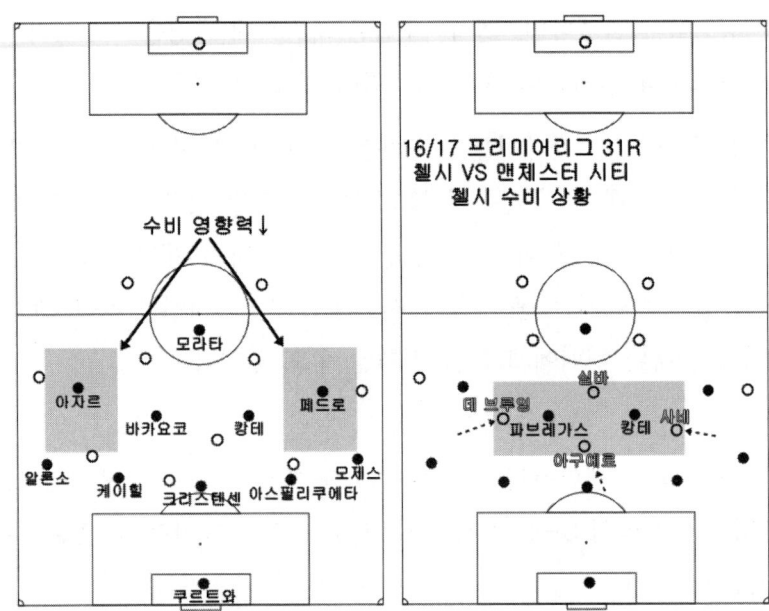

▲ 첼시의 3-4-3 체제가 형성하는 후방 수비 대형(좌)과 맨시티의 대응 전술(우)

첼시가 후방으로 내려설 때면 윙백이 수비 라인으로, 윙어가 미드필더 라인으로 내려온 5-4-1 포메이션을 형성했다. 대형적으로만 보자면 후방에 9명의 숫자를 둔 매우 보수적인 수비 형태였다.

하지만 실제 경기 내에서는 양 윙어의 수비 영향력이 매우 미비했다. 이들은 압박을 위해 전진하더라도 제 자리로 빠르게 복귀하지 않았다. 자신의 담당 지역을 적극적으로 커버하지 않은 것이다. 대신 아자르와 페드로는 볼을 탈취한 이후에 펼쳐지는 '수비 → 공격 전환 단계'에 치중했다. 수비시 항상 측면 공간을 파고들 채비를 했으며, 스트라이커를 보좌하기 위해 언제든지 중앙으로도 좁힐 수 있어야 했다.

그렇기 때문에 최후방 5명의 수비 라인을 커버하는 실질적인 자원은 중앙 미드필더 두 선수뿐이었다. 아자르와 페드로는 미드필더 라인에 위치하긴 했지만, 공격팀 입장에서는 쉽게 벗겨낼 수 있었다. 여기서 3-4-3의 구조적 문제점을 커버하기 위해 중앙 미드필더 자리에 배치한 '마티치-캉테'(16-17) '바카요코 or 파브레가스-캉테'(17-18) 조합이 빛을 발해야 했다. 캉테와 마티치는 최고의 수비력을 보유한 자원이고, 바카요코는 모나코 시절 프랑스 리그의 톱클래스 미드필더였기 때문이다(이적 첫 시즌에는 전체적으로 굉장히 부진한 모습을 보여줬지만). 파브레가스 역시 17-18 시즌에는 자신만의 스타일 못지않게 5-4-1 대형의 후방 수비시 꽤나 견고한 모습을 보여줬다.

> 바카요코가 극심한 부진을 기록하자, 콩테는 2018년 1월을 맞이하면서 3-4-3의 중앙 미드필더 구성으로 '캉테-파브레가스' 조합을 주로 꺼내들기 시작했다. 이 시점에서의 파브레가스는 첼시의 3-4-3 체제에 완벽히 적응한 듯 보였다.

그럼에도 불구하고 수비 라인 앞을 전문적으로 커버하는 선수가 단 2명밖에 없다는 사실은 확실한 불안 요소였다. 그렇기 때문에 꽤나 많은 문제점을 노출하기도 했고, 몇몇 팀들이 첼시를 상대할 때 이 점을 공략하기도 했다.

대표적으로 16/17 시즌 후반기에 맞이했던 맨시티전이 그랬다. 당시 과르디올라 감독은 4-2-3-1 포메이션을 들고 나왔다. 윙어가 본 포지션인 헤수스 나바스가 오른쪽 윙백으로 나섰으며, 델프와 페르난지뉴가 중앙 미드필더를 이뤘다. 그리고 '사네-실바-데 브루잉' 조합이 공격 2선을, 아구에로가 최전방을 맡았다.

맨시티의 전술적 의도는 명확한 듯 보였다. 공격시 아구에로, 사네, 실바, 데 브루잉을 모두 중앙으로 밀집시켜 캉테와 파브레가스를 상대로 확실한 수적 우위를 가져가는 것이었다. 상황에 따라서라면 이 '밀집 대형'을 비교적 측면 쪽에 형성하여 캉테나 파브레가스를 끌어낼 수도 있었다. 각 측면의 사네와 데 브루잉은 이날따라 비교적 중앙 지향적으로 활동했다. 그나마 사네가 비교적 측면으로 벌려 뛴 편이었다. 오른쪽 윙백 나바스는 데 브루잉의 중앙 지향적 움직임에 연쇄적으로 반응하며 활발한 공격 가담을 펼쳤다.

첼시는 이러한 공격을 막아내기 위해 수비 라인을 꽤나 높게 끌어올렸다. 센터백을 높은 지점까지 전진시켜, 맨시티가 노린 '중원 지역에서의 수적 우위'를 상쇄시키기 위함이었다. 쉽게 말해 첼시의 센터백이 캉테와 파브레가스의 담당 지역으로 참여한 것이다. 그 결과 벌어진 수비 뒷공간에 대한 위험 부담은 따랐지만, 첼시는 성공적으로 과르디올라의 전술적 노림수를 막아낼 수 있었다.

이후 콘테 감독은 후반전에 3명의 중앙 미드필더를 둔 3-5-2 포메이션으로 전환했다. 본질적으로 중원 지역에 숫자를 늘리기 위함이었다. 센터백 조우마 대신 마티치를 투입시키고, 윙백인 아스필리쿠에타를 센터백으로 이동시켰다. 그리고 비어진 윙백 자리는 페드로가 내려와 메웠다.

17/18시즌 AS로마와의 챔피언스리그 3-3 무승부 경기에서도 5-4-1 수비 대형의 문제점이 노출됐다. 당시 콘테 감독이 들고 나온 포메이션은 3-5-2 대형이었다. 당시 팀의 핵심 미드필더인 캉테가 부

상으로 결장한 상태였기 때문에 다비드 루이스를 중앙 미드필더로 배치했다. 이날 첼시의 중원 조합은 '바카요코-루이스-파브레가스'였다.

하지만 57분, 루이스가 부상으로 뛸 수 없는 상태가 되자 콩테 감독은 페드로를 교체 투입시키며 3-4-3 포메이션으로 전환했다. 콩테로썬 어쩔 수 없는 선택이었다. 당시 첼시의 후보진에는 97년생의 유망주 카일 스콧이 유일한 중앙 미드필더 자원이었기 때문이다. 그를 루이스 대신 투입시키기에는 1군 경험이 너무 부족했다.

첼시는 3-5-2 체제를 유지한 57분까지 2 대 1로 앞서 나가고 있었다. 그러나 루이스가 빠져 3-4-3으로 전환한 이후부터는 불안한 모습을 보여주며 6분 만에 2실점을 허용했다(64분과 70분에 이뤄진 제코의 득점. 후에 아자르가 동점골을 성공시키며 3-3이라는 최종 스코어를 만들어냈다).

첼시의 2번째 실점 장면에서 5-4-1 수비 대형의 문제점이 발생했다. 당시 로마는 첼시 진영에서 공격을 전개하고 있는 상태였다. 이때 센터백 페데리코 파지오가 볼을 몰고 하프라인 윗선까지 올라갔으며, 매우 자유로운 상태로 최전방 에딘 제코를 향해 패스를 찔러 넣어줬다. 제코는 파지오의 패스를 그대로 골문 안으로 때려 넣으며 팀의 동점골을 성공시켰다.

파지오와 제코의 개인 활약이 매우 뛰어나긴 했지만, 모라타가 아무런 수비 관여를 하지 않았다는 사실이 첼시에겐 화근이었다. 실점 장면에서 파지오는 또 다른 센터백 제수스에게 패스를 받아 볼을 몰고 전진했다. 모라타는 이 모든 장면을 옆에서 보고만 있었으며, 견제를 시도하려는 시늉조차 하지 않았다. 후방 수비에 주력하지 않은 아자르

와 페드로 역시 미드필더 라인에서 이 장면을 방관하고만 있었다.

　첼시의 전체적인 3-4-3 대형도 상당히 불안했다. 중원이 바카요코와 파브레가스 조합으로 이뤄졌기 때문이다. 이들은 경기 내에서 '우리 팀은 중앙 미드필더가 단 2명뿐이다.'라는 사실을 인지하지 못한 듯 보였다. 파브레가스와 바카요코는 이후에 펼쳐지는 첼시의 3번째 실점 장면에서 로마의 역습을 너무나 쉽게 허용해줬다.

　첼시의 센터백들은 '공격 → 수비 전환 단계'에서 빠르고 과감한 판단력을 요구받는다. 상술했듯 첼시는 공격시 양 윙백을 1선까지 끌어올려 3-2-5, 1-4-5와 같은 대형을 형성하기 때문이다. 좌우 센터백들은 미드필더 라인과 함께 상대의 공격을 통제할지, 또는 밑선으로 내려서 중앙 센터백을 보좌할지를 빠르게 선택해야 했다.

　만약 상대 역습이 첼시의 중앙 미드필더 선을 돌파했다면, 센터백들이 2차적 저지선이 됐다. 케이힐과 아스필리쿠에타가 측면 지역을 커버할 수도 있고, 크리스텐센이 전진하여 중앙 미드필더의 배후 공간을 메울 수도 있다. 첼시는 능숙한 역습 지연을 통해 1선까지 전진한 양 윙백들이 수비 라인으로 복귀할 수 있게끔 시간을 벌어줬다.

2. 3-5-2 시스템

▲ 첼시의 3-5-2 포메이션

콩테 감독이 첼시 부임 2년 차를 맞이하는 17/18 시즌에는 기존 3-4-3과 함께 3-5-2 포메이션을 혼용하기 시작했다. 그는 현재까지의 선발 라인업을 3-4-3으로 29번, 3-5-2로 17번 꾸렸다('프리미어리그 38경기 + 챔피언스리그 8경기'를 기준으로).

첼시의 3-5-2 시스템은 17/18 시즌 토트넘과의 리그 2R 경기에서 처음으로 등장했다. 첼시가 원정팀 신분으로 웸블리 스타디움에서 치른 일전이었다. 첼시는 그간 3-4-3 대형만을 사용해왔기 때문에 (16/17시즌 초에는 4-2-4를 사용했지만) 토트넘의 포체티노 감독은 콩테의 전술 변화를 전혀 예측하지 못했을 것이다. 토트넘은 경기 내내 첼시의 끈끈한 수비 대형에 쩔쩔맸다. 81분이 되서야 프리킥 상황에서 터져 나온 바츄아이의 자책골로 득점을 뽑아낼 수 있었다. 2-1 승리로 끝난 첼시의 첫 3-5-2 기용은 매우 성공적이었다.

17/18 시즌 첼시가 3-5-2 포메이션을 사용하는 이유로는 콩테의 직접적인 인터뷰를 통해 알 수 있었다. 그는 공식 홈페이지에서 진행한 크리스마스 인터뷰에서 다음과 같이 말했다. "17/18 시즌 우리 팀의 선수단은 변화했습니다. 바카요코와 드링크워터라는 2명의 중앙 미드필더를 영입했죠. 그렇기 때문에 3명의 미드필더로 경기를 치르는 것은 선수들의 특성을 살릴 수 있는 좋은 옵션입니다." "강팀을 상대할 때면 3명의 미드필더와 2명의 공격수로 견고하게 플레이하는 것이 중요합니다. 그리고 아자르에게 많은 자유를 줘야 하죠."

3-5-2 시스템 기용에 대한 콩테의 발언을 정리하자면 다음과 같다. ▲변화한 선수단을 더욱 효율적으로 활용할 수 있는 전술을 위해 ▲수비적인 면에 힘을 주기 위해 ▲팀의 핵심 선수인 아자르에게 더욱 많은 자유를 주기 위해.

특히나 드링크워터는 첼시가 첫 3-5-2 포메이션을 기용한 토트넘전 이후에 합류했다(한국 시간으로 드링크워터 첼시 이적 오피셜 9월 1일, 토트넘전 8월 21일). 그렇기 때문에 시즌 초반에는 루이스가 중앙 미드필더로 나서는 경우가 많았다. 드링크워터의 리그 첫 선발 출전은 11월 말에 치러졌던 리버풀과의 1 대 1 무승부 경기였다.

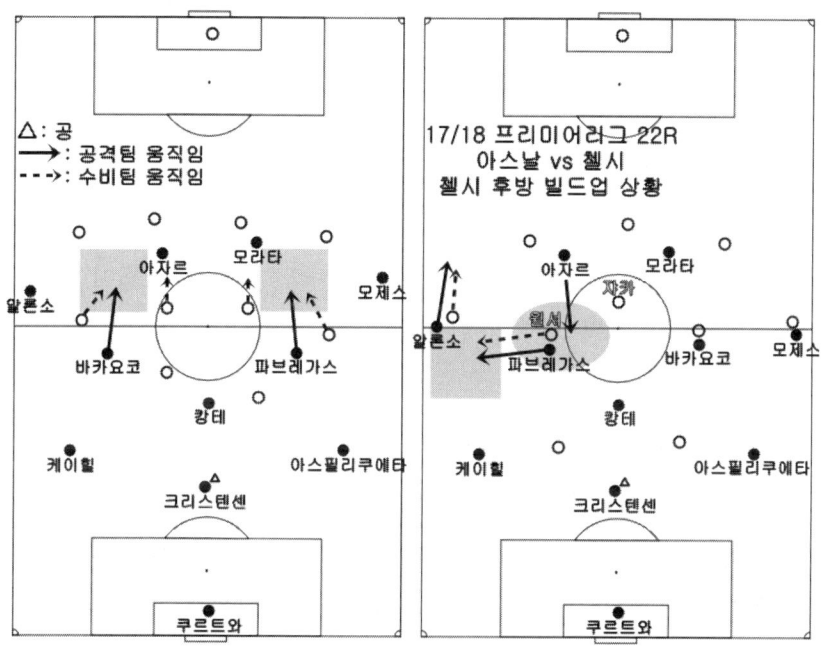

▲ 첼시의 3-5-2 체제가 형성하는 후방 빌드업 형태(좌)와 아스날전 전방 압박 대처법(우)

상대가 강한 압박을 가하지 않는 상황에서, 첼시가 후방 빌드업을 전개할 때면 중앙 미드필더 캉테가 센터백 앞 공간을 담당했다. 그는 최후방과 1, 2선 간의 연결 고리가 됐다. 첼시는 캉테를 주축으로 후방 빌드업을 전개했다. 3명의 센터백과 한 명의 중앙 미드필더로 이뤄진 '케이힐-캉테-아스필리쿠에타-크리스텐센' 진영은 첼시 후방 빌드업 단계의 핵심이었다.

좌우 미드필더인 파브레가스와 바카요코는 상당히 공격적인 움직임을 보였다. 그들은 낮은 지역에서부터 차근차근 만들어 가는 플레이를 지향하기보단, 주로 2톱 아자르와 모라타 쪽으로 빈도 높게 전진하는 선택을 했다. 이 경우 상대 미드필더 선수들은 배후 지역에 많은 공격 숫자가 투입됐기 때문에 라인을 상당히 낮은 지점에서 형성할 수밖에 없었다.

첼시는 이러한 작업을 통해 최후방의 '케이힐-캉테-아스필리쿠에타-크리스텐센' 진영이 볼을 몰고 전진할 수 있는 공간을 마련했다. 상술했듯 좌우 센터백의 공격적 능력이 뛰어났기 때문에 케이힐과 아스필리쿠에타는 후방 빌드업 단계에서부터 캉테 선까지 얼마든지 전진했다.

최후방 4명의 선수들은 유기적으로 볼을 공유하고, 내려앉은 상대 미드필더 라인을 흔들었다. 그리고 이를 통해 라인 사이 지역에 위치한 4명의 선수들에게 볼을 투입시키려 했다. 만약 상대가 압박 강도를 끌어올리거나 패스 길이 보이지 않는다면, 파브레가스나 아자르가 내려와 볼을 받아 주는 경우가 많았다.

양 윙백을 겨냥한 패스 옵션도 있었다. 상대 수비가 좁은 간격의 '바카요코-아자르-모라타-파브레가스' 라인을 틀어막기 위해 중앙으로 밀집했다면, 측면의 알론소와 모제스가 공간을 얻을 수 있었다. 이렇듯 첼시의 최후방 자원들에게는 수많은 전진 패스 옵션이 존재했다.

첼시의 3-5-2는 이러한 전개 과정을 통해 밑선에서부터 위협적인 공격을 만들어낼 수 있었다. 후방 빌드업 단계에서 그들의 주 무기는 유기적인 짧은 패스가 아니다. 선수들의 위치 이동을 통한 수비 유인으로 공간을 만들어내고, 전진하는 것이다. 앞쪽에 많은 숫자를 둬 빠르게 공격 단계로 넘어가거나, 좋은 찬스를 만들어내는 것이 첼시 3-5-2의 후방 빌드업 콘셉트였다.

만약 상대가 첼시의 후방 빌드업을 직접적으로 통제하려 한다면, 기본적으로 3명의 미드필더 라인이 모두 내려와 볼을 받아줬다. 아자르는 적극적으로 빈 공간을 찾아 들어갔으며, 모라타는 상대 수비수를 등에 진 채로 연결 고리 역할을 수행했다.

특별한 점은 좌우 미드필더 중 한 명을 측면으로 이동시키는 경우가 많았다는 것이다. 주로 윙백이 전진하여 상대 수비를 끌어내고, 좌우 미드필더가 그 지역으로 이동하여 자유를 누렸다. 첼시는 자유로워진 좌우 미드필더를 통해 볼을 전진시키려 했다. 여기서 '측면으로 이동하는 좌우 미드필더'는 주로 파브레가스가 됐다. 기본적으로 벌어진 상대 수비 뒷공간으로 위협적인 패스를 전개할 수 있으며, 바카요코에 비해 볼을 다루는 능력이 뛰어나기 때문이다.

프리미어리그 22R 경기인 아스날전을 돌아보자. 당시 아스날은 외질을 중앙 미드필더로 배치해 첼시와 같은 3-5-2 포메이션을 꺼내들었다. 아스날의 주 백3 대형인 3-4-3을 꺼내들 경우 중원 싸움에서 수적으로 밀릴 공산이 크기 때문이었다.

아스날은 첼시의 후방 빌드업을 통제하기 위해 높은 지점에서부터 수비를 시작했다. 양 윙백이 알론소와 모제스를 전담하고, 좌우 미드필더가 파브레가스와 바카요코를 수비하면서 첼시의 미드필더 라인을 1 대 1로 마킹하는 구도가 펼쳐졌다.

늘 그래왔듯 이 상태에서 파브레가스는 자유를 누리기 위해 측면으로 빠졌다. 여기서 아스날은 첼시의 이러한 패턴을 이미 알고 있는 듯했다. 첼시가 후방 빌드업을 통제 당했던 지난 경기들에서 이러한 형태로 대응해왔기 때문이다.

그렇기 때문에 첼시는 또 다른 대응책을 꺼내 들었다. 후방 빌드업 단계에서 알론소를 1차적으로 전진시킨 것이었다. 이는 그를 전담하고 있는 벵거 사단의 오른쪽 윙백, 헥토르 베예린을 아스날의 수비 라인으로 끌어내기 위함이었다. 그리고 파브레가스가 왼쪽 측면으로 빠져 볼을 받아내려 할 때, 아스날의 오른쪽 미드필더인 잭 윌셔가 파브레가스를 따라갔다. 상술한 파브레가스의 자유를 통제하기 위함이었다.

여기서 가장 중요한 점은, 파브레가스와 바카요코가 위치를 바꿔 나왔다는 점이다. 기본적으로 첼시의 3-5-2 체제에서는 대체적으로 바카요코가 왼쪽, 파브레가스가 오른쪽 미드필더 역할을 수행한다. 그러나 이날 경기에서 만큼은 파브레가스가 왼쪽을, 바카요코가 오른쪽 지역을 담당했다.

이는 콩테 감독이 두 수 앞을 봤다는 주장에 힘을 실어줬다. 윌셔가 왼쪽 측면으로 빠진 파브레가스를 따라 나가자, 아스날의 미드필더 라인 간격이 벌어지기 시작했다. 그럼으로써 공격 라인의 아자르가 '윌셔-쟈카' 사이 지역으로 내려올 경우 자유를 얻게 됐다. 즉, 왼쪽 공격수 아자르의 공간 창출을 위해 의도적으로 파브레가스와 바카요코의 위치를 바꾼 것이었다.

첼시는 이를 통해 에미레이츠 스타디움 원정에서 좋은 경기력을 펼칠 수 있었다. 비록 결과는 2 대 2 무승부였지만, 내용적으로는 첼시가 더 훌륭했다. 이날 첼시는 단 41.7%의 볼 점유율을 유지했지만 19

번의 슈팅을 시도했으며, 이중 10번을 유효 슈팅으로 연결했다(아스날 슈팅 시도 14번, 유효 슈팅 3번). 모라타가 자신에게 주어진 2, 3번의 완벽한 득점 기회를 골로 보답했다면 이날 승자는 첼시였을 것이다.

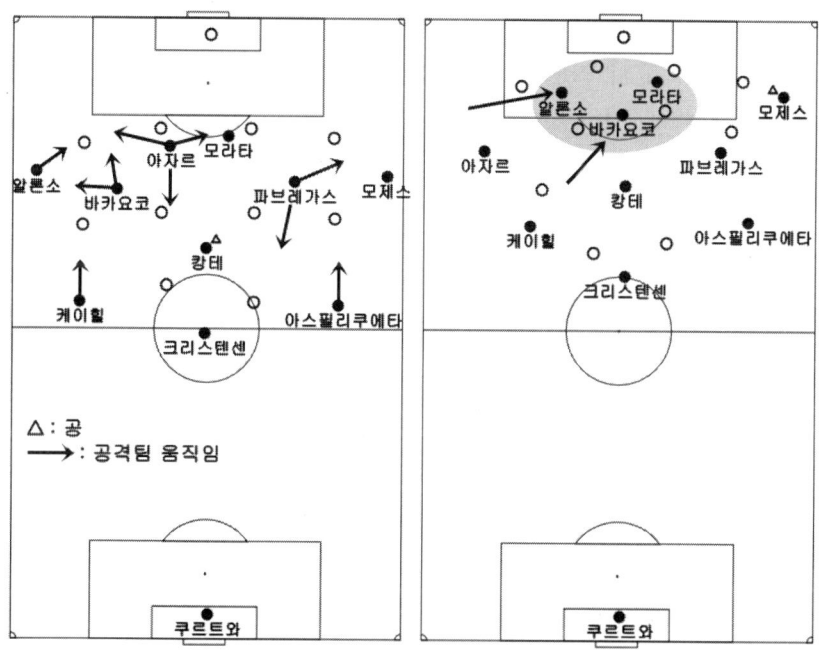

▲ 첼시의 3-5-2 체제가 형성하는 공격 형태

첼시가 하프라인 윗선에서 본격적인 공격을 전개할 때면 중앙 '바카요코-아자르-모라타-파브레가스' 라인의 역할 분담이 뚜렷했다. 콩테는 좁은 공간에서 각 선수들의 개인적 특징과 강점을 최대한 살려내려 했다.

오른쪽의 파브레가스는 주로 측면과 후방을 오갔다. 그는 측면으로 이동해 윙백의 공격 옵션을 만들어줬다. 후술하겠지만 오른쪽 스트라이커인 모라타는 계속해서 상대 센터백과 경합해야 했기 때문이다. 파브레가스의 측면 이동으로 오른쪽의 모제스/자파코스타가 한결 쉽게 공격을 전개할 수 있었다. 상황에 따라서라면 뛰어난 킥력을 보유한 파브레가스가 직접 크로스를 올리기도 했다.

상대의 미드필더 라인이 완전히 내려앉아 전방 공격 진영으로 볼을 배급할 길이 보이지 않는다면, 파브레가스가 밑선으로 내려와 캉테를 보좌했다. 파브레가스는 후방 지역에서 볼을 뿌리는 역할을 수행했다. 그에게는 페너트레이션 단계에서 일말의 공간을 찾아 그 지역으로 볼을 보낼 수 있는 능력이 있었다. 또한 수비 조직력이 약한 상대를 만날 경우, 파브레가스의 3선 이동만으로 상대의 미드필더 라인을 흔들거나 무너뜨릴 수 있었다.

전체적으로 파브레가스는 공격의 연결 고리가 되어주고, 공간을 얻기 위해 움직였다. 그는 지능적으로 상대의 수비 지역에서 측면이나 후방으로 빠졌다. 이를 통해 공간을 확보했으며, 날카롭고 넓은 시야와 뛰어난 킥력을 이용해 팀의 공격을 전개했다. 물론 중앙으로 좁혀 모라타를 직접적으로 지원하는 것도 가능했다. 하지만 이 경우에는 공간이 매우 협소해 일정 이상의 시간을 갖고 패스를 배급하기가 힘들었다. 파브레가스는 좁은 공간에서 무언가를 만들어낼 수 있는 유형의 미드필더가 아니기 때문이다.

아자르는 콩테가 언급한대로 매우 자유롭게 활동했다. 공격 단계에서의 아자르는 모라타와 2톱 대형을 형성하는 일이 거의 없었다. 그는 주로 좌우 측면이나 후방 지역으로 빈도 높게 빠져 공간을 얻어 가려 했다. 상술한 파브레가스가 '패스를 배급하기 위해' 공간을 확보했다면, 아자르는 '볼을 많이 잡기 위해' 측면이나 후방 지역으로 빠진 것이었다.

아자르는 볼을 받을 때마다 항상 무언가를 만들어낼 수 있는 선수다. 그 공간이 상대의 압박 지역이든, 압박이 덜한 자유로운 공간이든 말이다. 아자르는 빈 공간으로 빠져나와 볼을 많이 만지고, 공격 단계에서 광범위한 영향력을 발휘했다. 측면이나 후방 지역에서부터 볼을 몰고 들어와 상대 수비 블록에 균열을 일으켰다. 이를 통해 첼시의 다른 공격수들이 공간을 얻거나 콤비네이션 플레이를 이뤄낼 수 있었다. 그리고 그 지역에서 득점을 뽑아냈다. 아자르의 이러한 성향에 따라 모라타는 최전방 자리를 지켜야 했다. 그는 주로 상대 수비 라인에서 머물며 활동했다.

한편 왼쪽 윙백 알론소는 공격 단계에서 중앙으로 좁혀와 활동하는 경우가 꽤나 있었다. 왼쪽 측면으로 벌려 윙어와 같이 움직이는 것이 기본이지만, 17/18 시즌에 들어서는 중앙으로 좁혀 움직이는 빈도가 높아졌다. 직접적으로 득점을 노리기 위함이었다. 만약 모제스가 위치한 오른쪽 측면으로 볼이 전개될 경우, 알론소는 빠르게 박스 안으로 쇄도해 모라타와 함께 크로스 경합을 준비했다.

콩테는 이러한 알론소의 움직임에 대해 다음과 같이 언급했다. "저는 우리 윙백들에게 박스 안으로 침투하고, 득점을 노리라고 주문합니다. 알론소는 헤더도 잘하고 프리킥 능력도 뛰어납니다." 알론소는 188cm의 장신 윙백으로서 공중볼 경합에 강점을 갖고 있는 선수다.

알론소는 17/18 시즌의 3-4-3 체제에서도 직접적인 득점을 노리기 위해 중앙으로 좁혀 활동하는 경우가 꽤나 있었다. 이때에는 왼쪽 윙어인 아자르, 페드로 등과 포지션 스위칭을 이뤄냈다.

한편 바카요코는 비교적 오프 더 볼 상황에 치중했다. 그는 첼시 공격의 톱니바퀴와 같은 존재였다. 선수들의 포지션 이동을 메워주기 위해 항상 부지런히 움직였다. 만약 아자르가 3선 지역으로 내려갈 경우에는 1선으로 전진해 모라타의 고립을 막아줬다. 이러한 움직임은 대체적으로 아자르가 다른 지역에서 볼을 갖고 있을 때 이뤄졌기 때문에, 순간적으로 바카요코와 모라타 중 한 명이 상대 수비의 시야로부터 벗어날 수 있었다. 바카요코는 이러한 움직임을 통해 경기 내에서 몇 번의 결정적인 찬스를 맞이하기도 했다. 하지만 중요한 순간에서 골 결정력이 따라주지 않아 기회를 놓치는 경우가 빈번했다. 뿐만 아니라 아자르가 1선에 위치하는 순간에 알론소가 중앙으로 좁힐 경우, 바카요코가 왼쪽 측면으로 빠지면서 기존 알론소의 담당 공간을 커버해줬다.

이러한 바카요코의 역할은 첼시 왼쪽 진영의 포지션 이동이 더욱 유기적으로 돌아갈 수 있게끔 해줬다. 쉽게 말해 아자르와 알론소가 포지션 이동을 시도하려 할 때, '내가 나의 지역을 벗어난다면 누가 커버해주지?'라는 걱정을 떨쳐주게끔 만들어준 것이다. 그렇기 때문에 바카요코는 볼에 대한 전체적인 영향력을 캉테와 파브레가스, 아자르에게 제쳐두고, 경기 내에서 은밀하고 영리하게 움직였다. 상황에 따라 바카요코의 움직임이 관여되지 않은 '아자르-알론소' 간의 포지션 스위칭이 이뤄지기도 했다.

프리미어리그 38R을 끝낸 시점에서 파브레가스, 캉테, 바카요코의 경기당 패스 수치. 파브레가스 - 68.4회, 캉테 - 63.3회, 바카요코 - 38.2회

이렇듯 공격 단계에서는 바카요코와 파브레가스가 전방 진영 쪽에 전념해야 했다. 그렇기 때문에 3미드필더 체제라 하더라도 공격시 좌우 센터백들의 적극적진 전진이 필요했다. 캉테 선까지 전진하여 횡패스를 통해 상대 수비를 흔들고, 전체적인 템포를 조절했다. 상술했듯 이 과정에서도 좌우 센터백들이 얼마든지 득점에 직접적으로 관여할 수 있었다.

만약 오른쪽 측면에서 크로스가 올라올 때면 바카요코, 알론소, 모라타가 박스 안에서 헤더 경합을 하는 경우가 많았다. 최대한 효율적으로 크로스 경합을 할 수 있는 조합을 꾸린 것이다. 이 상황에서 아자르는 주로 흘러나오는 볼을 캐치하기 위해 측면이나 후방 등의 다른 지역으로 빠져나왔다.

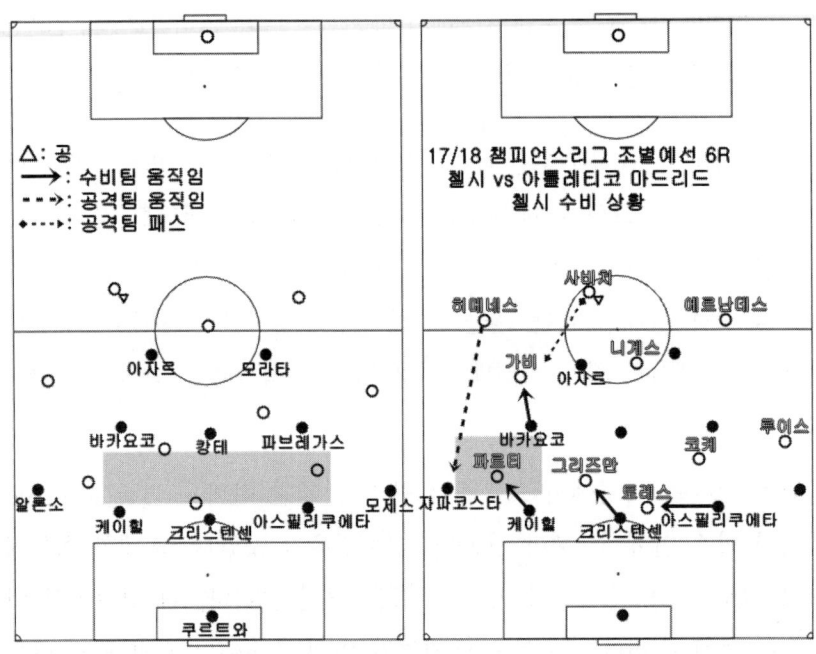

▲ 첼시의 5-3-2 수비 대형(좌)과 아틀레티코 마드리드의 공략법(우)

콩테의 3-5-2 포메이션 기용은 수비적인 면에 중점을 두기 위함 이었다. 3-5-2 체제의 첼시는 수비시 양 윙백을 밑선으로 내린 5-3-2 대형을 형성했다. 첼시의 5-3-2는 3-4-3의 5-4-1 수비 대형에 비해 실질적인 미드필더 숫자가 한 명 많다(양 윙어의 수비 영향력이 매우 미비하기 때문). 그렇기 때문에 구조적으로 첼시의 3-5-2는 3-4-3에 비해 수비에 더욱 많은 숫자를 둔 포메이션이라 할 수 있었다.

중앙 3미드필더는 일정한 간격을 유지하며 수비 라인을 커버했다. 이들은 상대가 첼시의 라인 사이 지역으로 볼을 투입하지 못하도록 일정한 간격을 유지한 채 적절한 압박을 가했다. 미드필더 라인은 전체적으로 매우 견고했다. 그렇기 때문에 볼을 오래 점유하는 팀이 첼시의 5-3-2 대형을 상대할 경우에는 중요 지역으로 공격을 전개하는 것에 대해 매우 힘들어했다.

가령 첼시의 미드필더 라인이 흔들렸다고 하더라도 좌우 센터백과 양 윙백의 빠른 커버링으로 라인 사이 지역을 즉각적으로 메울 수 있었다. 또한 중앙의 캉테 역시 수비 범위가 굉장히 넓기 때문에 좌우 미드필더가 자리를 비울 경우, 빠른 커버링을 나설 수 있었다. 시즌 초반에 5-3-2의 중앙 미드필더 자리를 소화했던 다비드 루이스 역시 이러한 면에서 좋은 모습을 보여줬다.

많은 팀들이 첼시의 5-3-2 수비 대형을 상대할 때면 주로 좌우 미드필더 쪽을 공략하려 했다. 특히나 바카요코가 그 주요 대상이었다. 후술하겠지만 2톱 아자르와 모라타의 수비 영향력이 매우 미비했기 때문에, 많은 팀들이 첼시의 미드필더 라인과 공격 라인 사이 지역에서 바카요코와 파브레가스를 끌어내려 했다.

대표적인 예로 아틀레티코 마드리드와의 17/18 챔피언스리그 조별예선 6라운드 경기를 꼽을 수 있다. 당시 아틀레티코 마드리드는 자신들이 가장 잘 활용할 수 있는 4-4-2 포메이션을 들고 나왔다. 필리페 루이스, 에르난데스, 사비치, 히메네스가 백4 라인을 이뤘으며, '코케-니게스-가비-파르티' 조합이 미드필더 라인을 구성했다. 그리고 토레스와 그리즈만이 2톱을 형성했다.

아틀레티코 마드리드가 공격을 전개할 때면 왼쪽의 필리페 루이스가 높은 지점까지 올라갔다. 반대편의 히메네스는 수비 라인을 지키는 빈도가 높았으며, 루이스의 전진에 따라 왼쪽 미드필더 코케가 중앙 지향적으로 활동했다. 코케가 중앙으로 가담하면서 그리즈만이 자유롭게 움직였다.

이러한 체제 속에서 시메오네 사단의 오른쪽 중앙 미드필더인 가비는 주로 아자르의 왼쪽 공간에서 볼을 받았다. 상술했듯 아자르의 수비 영향력이 매우 미비했기 때문에 특별한 견제를 받지 않았다. 아틀레티코 마드리드는 이를 통해 바카요코의 전진을 유도했다. 바카요코가 가비를 수비하기 위해 전진한다면, 오른쪽 측면 미드필더인 파르티가 라인 사이 지역에서 자유로워질 수 있었다. 또한 오른쪽 윙백 히메네스가 순간적으로 전진하면서 자파코스타의 마킹을 유도하기도 했다. 히메네스가 전진하지 않을 경우, 첼시는 자파코스타를 통해 충분히 파르티를 통제할 수 있었기 때문이다.

이러한 상황 속에서 첼시에게는 상술한 '좌우 센터백과 양 윙백의 빠른 커버링'이 빛을 발했다. 바카요코가 가비를 수비하기 위해 전진할 경우 왼쪽 센터백 케이힐이 즉각적으로 파르티를 전담해준 것이다. 케이힐의 이동에 따라 크리스텐센과 아스필리쿠에타까지 모두 그리즈만과 토레스를 수비 범위 안에 뒀다.

첼시는 이러한 수비 형태를 통해 좌우 미드필더에게 전진의 자유를 부여했다. 특히나 챔피언스리그 조별예선 3R 로마전, 리그 20R 브라이튼전에서는 상대의 후방 빌드업을 통제하기 위해 왼쪽 미드필더인 바카요코가 간헐적으로 전진하기도 했다. 상대의 후방 빌드업이 첼시의 오른쪽 진영으로 이뤄질 경우에는 윙백이, 왼쪽으로 전개될 경우에는 바카요코가 전진하여 통제한 것이다.

수비 단계에서 볼을 탈취해내는데 성공했다면 곧바로 전방의 모라타와 아자르를 겨냥했다. 모라타와 아자르는 누구든지 밑선으로 내려와 볼을 받아줬다. 다만 옵션은 각각 달랐다. 모라타는 상대 수비수를 등에 진 채로 볼을 소유하고 연계할 수 있는 포스트 플레이어다. 아자르가 비교적 연계에 대한 역할을 수행하는 빈도가 높긴 하지만, 모라타 역시 역습을 위해서라면 필수불가결한 선수다. 리그 6R 맨시티전이 그랬다. 당시 모라타는 경기 시작 35분 만에 햄스트링 부상으로 그라운드를 떠나야 했다. 콩테 감독은 모라타 대신 윌리안을 투입시키며 맨시티의 높은 수비 라인을 적극적으로 공략해보려 했다. 하지만 아자르와 윌리안은 직접적으로 붙은 델프와 페르난지뉴를 벗겨내는 것에 한계를 느꼈다. 첼시에겐 최전방에서 버텨주는 모라타의 공백을 뼈저리게 느낀 일전이었다.

아자르는 상대의 압박을 벗겨내고, 파이널 서드 지역까지 단독으로 볼을 운반할 수 있는 자원이다. 그렇기 때문에 상대 수비수들의 사이 지역으로 내려와 볼을 받아주는 경우가 많았다. 모라타와 3미드필더들이 상대 수비수들을 끌어주면서 공간을 확보했다. 만약 상대 센터백 한 명이 빈 공간을 찾아 내려가는 아자르를 통제하기 위해 전진했다면, 모라타가 적극적으로 수비 뒷공간을 공략했다.

한편, 시즌 중후반기에 들어 바카요코가 부진을 타기 시작하자, 콩테는 수비적인 운용이 필요한 경기에서도 3-4-3 시스템을 꺼내들었다. 바카요코가 3-5-2 시스템의 전술적 핵심 역할을 맡고 있기 때문이다. 바르셀로나와의 챔피언스리그 16강 1차전과 맨시티와의 리그 29R 일전이 그랬다.

콩테가 3-4-3 시스템에서 수비적인 경기 운영을 하기 위해 꺼내든 카드는 '아자르 제로톱'이었다. 이는 첼시의 선수 기용적인 측면과 큰 연관성을 맺고 있었다. 아자르는 첼시에게 없어서는 안될 자원이다. 그러나 수비 영향력이 굉장히 미미한 선수다. 그렇기 때문에 3-4-3의 윙어 자리에 배치될 경우, 5-4-1 수비 대형에서 앞서 소개한 문제점의 원흉이 됐다.

하지만 아자르를 3-4-3의 공격수 자리에 배치한다면 얘기가 달라진다. 5-4-1 대형에서 최전방 공격수는 수비로부터 자유로워질 수 있기 때문이다. 후방에는 무려 9명의 선수들이 내려앉아 있다. 관건은 '양 측면 미드필더 자리에 수비 가담에 적극적인 선수가 들어오는 것인가'였다.

강력한 수비 영향력이 요구되는 양 측면 미드필더 자리에는 페드로와 윌리안이 들어섰다. 이들은 수준 이상의 수비력과 활동량을 바탕으로 적극적인 수비 가담을 펼쳤다. 페드로는 콩테가 필요에 따라 오른쪽 윙백으로도 활용한 자원이었으며, 윌리안은 광범위한 활동량을 바탕으로 첼시의 지난 5년을 책임져왔다.

콩테는 맨시티와의 리그 29R 경기 후 인터뷰에서 다음과 같이 말했다. "16/17 시즌, 우리는 강팀과 경기할 때 어려움을 겪었습니다. 아자르의 10번 롤에 대한 영향으로 밸런스를 유지하는데 어려움을 겪었기 때문이죠. 우리는 수비적으로 많이 뛰어줄 수 있는 2명의 선수가 필요했습니다. 저는 이 자원으로 윌리안과 페드로를 생각했습니다."

'페드로-아자르-윌리안' 3톱은 역습시에도 위협적으로 작용했다. 세 선수 모두 빠른 주력을 보유했을 뿐더러, 뛰어난 개인 능력을 통해 상대 수비수들을 제쳐냈기 때문이다. 바르셀로나와의 챔피언스리그 16강 1차전이 그 대표적인 경기였다. 당시 첼시는 3톱의 개인 능력을 활용하여 바르셀로나를 상대로 훌륭한 경기를 펼쳐냈다. 결과는 1 대 1 무승부였지만, 윌리안이 무려 2번의 골포스트를 강타하며 런던을 뜨겁게 불태웠다.

하지만 첼시의 '아자르 제로톱' 카드는 곧 문제점을 드러내기 시작했다. 첼시의 역습시, 최전방에서 볼을 지켜줄 마땅한 자원이 존재하지 않는다는 사실이었다. 앞서 소개한 맨시티와의 리그 29R 일전이 그랬다. 당시 첼시는 과르디올라의 체계적인 전방 압박을 전혀 벗겨내지 못했다. 이날 첼시는 28.8%의 볼 점유율과, '유효 슈팅 0'라는 굴욕적인 수치를 기록하며 이티하드 스타디움 원정을 마무리해야 했다.

02
토드넘 전술 분석

16/17 시즌 토트넘의 성적은 챔피언 첼시에 이은 리그 2위였다. 리그 전체 38경기에서 단 4패밖에 하지 않았으며, 총 86골을 넣고 26실점을 허용했다. 이는 리그에서 최다 득점/최소 실점에 해당하는 수치였다(득점 2위 - 첼시 85골 / 최소 실점 2위 - 맨유 29실점). 그만큼 토트넘이 16/17 시즌에 선보인 퍼포먼스는 신선한 충격 그 자체였으며, 리그 종반까지 첼시의 선두 자리를 위협할 자격이 있었다.

토트넘의 여름 이적 시장은 타 빅클럽들에 비해 조용했다. 이들의 목표는 새로운 스타들을 영입하는 것이 아닌 기존의 훌륭한 선수들을 지켜내는 것이었다. 간판 스트라이커 해리 케인을 시작으로 크리스티안 에릭센, 델레 알리, 손흥민, 에릭 다이어, 토비 알더웨이럴트, 얀 베르통헨, 그리고 골키퍼 위고 요리스까지. 이적설이 나돌던 대부분의 주축 선수들이 잔류했다. 한 가지 아쉬운 점이라면 오른쪽 측면을 든든하게 책임졌던 카일 워커가 맨시티로 이적했다는 사실이다. 그러나 토트넘은 세르지 오리에와 다빈손 산체스라는 주전급 수비수들을 영입하며 워커의 공백을 메워냈다.

　포체티노 감독은 전술적으로 꽤나 혁신적인 지도자다. 과르디올라와 같이 한 시대를 풍미할 만큼의 전술적 센세이션을 일으킨 감독은 아니다. 그러나 항상 팀이 최상의 결과를 낼 수 있는 방향으로 변화한다. 전술적으로 매우 유연한 감독이다. 16/17 시즌에는 백4 시스템과 함께 시작했지만, 일정을 진행하면서 토트넘만의 3-4-3을 구축해냈다. 그리고 17/18 시즌 들어서는 3-5-2 포메이션을 적극적으로 활용하며 토트넘의 기존 백3 체계에 변화를 줬다.

1. 3-5-2 시스템

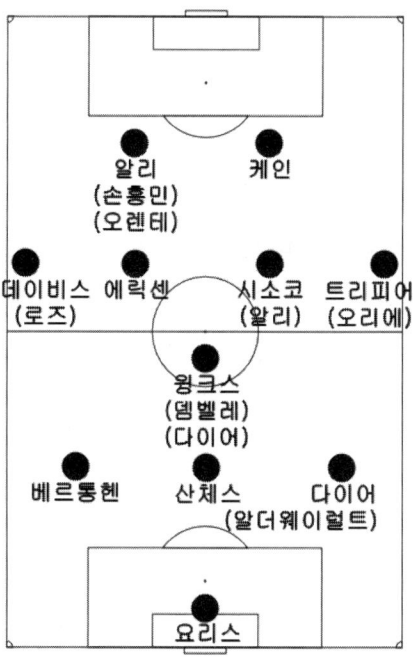

▲ 토트넘의 3-5-2 포메이션

상술했듯 포체티노 감독은 17/18 시즌 토트넘의 백3 체계에 변화를 줬다. 16/17 시즌에 적극적으로 활용했던 3-4-3에서 3-5-2로 변화한 것이다. 축구 통계 사이트 'whoscored.com'에 따르면 토트넘은 지난 리그 38경기에서 3-5-2(3-5-1-1) 포메이션을 9번, 3-4-3 (3-4-2-1) 대형을 2번 기용했다고 밝혔다. 8번의 챔피언스리그 일전에선 3-5-2(5-3-2, 3-5-1-1, 3-4-1-2) 포메이션을 4번, 3-4-3 (5-4-1) 대형을 1번 활용했다.

챔피언스리그에서 유일하게 3-4-3 포메이션을 활용한 경기는 도르트문트와의 조별예선 1R 경기였다 (3-1승). 당시 토트넘은 도르트문트전 맞춤 전술을 들고 나와 3-4-3과 3-5-2를 부분적으로 혼용했다.

토트넘이 3-4-3 포메이션을 활용할 경우, 그들이 겪게 되는 딜레마는 팀 내 최고 수준의 선수인 케인, 에릭센, 알리, 손흥민을 동시에 기용하지 못한다는 점이었다. 이에 대해 "에릭센과 알리 중 한 명을 중앙 미드필더로 두고, 나머지 선수들을 공격 라인으로 배치하면 안 되는가?"라는 질문을 할 수 있을 것이다. 우리는 앞 첼시편에서 다뤄봤던 3-4-3 포메이션의 구조적 특징에 대해 다시 한 번 생각해봐야 한다.

16/17 시즌의 캉테-마티치 조합처럼, 3-4-3의 중앙 미드필더 자리에는 수비적이거나 광범위한 영향력을 발휘할 수 있는 자원들이 배치되어야 효율적인 효과를 낼 수 있다. 전문적으로 중원을 지키는 선수들이 중앙 미드필더 단 둘 밖에 없기 때문이다. 이런 면을 생각해본다면 알리와 에릭센을 3-4-3의 중앙 미드필더로 두기에는 수비적인

면에서 부담이 따른다.

손흥민 역시 성향상 3-4-3의 측면 공격수 자리에 적합하지 않다. 손흥민은 정확한 골 결정력과 슈팅, 돌파에 강점을 보유한 선수다. 그에게는 상대 진영 어디서든지 골을 넣을 수 있는 능력이 존재했다. 하지만 탈압박이나 연결 고리 역할을 수행하는 연계적인 면에서는 비교적 약세를 보인다.

앞 첼시편에서 언급했지만, 3-4-3은 중원 숫자가 부족하기 때문에 1선 선수들이 유기적으로 내려와 공격 전개를 도와야 한다. 토트넘의 스트라이커 케인은 코스타, 이브라히모비치와 같이 연계에 적극적인 관여를 하는 유형의 선수가 아니다. 그렇기 때문에 토트넘이 3-4-3을 기용할 경우에는 양 측면 공격수들의 중원 가담 빈도가 높아야 했다. 손흥민은 이러한 체제 속에서 강점을 발휘할 수 있는 유형이 아니었다.

손흥민에 대한 얘기를 조금 더 해보자면, 이와 같은 이유로 토트넘의 3-4-3 체제에서는 윙어보다 스트라이커 자리에 더욱 적합했다. 양 측면에는 손흥민의 연계에 대한 부담을 떨쳐줄 수 있는 에릭센과 알리가 존재했기 때문이다. 일례로 케인이 부상으로 결정한 16/17시즌 사우스햄튼과의 리그 29라운드 경기에서는 손흥민이 3-4-3의 중앙 공격수로 출전했다.

> 이 때문에 토트넘의 3-4-3 체제에서는 선발 기회를 쉽사리 얻지 못했다. 전술적인 측면에서 보자면 실질적 경쟁자가 프리미어리그 최고 수준의 스트라이커인 케인이었기 때문이다.

첼시와의 16/17시즌 FA컵 4강전 경기에서는 손흥민을 3-4-3의 왼쪽 윙백으로 기용했다. 당시 손흥민의 폼이 최절정기에 달했기 때문이다. 이날 포체티노는 첼시의 양 윙백을 통제하기 위해 같은 3-4-3 포메이션을 들고 나왔다. 여기서 '손흥민, 알리, 케인, 에릭센'을 모두 기용하기 위해 손흥민을 왼쪽 윙백으로 배치한 것이었다. 전문 왼쪽 윙백인 벤 데이비스가 후보 명단에 있었음에도 불구하고 말이다.

토트넘이 오른쪽으로 공격을 전개할 때면 3톱 에릭센, 케인, 알리가 모두 볼 주위에서 좁은 간격을 형성했다. 그럼으로써 첼시의 오른쪽 미드필더인 캉테를 끌어들였다. 토트넘은 이를 통해 캉테와 모제스 간의 거리를 벌려놓으려 했다. 그리고 이 벌어진 공간은 반대편의 손흥민이 전진하여 공략했다. 쉽게 말해 손흥민의 '의도적 고립'을 활용한 것이다. 만약 왼쪽 방향으로 공격이 전개될 경우에는 손흥민이 케인과 함께 라인 브레이킹을 시도했다.

포체티노는 다른 경기들에서도 손흥민을 활용한 '의도적 고립'을 꽤나 자주 활용했다. 상술한 손흥민의 성향을 200% 활용하기 위함이었다. 손흥민의 최대 강점인 슈팅을 시도하기 위해서라면 볼을 소유한 상태에서 일정 이상의 공간이 필요하다. 그러나 손흥민은 볼을 갖고 있는 상태에서 직접적으로 공간을 만들어낼 수 있는 유형의 선수가 아니다. 그렇기 때문에 '의도적 고립'을 활용하여 자유로운 상태에서 볼을 받도록 했다. 쉽게 말해, 오프 더 볼 상태의 손흥민을 상대 수비수의 견제가 없는 자유로운 지역에 배치한 것이었다.

하지만 실제 경기는 포체티노 감독의 의도와는 다르게 흘러가는 듯 보였다. 우선 손흥민의 의도적 고립을 활용하려 할 때, 밀집된 오른쪽 지역에서 상대의 강한 압박을 벗겨내지 못했다. 그렇기 때문에 반대편의 손흥민이 자유로운 상태여도 그곳으로 볼을 전달하는데 어려움을 겪었다. 또한 '의도적 고립'에 성공했더라도, 손흥민이 최종적인 슈팅 시도 단계까지 도달하는데 어려움을 겪었다. 포지션이 엄연한 '윙백'이기 때문에 뒷공간에 대한 부담을 많이 받은 듯 보였다. 그렇기 때문에 슈팅 대신 패스를 선택하는 장면이 꽤나 많았다. 또한 42분에는 첼시에게 페널티킥을 내주며 심리적으로도 위축된 모습을 보였다. 결국 포체티노 감독은 68분 손흥민을 카일 워커와 교체시키며 희망찼던 '손흥민 윙백 기용'을 중단하고 말았다.

> 이러한 전술적 측면을 생각해 본다면, 포체티노 감독이 언급한 "결정하는 사람은 접니다. 손흥민을 윙백으로 기용하는 계획은 좋았다고 생각합니다."라는 말을 어느 정도 이해할 수 있을 것이다.

3-5-2 포메이션을 기용할 경우 케인, 에릭센, 알리, 손흥민을 모두 기용할 수 있다. 알리와 에릭센이 좌우 미드필더로 배치되고, 케인과 손흥민이 2톱을 이루는 형태로 말이다. 기존 3-4-3에 비해 네 선수 모두가 적합한 역할을 수행할 수 있었다. 그러나 이들이 실제로 3-5-2 체제 아래에서 함께 뛰는 경우는 생각보다 그리 많지 않았다.

포체티노 감독은 17/18 시즌 초반부터 3-5-2 포메이션을 간간이 활용해왔다. 에버튼과의 리그 3R 경기(3-0 승리)가 그 시작이었다. 이후 본격적인 3-5-2 시스템을 갖춰 활용한 시기는 2017년 10월 17일부터 11월 28일까지, 레알 마드리드와의 챔피언스리그 조별예선 3R 경기를 시작으로 레스터 시티와의 리그 14R 일전까지였다. 토트넘은 이 사이에 펼쳐진 6번의 챔피언스리그 경기와 3번의 리그 일전에서 모두 3-5-2 시스템을 기용했다(마지막 레스터 시티와의 리그 경기에서는 경기 중 백4 포메이션으로 전환하기도 했다. 지고 있는 상태에서 센터백 다이어를 3선으로 끌어올리며 더욱 공격적인 경기 운영을 하기 위함이었다.).

토트넘의 3-5-2 시스템은 강팀에겐 강하고, 약팀에겐 약한 성향이 있었다. 토트넘은 연속적으로 3-5-2 대형을 활용한 9경기에서 4승 2무 3패를 기록했다. 이 4승은 리버풀과의 리그 9R 경기(4-1 승), 레알 마드리드와의 챔피언스리그 조별예선 3R 경기(3-1 승), 크리스탈 팰리스와의 리그 11R 경기(1-0승), 도르트문트와의 챔피언스리그 조별예선 5R 경기(2-1 승)였다. 여기서 1-0 승리를 거둔 크리스탈 팰리스와의 일전에서는 수비수들이 개인적 실수를 남발하며 몇 번의 완벽한 득점 기회를 허용했다.

한편 비기거나 패한 경기는 레알 마드리드와의 챔피언스리그 조별예선 3R 경기(1-1 무), 맨유와의 리그 10R 경기(1-0 패), 아스날과의 리그 12R 경기(2-0 패), 웨스트 브롬위치와의 리그 13R 경기(1-1 무), 레스터 시티와의 리그 14R 경기(2-1 패)였다. 레알전 무승부 경기가 산티아고 베르나베우 원정이었다는 점을 생각해본다면, 토트넘 입장에서는 꽤나 만족스러운 경기였을 것이다.

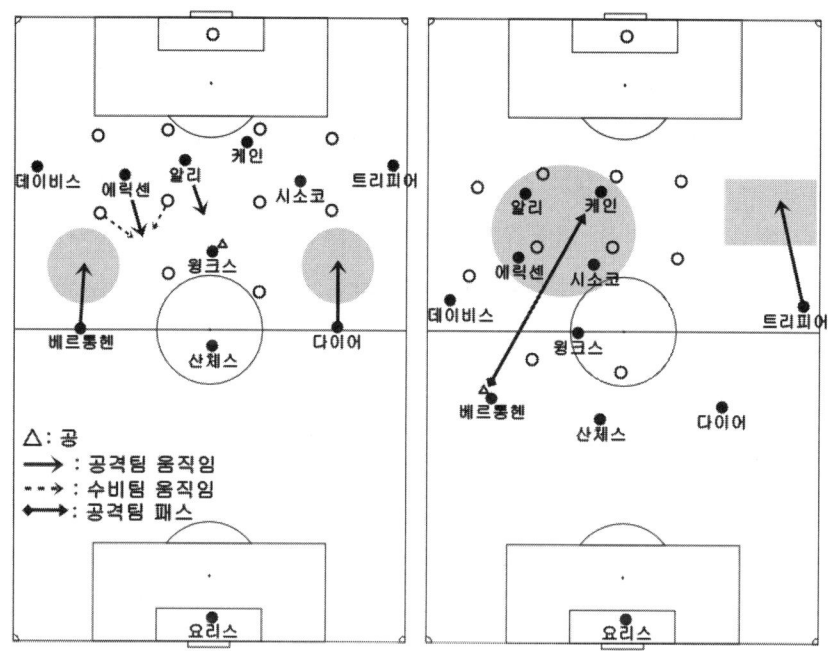

▲ 토트넘의 3-5-2 체제가 형성하는 공격 형태. 볼을 점유하며 경기를 주도하는 상황(좌)과 수비 진영에서 전방으로 간결한 공격을 전개하는 상황(우)

토트넘이 3-5-2 대형을 꺼내들 경우, 이들이 누릴 수 있는 최대 메리트는 수많은 옵션들을 바탕으로 한 다양한 콘셉트를 채택할 수 있다는 것이었다. 이들에겐 만능 스트라이커 해리 케인이 존재하기 때문이다. 케인은 완벽한 육각형 공격수다. 188cm의 장신인 그는 헤더, 몸싸움, 주력, 라인 브레이킹, 골 결정력, 슈팅 등 공격수가 갖춰야 할 대부분의 요구 사항에서 강점을 갖고 있다. 세트피스나 역습 상황에서도 큰 비중을 차지할 만큼 토트넘에게는 필수불가결한 존재라 할 수 있다.

그렇기 때문에 어느 선수가 케인과 2톱을 이루는가에 따라 토트넘의 공격 색깔이 달라졌다. 토트넘의 3-5-2 체제에서 케인과 2톱을 이뤘던 선수는 알리, 손흥민, 요렌테였다. 알리는 케인을 완벽하게 보좌할 수 있는 옵션이다. 볼 점유 상황에서 지속적으로 내려가 케인의 연계에 대한 부담을 덜어줬다. 한편 손흥민이 들어올 경우에는 빠른 발을 필두로 상대 수비 뒷공간을 확실히 공략할 수 있었다. 포체티노는 볼 점유율을 중시하고, 높은 수비 라인을 구사하는 리버풀과 도르트문트를 상대로 '손흥민-케인' 조합을 꺼내들었다. 두 경기에서 모두 손흥민이 골을 기록하며 각각 4-1, 2-1 승리를 일궈냈다. 마지막으로 요렌테가 2톱으로 들어올 경우에는 공격 진영에서 '높이'에 우직한 강점을 가질 수 있었다. 기동력과 주력 싸움에서는 밀릴지 몰라도, 188cm 케인과 193cm 요렌테의 피지컬 싸움만큼은 압도적이었다.

토트넘 3-5-2 체제의 공격 전개는 전체적으로 첼시의 3-5-2 시스템과 유사하게 이뤄졌다. 후방 빌드업 단계에서부터 좌우 미드필더와 윙백이 1차적으로 전진했다. 이들은 상대 미드필더 라인을 밑선으로 끌어내면서 후방 선수들(베르통헨, 윙크스, 다이어, 산체스)에게 공간을 열어줬다. 이러한 형태는 토트넘이 하프라인 윗선에서 공격을 전개할 때도 형성됐다.

상대의 전방 압박이 거셀 경우에는 좌우 미드필더와 윙백을 꽤나 적극적으로 활용했다. 측면 지역에서 센터백이 볼을 잡을 때, 좌우 미드필더와 양 윙백의 순간적 움직임으로 볼을 전진시키려 했다. 예를 들어 베르통헨이 왼쪽 지역에서 볼을 잡고 있는 상황이라 가정해보자. 상대의 전방 압박이 거셀 경우, 에릭센이 순간적으로 전진하여 상대 측면 선수를 끌어주고, 데이비스가 내려와 볼을 받아줄 수 있었다.

하프라인 윗선에서 공격을 전개할 때면 좌우 미드필더의 전진에 따라 상대 라인 사이 지역에 6명 정도의 선수들이 배치됐다. 그렇기 때문에 양 센터백인 베르통헨과 다이어가 높은 위치까지 전진하는 경우가 많았다. 전방에서는 활동량에 강점을 가진 에릭센이 활발히 움직였다. 그의 역할은 유기적으로 내려가 볼을 받아주고, 전체적인 상대 미드필더 라인을 흔드는 것이었다. 상황에 따라서라면 한 명의 공격수까지 즉각적으로 내려오면서 에릭센과 함께 상대 미드필더 라인을 흔들 수 있었다. 에릭센의 이러한 역할은 첼시의 3-5-2 공격 체제에서 파브레가스가 맡은 롤과 비슷했다(다만 에릭센이 파브레가스에 비해 밑선으로 내려오는 빈도나 전체적인 활동량이 훨씬 높았다).

에릭센이 밑선으로 내려올 때면 종종 중앙의 윙크스가 전진하기도 했다. 기존 에릭센의 담당 지역을 커버하면서 상대 미드필더 라인에 혼란을 주기 위함이었다. 알리가 미드필더로 뛸 때면 에릭센이 맡은 역할을 수행하기도 했다. 그렇기 때문에 에릭센과 알리가 좌우 미드필더로 함께 배치될 경우에는 상대 수비를 더욱 크게 흔들었다. 시소코가 미드필더로 들어올 때면 주로 오른쪽 하프 스페이스 지역을 주 무대로 활동했다(왼쪽 에릭센, 오른쪽 시소코일 경우).

> 알리가 좌우 미드필더 자리에 들어설 때면 토트넘이 선택할 수 있는 공격적 옵션이 꽤나 많아졌다. 우선 상대 미드필더 라인을 크게 흔들 수 있었다. 또한 종종 1선으로 침투하면서 2톱과 함께 크로스 경합을 할 수도 있었고, 간헐적으로 케인을 보좌하면서 한 명의 공격수(주로 손흥민)에게 자유

를 줄 수도 있었다.

에릭센의 활발한 움직임을 통해 상대 수비를 흔들었다면, 케인을 보좌하는 한 명의 공격수가 라인 사이 지역에서 볼을 받을 수 있었다. 알리가 공격수로 나설 때 이러한 상황에서 빛을 발했다. 한편 손흥민이 이러한 상황을 맞이할 경우에는 성향상 조금 아쉬울 수밖에 없었다. 대신 손흥민에게는 직접적으로 라인 브레이킹을 시도할 수 있는 능력이 있었다. 손흥민은 라인 브레이킹 시도를 통해 케인이 순간적으로 상대 수비 블록에서 자유를 얻게끔 해줬다. 케인 역시 손흥민과 마찬가지로 상대 진영 어느 위치에서든 골을 넣을 수 있는 능력이 있었다.

한편 요렌테가 케인과 2톱을 이룬 레알 마드리드와의 챔피언스리그 조별예선 3R 경기에서는 조금 색다른 공격 형태를 보였다. 당시 토트넘은 피지컬과 높이 싸움에서 큰 강점을 보유한 '케인-요렌테' 조합을 활용하기 위해 측면 지역을 적극적으로 공략했다. 당연하게도 보다 많은 크로스 기회를 창출하기 위함이었다. 이날 좌우 미드필더인 에릭센과 시소코는 측면 지향적으로 움직였다. 이들은 윙백 베르통헨, 오리에와 함께 측면 공간을 만들어내려 했다. 한 선수가 수비수를 유인하면서 나머지 한 명이 볼을 받는 엇갈려 뛰기를 시도하기도 했고, 윙백이 낮은 지역에서 볼을 잡을 때 측면으로 적극적으로 벌려주기도 했다. 그렇기 때문에 중앙 미드필더 윙크스는 좌우로 큰 폭의 횡 패스를 빈도 높게 공급해야 했다.

토트넘이 수비 진영에서 전방으로 간결한 공격 전개를 시도할 때면 양 윙백의 의도적 고립을 적극적으로 활용했다. 간결한 공격 전개를 통해 전방으로 볼이 연결됐을 경우, 2톱과 좌우 미드필더 2명이 좁은 간격을 형성하여 볼을 공유했다. 이를 통해 상대 수비수들을 한 쪽 지역으로 밀집시켰다. 이때는 케인도 팀의 볼 공유에 적극적으로 참여했다. 토트넘은 이 상황에서 반대편 윙백을 전진시켜 의도적 고립을 실현해냈다. 토트넘의 모든 윙백 옵션인 데이비스, 로즈, 트리피어, 오리에는 뛰어난 주력을 가진 선수들이다. 그렇기 때문에 전진하는 반대편 윙백은 **빠른 속도로** 후방에서 1선으로 넘어올 수 있었다.

> 이러한 공격 패턴은 레알 마드리드와의 챔피언스리그 조별예선 4R 경기에서 적극적으로 사용됐다. 당시 토트넘은 홈 경기였음에도 불구하고 37.1%만의 볼 점유율을 유지하며 경기의 주도권을 레알에게 내줬다. 그렇기 때문에 간결히 공격을 전개하되, 윙백의 의도적 고립을 적극적으로 활용했다. 이날 토트넘의 주요 공격 방향은 왼쪽이었다. 토트넘은 왼쪽 측면으로 전체 공격의 42%를 담당했다. 케인의 패스맵 역시 전체적으로 왼쪽 하프 스페이스 지역에 기록되어 있었다. 그만큼 당시 오른쪽 윙백이었던 트리피어의 의도적 고립을 빈도 높게 활용했다는 뜻이었다. 트리피어는 이날 토트넘이 시도한 9번의 크로스 중 4번을 담당했으며, 상대 페널티 박스, 박스 부근 지역에서 2번의 드리블 돌파에 성공했다. 토트넘의 선제골 전개 과정이 이러한 전술적 의도가 확연하게 드러난 장면이었다.

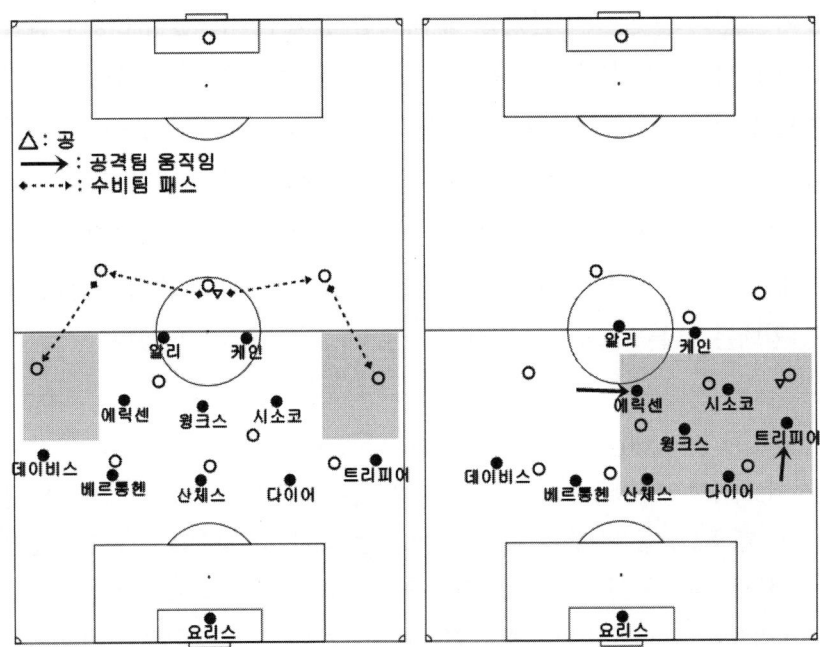

▲ 토트넘의 3-5-2 체제가 형성하는 수비 형태

토트넘의 3-5-2 체제가 수비를 진행할 때면 5-3-2 대형을 형성했다. 이들은 기본적으로 수비 라인을 매우 높게 형성했다. 상대의 전체적인 공격 공간을 크게 제한하고, 미드필더 라인과의 간격을 좁히기 위함이었다. 토트넘의 수비 라인은 꽤나 역동적이었다. 세트피스 수비 상황 직후나 상대가 후방으로 볼을 뺄 때면 빠른 속도로 라인을 전진시켰다.

토트넘의 수비 의도는 명확했다. 상대 공격을 측면 지역으로 유도하고, 측면 지역에서 상대 공격을 통제하려 했다. 토트넘은 1차적으로 중앙 공간을 틀어막기 위해 1선 2톱과 3명의 미드필더 라인 간격을 매우 좁게 유지했다. 센터백까지 약 8명 정도의 선수들이 중앙 공간을 틀어막으면서 상대의 공격 방향을 측면으로 유도했다.

상대가 측면으로 공격을 전개할 때면 3명의 미드필더 라인 모두가 볼 주위 지역으로 가담했다. 가령 상대팀이 토트넘의 오른쪽 측면 지역으로 공격을 전개했을 경우, 왼쪽 미드필더인 에릭센이 반대편 진영까지 가담하는 형태였다. 그렇기 때문에 토트넘의 미드필더 라인이 역삼각형 형태를 띠는 경우가 많았다.

수비시 3명의 미드필더 라인은 매우 높은 활동량을 요구받았다. 좁은 간격을 유지하면서 좌우 측면을 모두 커버해야 하기 때문이다. 그렇기 때문에 토트넘의 3-5-2 체제에서는 활동량이 뛰어난 에릭센, 윙크스, 시소코가 포체티노의 적극적인 지지를 받았다. 윙크스의 경우 3-5-2 체제 초기에서는 종종 수비적으로 불안한 모습을 보여주기도 했으나, 그는 곧 완벽하게 적응한 모습을 보여줬다.

토트넘은 3명의 미드필더와 한 명의 윙백, 그리고 높게 형성된 수비 라인을 바탕으로 측면 지역에서 이뤄지는 상대 공격을 통제하려 했다. 만약 상대가 공격적으로 강한 팀이거나, 측면 지역에 많은 숫자를 투입할 경우에는 공격수 한 명을 측면 수비에 가담시키기도 했다. 이는 주로 케인의 파트너로 출전한 공격수의 몫이었다.

이러한 토트넘 3-5-2 체제의 수비 문제점은 뚜렷했다. 우선 상술했듯 중원 3미드필더 라인이 역삼각형 형태로 구성되어 있는 경우가 많았다. 그렇기 때문에 상대가 한 쪽 측면으로 공격을 전개할 때면 반대편 지역에 큰 공백을 노출했다. 토트넘이 1차적으로 측면 지역에서 상대의 공격을 끊어내지 못할 경우, 반대편 지역을 가장 빈도 높게 공

략당했다.

또한 센터백의 오프사이드 트랩이 결정적인 순간에서 제대로 이뤄지지 않는 경우가 많았다. 높은 수비 라인을 컨트롤하기 위해서라면 그만큼 뛰어난 수준의 오프사이드 트랩이 필요하다. 하지만 토트넘의 수비수들은 중요한 순간에 오프사이드 트랩에 실패해 실점을 허용하는 경우가 많았다. 대표적으로 리그 9R 아스날전 산체스의 골, 챔피언스리그 조별예선 5R 도르트문트전 오바메양의 골, 리그 14R 레스터 시티전 바디의 골 장면이 그랬다. 백3 체제에서 오프사이드 트랩에 미숙함을 보인 토트넘 수비수들은 대체적으로 빠른 발을 가진 공격수들에게 약점을 노출했다.

결론적으로 토트넘의 3-5-2 수비 체제는 선수들의 기량, 컨디션 차이에 따라 갈라지는 경우가 많았다. 사실 구조적으로는 크게 문제가 없는 형태다. 상술했듯 상대의 공격을 측면 지역으로 유도하고, 밀도 높은 압박을 통해 공격을 끊어내면 되기 때문이다. 하지만 측면 지역에서 이뤄지는 '밀도 높은 압박'과 높은 라인을 유지하는 수비수들의 '오프사이드 트랩'이 제대로 이뤄지지 않을 경우, 토트넘의 5-3-2 수비 형태는 완전히 무너졌다.

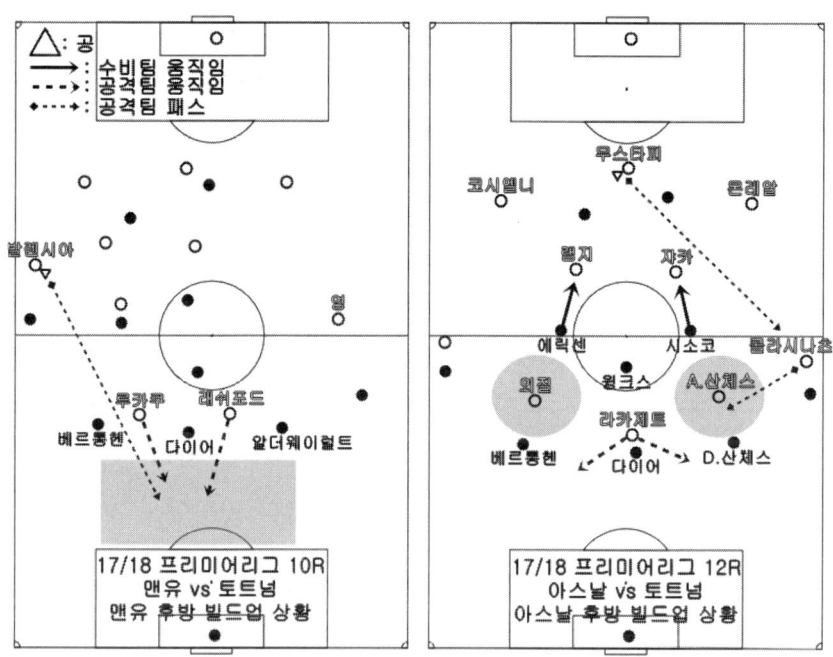

▲ 3-5-2 체제의 토트넘을 꺾은 맨유와 아스날이 활용한 공격법

    3-5-2 체제의 토트넘을 각각 1:0, 2:0으로 꺾은 맨유와 아스날은 높은 볼 점유율을 유지하지 않았다. 모두 그들의 홈구장인 올드 트래포드와 에미레이츠 스타디움에서 경기가 치러졌는데도 말이다. 맨유는 44.8%(38R 기준 평균 볼 점유율 53.9%), 아스날은 42.1%(평균 볼 점유율 58.5%)만의 볼 점유율을 유지했다. 상술했듯 토트넘 5-3-2 수비 형태의 구조적 약점을 찾기가 힘들었기 때문이다. 토트넘을 상대로 무리한 공격을 전개할 경우, 리버풀과 같이 2톱을 필두로 한 빠른 역습에 허를 찔릴 수 있었다.

    토트넘을 1:0으로 꺾은 맨유는 3-5-2 포메이션을 꺼내들었다. 무리뉴 감독은 전방 2톱에 발 빠른 래쉬포드와 루카쿠를 배치했다. 토트넘의 높은 수비 라인을 집중적으로 공략하기 위함이었을 것이다. 맨유는 후방 빌드업 단계에서부터 적극적으로 상대 수비 뒷공간을 겨냥하는 롱 볼을 시도했다. 상황에 따라 양 윙백인 영과 발렌시아까지 수비 뒷공간 침투에 합류시키며 토트넘의 최후방 라인을 위협했다.

한편 에미레이츠 스타디움에서 토트넘을 2:0으로 꺾은 아스날은 3-4-3 포메이션을 들고 나왔다. 기본적으로 토트넘의 양 윙백을 통제하기 위해서였다. 벵거 감독은 공격 라인에 '산체스-라카제트-외질' 조합을 배치했다. 이날 아스날의 공격적 의도는 산체스와 외질이 토트넘의 라인 사이 지역에서 볼을 받도록 하는 것이었을 것이다.

아스날은 후방 빌드업 단계에서 2명의 중앙 미드필더인 쟈카와 램지를 비교적 낮은 지역에 배치했다. 토트넘의 좌우 미드필더인 시소코와 에릭센을 전방으로 끌어들이기 위함이었다. 시소코와 에릭센이 전진할 경우 산체스와 외질이 토트넘의 중앙 미드필더인 뎀벨레의 좌우 옆 공간에서 자유를 누릴 수 있었다. 이때 토트넘은 높은 수비 라인을 통해 산체스와 외질을 즉각적으로 커버할 수도 있었을 것이다. 하지만 라카제트가 라인 브레이킹을 지속적으로 시도한 탓에 토트넘의 센터백들이 적극적으로 전진하지 못했다. 이날 토트넘의 백3를 책임졌던 베르통헨, 다이어, 산체스는 라카제트를 상대로 한 오프사이드 트랩에서 자신감을 잃은 것처럼 보였다.

아스날의 후방 빌드업 단계에서 시소코와 에릭센이 쟈카, 램지를 수비하기 위해 전진했다면, 아스날의 센터백들은 주로 1선에 위치한 콜라시나츠(왼쪽 윙백)를 겨냥한 롱 볼을 빈도 높게 시도했다. 콜라시나츠를 통해 산체스에게 볼을 전달하기 위함이었다. 콜라시나츠는 공중볼 경합에 강점을 가진 선수다. 이날 아스날은 왼쪽 방향으로 전체 공격의 45%를 담당했으며, 콜라시나츠는 이날 총 7번의 공중볼 경합을 시도했다(아스날의 전체 공중볼 경합 시도 - 37번).

2. 4-2-3-1 시스템

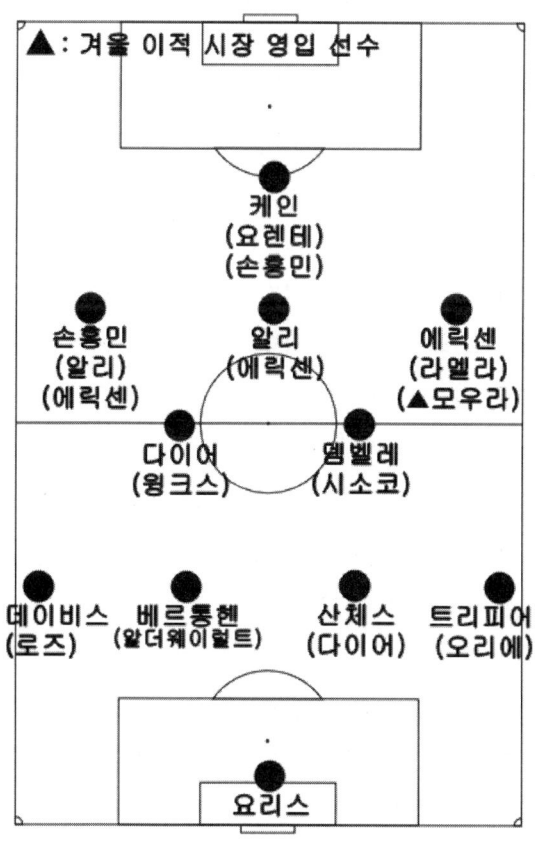

▲ 토트넘의 4-2-3-1 포메이션

17/18 프리미어리그가 끝난 현재 시점에서, 포체티노의 4-2-3-1 시스템은 토트넘에게 가장 잘 어울리는 옷이다. 토트넘은 2017년 11월 한 달 동안 3-5-2 시스템의 문제점을 노출하면서 잠깐의 부진을 겪었다. 그렇기 때문에 포체티노는 15R 왓포드전을 시작으로 시즌 초반에 백3과 혼용했던 4-2-3-1 시스템을 완벽하게 고수하기 시작했다. 중간중간에 잠깐씩 4-3-3을 활용하기도 했지만, 포체티노의 4-2-3-1 선택은 매우 성공적인 결정이었다.

흥미로운 점은 토트넘이 리그 38경기에서 4-2-3-1 시스템을 가동할 때 딱 한 번 패배했다는 사실이다. 토트넘은 2R 첼시전, 10R 맨유전, 12R 아스날전, 14R 레스터전, 18R 맨시티전, 34R 맨시티전, 37R 웨스트브롬전에서 패배를 당했다. 이중 4-2-3-1 시스템을 들고서 패배한 경기는 34R 맨시티전이 유일했다. 첼시전과 맨시티전(18R)에서는 4-3-1-2 포메이션을 기반으로 한 맞춤 전술을 들고 나왔다. 특히나 맨시티전의 경우에는 야심차게 대응 전술을 준비했지만, 과르디올라 감독에게 완벽히 읽혀버리고 말았다. 맨유전과 아스날전, 레스터전에서는 앞서 언급한 3-5-2 시스템을 꺼내 들었다. 시즌 종반에 펼쳐진 37R 웨스트브롬전에서는 백3로 회귀하는 모습을 보였지만, 이는 결국 실패로 돌아가버리고 말았다.

> 토트넘은 2017년 10월 28일 맨유전을 시작으로 12월 2일 왓포드전까지 펼쳐진 8경기에서 단 3승만을 거뒀다. 특히나 이 3승 중 2승은 레알 마드리드, 도르트문트와 펼친 챔피언스리그 조별예선 경기였다.

4-2-3-1 대형에서도 앞 3-5-2 시스템에서 언급한 팀 내 최고 수

준의 공격수들인 케인, 에릭센, 알리, 손흥민을 모두 최적의 자리에 기용할 수 있었다. 17/18 시즌 토트넘의 4-2-3-1 시스템에서는 주로 '손흥민-알리-에릭센'으로 이뤄진 공격 2선 조합을 구성했다.

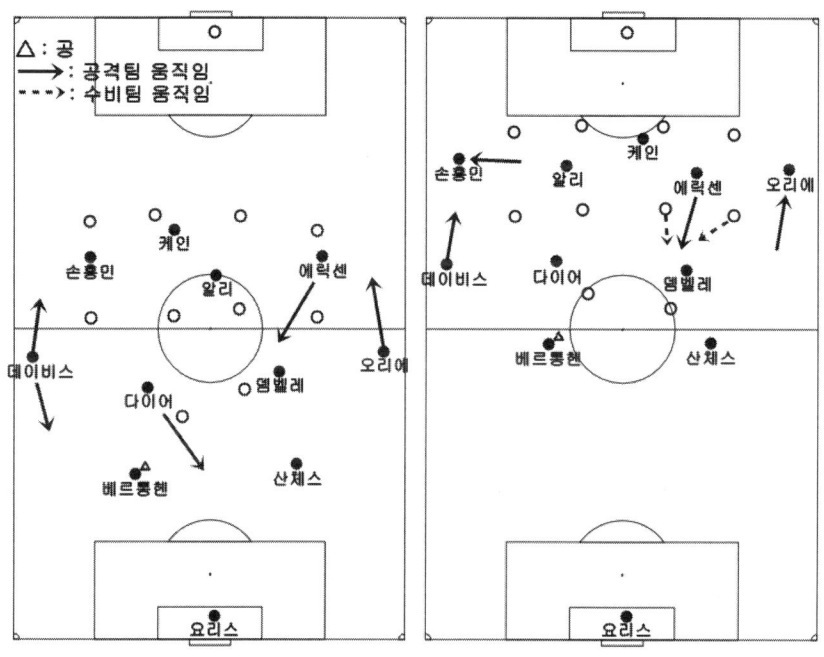

▲ 토트넘의 4-2-3-1 체제가 형성하는 후방 빌드업(좌) / 공격(우) 대형

토트넘의 4-2-3-1 체제가 후방 빌드업을 전개할 때면 1차적으로 2-4-4와 같은 대형을 형성했다. 공격 라인이 상대 지역에 위치하고, 2명의 중앙 미드필더가 센터백 윗선을 받쳐주는 형태였다. 이 상태에서 후술할 토트넘의 공격 형태에 따라 오른쪽의 오리에가 전진하는 빈도가 높았다. 그렇기 때문에 후방 빌드업 단계에서부터 에릭센이 깊은 지역으로 내려와 볼을 받아주고, 윗선으로 운반해주는 경우가 많았다.

상대가 높은 지점에서부터 수비를 시작하거나, 전방에서부터 압박의 강도를 높일 경우에는 중앙 미드필더 한 명이 내려와 라볼피아나 대형을 형성하기도 했다. 토트넘의 중앙 미드필더 옵션인 다이어, 뎀벨레, 윙크스, 시소코 모두가 수비 라인으로 내려올 수 있었다. 오리에의 전진 빈도가 비교적 높았기 때문에 중앙 미드필더가 오른쪽 윙백 자리로 내려오는 경우도 종종 존재했다. 시소코가 특히나 그랬다. 시소코가 오른쪽 윙백 자리로 내려올 때면 토트넘은 변형 백4 라인을 형성하기도 했다(데이비스-베르통헨-산체스-시소코). 대표적으로 17R 브라이튼전과 21R 웨스트햄 전에서 이러한 형태를 보였다.

토트넘이 라볼피아나 대형을 형성할 때면 에릭센에 더해 알리까지 적극적으로 내려와야 했다. 중원의 숫자가 부족해졌기 때문이다. 상황에 따라 스트라이커 케인까지 중원으로 내려오는 경우도 종종 존재했다. 케인이 중원으로 내려올 때면 주로 길이가 긴 패스로 경기를 풀어나가려 했다.

> 16/17시즌의 코스타, 이브라히모비치 만큼 적극적이지는 않았지만, 케인에게는 경기가 쉽게 풀리지 않을 때면 밑선으로 내려오는 성향이 있었다.

이러한 후방 빌드업 형태를 통해 상대 진영으로 볼을 전진시키는데 성공했다면 오리에가 1선으로 전진했다. 토트넘은 '손흥민-알리-케인-에릭센-오리에'로 이뤄진 공격 라인을 형성했다. 2명의 중앙 미드필더는 센터백과 공격 라인 간의 연결 고리가 되어줬다. 왼쪽의 데이비스는 공/수의 밸런스를 맞췄다. 후방에 머물러 2명의 센터백들과 변형 백3 라인을 형성할 수도 있었고, 상황에 따라 전진하여 공격 라인의 숫자를 채워줄 수도 있었다.

토트넘의 4-2-3-1 체제가 공격시 비교적 비대칭적인 형태를(손흥민이 왼쪽 측면으로 빠지고, 오리에가 오른쪽 지역을 담당하는) 띠는 이유는 좌우 윙어인 손흥민과 에릭센을 최대한 효율적으로 활용하기 위함이었다.

상술했듯 손흥민은 비교적 넓은 공간에 적합한 자원이다. 그렇기 때문에 상대의 압박 밀도가 높은 중앙 지역보단 터치라인 부근으로 벌려 활동하는 편이 더 효율적이었다. 중요한 점은 손흥민이 측면으로 넓게 벌려 활동하되, 박스 근처 지역에서 슈팅을 시도할 수 있는 기회를 만들어야 한다는 것이다. 측면으로 넓게 벌릴 경우에는 공격의 마침표 역할을 수행하기가 힘들었다. 그렇기 때문에 여러 공격 패턴들을 활용했다. 토트넘이 오른쪽으로 공격을 전개할 때면 의도적 고립을 받기 위한 위치를 선점했다. 또한 알리와 에릭센의 적극적인 지원을 통해 왼쪽 측면 지역에서부터 콤비네이션 플레이를 만들어 나가기도 했다.

> 손흥민은 터치라인 부근으로 넓게 벌려 활동했기 때문에 상대 수비수와 1대 1로 마주치는 일이 많았다. 17/18시즌 손흥민은 이러한 체제 속에서 힘을 발휘하기 위해 드리블 돌파를 적극적으로 시도했다. 스텝 오버를 통해 상대 수비수를 순간적으로 제쳐내고, 왼발로 박스 안을 향해 크로스를 올리는 패턴이 대표적인 드리블 형태였다. 손흥민은 경기당 1.6회의 드리블 돌파에 성공했다. 이는 팀 내에서 2위에 해당하는 수치였다(프리미어리그 38경기를 기준으로. 1위는 무사 뎀벨레 2.4회).

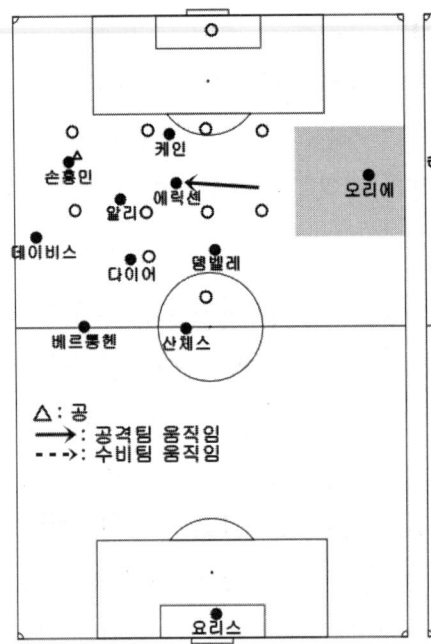

▲ 토트넘의 공격 형태 중 하나인 '의도적 고립'(좌)과 리그 24R 사우스햄튼전에서 보인 문제점(우)

한편 에릭센은 공격형 미드필더 성향이 짙은 유형의 선수다. 그는 4-2-3-1 체제에서 공격시 중앙으로 자유롭게 좁혀 활동했다. 상술한 3-5-2 시스템과 같이 광범위한 활동량을 바탕으로 상대 미드필더 라인을 흔들고, 공격의 연결 고리 역할을 수행했다. 그렇기 때문에 오른쪽 윙백인 오리에가 높은 지점까지 전진해야 했다.

토트넘은 각 측면 지역에서 반대편의 손흥민과 오리에를 겨냥한 의도적 고립을 시도하기도 했다. 이중 오른쪽의 오리에를 활용한 의도적 고립을 시도하는 빈도가 높았다. 손흥민이 상황에 따라 중앙으로 좁혀 활동했기 때문이다. 상대 센터백 뒷공간 공략과 중앙 지역에서 이뤄지는 콤비네이션 플레이 등, 중앙 지역에 추가적으로 숫자가 필요한 상황이라면 손흥민이 적극적으로 좁혀왔다. 또한 공격형 미드필더 알리와 간헐적으로 포지션 스위칭을 이뤄내기도 했다.

상황에 따라 중앙 미드필더 한 명이 직접적으로 토트넘의 공격 진영에 가담할 수도 있었다. 후방의 데이비스가 2명의 센터백과 백3 라인을 형성해 후방 밸런스를 유지하는 경우가 존재했기 때문이다. 데이비스가 오버래핑을 시도했을 경우에는 2명의 중앙 미드필더가 후방을 지켜야 했지만, 그렇지 않을 경우에는 중앙 미드필더 한 명이 충분히 전진할 여유가 있었다.

토트넘의 중앙 미드필더들은 모두 가지각색의 공격 옵션을 제공했다. 우선 다이어가 전진했을 경우에는 상대 박스 안에서의 직접적인 헤더 경합이 가능했고, 공격의 연결 고리 역할을 수행할 수도 있었다. 188cm인 다이어는 피지컬적으로 강한 선수다. 센터백, 윙백, 수비형/중앙 미드필더를 모두 소화할 수 있는 멀티 플레이어다. 뎀벨레는 1선의 바로 밑 지역에서 상대 미드필더 라인의 압박을 풀어줬다. 상술했듯 그는 경기당 평균 2.4회의 드리블 돌파에 성공했다. 그만큼 중원 지역에서의 탈압박에 있어서는 일가견이 있는 선수라 할 수 있다. 시소코가 올라왔을 경우에는 주로 오른쪽 측면 지역을 적극적으로 지원했다. 그는 에릭센에게 포지션 담당에 대한 부담을 덜어줬으며(에릭센이 더욱 자유롭게 활동할 수 있도록), 오리에에게 공격 옵션을 제공해줬다.

전술적으로 가장 중요한 선수는 에릭센이다. 토트넘은 사우스햄튼과의 프리미어리그 24R 경기에서 에릭센의 공백을 뼈저리게 느꼈다. 당시 에릭센은 감기 증세로 인해 경기에 결장했다. 포체티노는 에릭센의 빈자리에 시소코를 배치하는 선택을 했다. 라멜라의 경기 감각이 매우 떨어져 있어 마땅한 대체 자원이 시소코밖에 없었기 때문이었다.

토트넘을 상대하는 사우스햄튼은 수비시 4-4-2 대형을 형성했다. 기본적으로는 4-2-3-1이되, 수비시 공격형 미드필더 호이베르그와 스트라이커 가비아디니를 2톱으로 배치했다. 사우스햄튼의 미드필더 라인은 수비시 주로 자리를 지켰다. 수비 라인과의 타이트한 간격을 계속해서 유지하기 위함이었다. 그렇기 때문에 전방의 호이베르그와 가비아디니가 독립적으로 행동하는 경우가 많았다.

토트넘은 라인 사이 지역에 위치한 알리와 시소코(케인을 직접적으로 보좌하는 자원)에게 볼을 쉽게 전달하지 못했다. 기존의 에릭센이 수행하던 상대 미드필더 라인을 흔들 자원이 없었기 때문이다. 시소코는 오른쪽의 하프 스페이스~측면 지역에서 볼을 받을 채비를 했다. 에릭센이 없을 때면 알리가 미드필더 라인을 흔드는 역할을 수행할 수도 있었지만, 이날의 알리는 유독 1.5선에서 볼을 받으려고만 했다.

의도적 고립을 활용해보려 해도 사우스햄튼의 수비에 번번이 막혔다. 이날 토트넘은 오른쪽 측면에 위치한 오리에에게 의도적 고립을 빈도 높게 시도했다. 토트넘이 왼쪽 진영에서 볼을 소유하고 있는 상황에서, 시소코가 오리에에게 공간을 만들어주기 위해 중앙으로 잘라 들어갈 때면 사우스햄튼의 수비수들이 이에 맞춰 움직였다. 왼쪽 윙백 버틀란드가 시소코를, 왼쪽 측면 미드필더 타디치가 오리에를 잡아내는 형태였다. 이날 타디치는 전방에서부터 헌신적으로 수비하며 2번의 클리어링과 5번의 블록을 기록했다.

전체적인 공격이 풀리지 않자 스트라이커 케인이 라인 사이 지역에서 볼을 받기 위해 적극적으로 움직였다. 토트넘의 후방 자원들은 케인 덕에 몇 번의 볼을 사우스햄튼의 라인 사이 지역으로 투입시킬 수 있었다. 하지만 전체적으로 케인이 볼을 받기 위해 움직인 탓에, 사우스햄튼의 라인 사이 지역으로 볼을 투입하더라도 공격을 앞선으로 전개시키기가 힘들었다. 직접적으로 라인 브레이킹을 시도할 선수가 없었기 때문이다. 사우스햄튼의 미드필더 라인은 빠른 커버링으로 토트넘의 공격을 통제했다.

포체티노는 이러한 공격적 문제점을 타개하기 위해 후반전에 전술 변화를 시도했다. 데이비스를 1선으로 전진시키고, 손흥민을 중앙 지역으로 가담시킨 것이었다. 얼핏 보면 단순한 '공격 숫자 추가'의 의도라고 파악할 수도 있겠으나, 중앙 미드필더 한 명이 아닌 손흥민을 중앙 지역으로 가담시킨 것이 전술 변화의 핵심 요소였다.

우선 근본적으로 중앙 지역에 숫자가 추가됐기 때문에 토트넘이 라인 사이 지역으로 더욱 많은 볼을 투입시킬 수 있었다. 또한 시소코가 상대 미드필더 라인을 흔들고, 토트넘의 빌드업을 돕기 위해 더욱 활발하게 움직였다. 기존 에릭센의 역할을 수행하기 위해 변화한 것이다. 이날 시소코가 기록한 60번의 전체 볼 터치 중 41번이 후반전에 이뤄진 것이었다. 손흥민의 중앙 투입은 케인이 자유롭게 볼을 받을 수 있도록 만들어줬다. 케인이 밑선으로 빠져도 공격의 마침표 역할을 수행할 수 있는 손흥민이 직접적인 라인 브레이킹을 시도했기 때문이다.

전술 변화 자체는 좋았다. 이론상이라면 토트넘이 전반전에 겪었던 문제점을 충분히 해결할 수 있을 것만 같았다. 하지만 실제 경기 내에서는 손흥민과 시소코가 변화한 전술 체제에서 제 기량을 발휘하지 못했다. 상술했듯 손흥민은 좁은 공간에서 강점을 보이는 선수가 아니고, 시소코는 연결 고리 역할 수행에 익숙하지 않았기 때문이었다. 포체티노 감독은 70분에 손흥민 대신 라멜라를 교체 투입시키며 공격 옵션에 변화를 줬다. 그럼에도 불구하고 사우스햄튼의 견고한 수비 대형을 뚫어내기에는 역부족이었다.

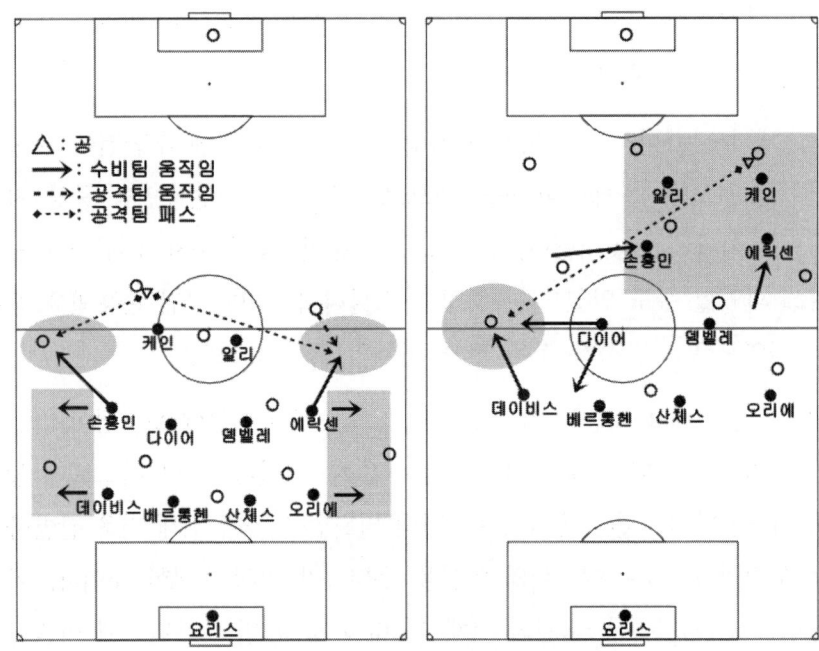

▲ 토트넘의 4-2-3-1 체제가 형성하는 수비 형태

토트넘의 4-2-3-1 체제가 수비를 진행할 때면 공격형 미드필더 알리와 스트라이커 케인을 2톱으로 둔 4-4-2 대형을 형성했다. 전체적으로 수비 라인을 상당히 높은 지점에 배치했으며, 각 라인 간의 횡적 간격이 매우 좁았다. 상대의 중앙 공격 루트를 틀어막아 측면으로 볼을 유도했다. 내부적인 관점에서 보자면 상술한 5-3-2 수비 형태와 유사했다. 이러한 형태는 17/18시즌 포체티노 감독만의 특유한 수비 체제라 보면 되지 않을까 싶다.

구조적으로 5-3-2 수비 대형과의 차이점이라면 수비 라인에서 한 명이 빠지고, 미드필더 라인에 한 명이 추가됐다는 것이다. 그렇기 때문에 4-4-2 대형에서는 수비와 미드필더 라인 모두가 광범위한 활동량을 요구받았다(좁은 간격을 유지하면서 좌우 측면을 모두 커버해야 했기 때문에). 특히나 양 측면 미드필더인 손흥민과 에릭센이 그랬다. 1선의 2톱이 좁은 간격을 유지함에 따라, 상대가 1차적인 공격을 전개시키는 지역이 주로 손흥민과 에릭센이 담당하는 공간이었기 때문이다.

이러한 토트넘의 수비 체제에서는 5-3-2 형태에서 겪었던 몇 개의 문제점이 해결됐다. 우선 근본적으로 미드필더 라인의 숫자가 늘어났다. 그렇기 때문에 좁은 간격을 바탕으로 측면 압박을 가하더라도 반대편 공간에 대한 공백을 크게 느끼지 않았다. 또한 높은 지점에서 컨트롤하는 오프사이드 트랩도 한결 좋아졌다. 백3 체제에서는 3명의 센터백 사이에서 오프사이드 라인이 무너지는 경우가 많았다. 하지만 4명의 수비 라인을 세우자 전체적으로 오프사이드 싸움에 대한 타이밍과 자신감이 살아났다.

상대 진영에서 강한 전방 압박을 가할 때면 양 측면의 손흥민과 에릭센이 포지션에 구애받지 않기도 했다. 가령 오른쪽 방향으로 전방 압박을 가할 때면 손흥민이 반대편 지역까지 가담해 볼 주위에 숫자를 더했다. 알리, 케인, 손흥민, 에릭센이 상대 진영에 위치한 볼 주위에서 직접적인 압박을 가한 것이다. 전체적으로 4-2-2-2와 같은 대형이 형성됐다.

이러한 상황에서 많은 팀들은 반대편으로 이어지는 한 번의 패스로 토트넘의 압박을 풀어내려 했다. 토트넘은 중앙 미드필더와 윙백의 유기적인 커버링을 통해 상대의 반대편 전환에 대응했다. 양 윙백과 중앙 미드필더들은 항상 상대편의 반대편 전환에 대비하면서 압박을 가했다.

토트넘의 수비 대형이 깊은 지역까지 가라앉았을 때면 알리와 케인이 분리되는 경우가 많았다. 케인은 전방에서 역습 상황에 대비했고, 알리는 미드필더 라인 바로 윗선으로 내려와 수비를 도왔다. 케인은 역습시 직접적으로 상대 수비 뒷공간을 공략하는 것보단 연계에 힘을 기울였다.

03
맨체스터 시티 전술 분석

17/18시즌의 맨시티 압도적이었다. 4월 리그 34R 토트넘전을 끝으로 프리미어리그 우승을 확정지은 것이다. 이들은 지난 리그 38경기에서 32승을 거뒀으며, 단 2번밖에 패하지 않았다. 또한 잉글랜드 내에서 전무후무한 승점 100점의 기록을 세웠다. 2위 맨유와 무려 19점의 승점 차이를 벌렸다. 비록 2018년 2월의 FA컵 탈락과 4월의 첫 연패(3연패, 챔피언스리그 8강 탈락)라는 고비를 맞이하기도 했으나, 과르디올라의 맨시티는 무너지지 않고 끝내 잉글랜드의 챔피언으로 군림했다.

수장 과르디올라 감독은 시즌 초반부터 패배의 가능성을 배제하지 않은 채 달려왔다. 그는 압도적인 성적을 이어가고 있는 현실에 항상 안주하지 않았다. 맨시티가 11연승을 기록하던 지난 2017년 11월에는 "무패로 시즌을 끝마치는 것이 가능한가, 라고 물어본다면 저는 불가능한 일이라 답할 것입니다."라고 언급하며 패배의 가능성을 항상 열어놓았다. 24R 뉴캐슬전이 끝난 이후에는 95-96시즌을 사례로 들며 2위 맨유와의 승점 12점 차이에 대해 긴장의 끈을 놓아서는 안된다고 밝혔다(95-96 시즌에는 1위 뉴캐슬이 2위 맨유를 상대로 승점 12점 차이로 앞서나가고 있었지만, 맨유가 완전히 판도를 뒤집으며 우승컵을 차지했다).

맨시티의 압도적인 성적이 대단한 이유는 16/17 시즌의 주전 스쿼드에서 큰 변화를 주지 않았다는 점이다. 프리미어리그 첫 해를 맞이한 과르디올라 감독의 16/17 시즌은 괴로웠다. 2016년 12월에는 개인 통산 최초로 60% 이하의 승률을 기록했으며, 커리어 최초로 챔피언스리그 16강 무대에서 탈락했다. 시즌 전체로 보자면 그 어느 대회에서도 우승컵을 들어 올리지 못했다.

맨시티는 더 나은 시즌을 맞이하기 위해 여름 이적 시장에서 천문학적인 금액을 투자했다. 베르나르도 실바, 벤자민 멘디, 에데르송, 카일 워커, 다닐루를 영입했다. 하지만 이중 제 기량을 발휘하는 선수는 에데르송과 워커, 다닐루 뿐이었다. 베르나르도 실바는 사네와 스털링을 뛰어넘지 못하며 후보로 밀려났고, 멘디는 지난 2017년 9월에 우측 십자인대 파열을 당하며 실질적인 활용 가능 자원이 되지 못했다. (2018년 4월 복귀, 총 199일 동안 부상으로 이탈했다.). 또한 다닐루가 백업용 선수라는 점을 감안한다면, 17/18시즌 맨시티의 주전 자리를 꿰찬 여름의 이적생은 워커와 에데르송 단 둘 뿐이었다.

> 에데르송과 워커는 지난 리그 38경기에서 각각 3197분과 2787분을 소화했다. 이는 팀 내 출전시간 1위, 5위에 해당하는 수치였다. 반면 B.실바와 다닐루, 멘디는 각각 1520분, 1342분, 362분만을 소화했다. 팀 내 12위, 15위, 20위에 부합하는 기록이었다.

1. 4-3-3 시스템

▲ 17/18시즌 맨시티의 4-3-3 포메이션

 과르디올라 감독이 17/18 시즌을 맞이하면서 본격적으로 활용하려 했던 포메이션은 중앙 미드필더를 역삼각형 형태로 배치한 3-5-2 대형이었다. 이에 대한 의도로는 크게 2가지 측면에서 바라볼 수 있다.

 첫째는 아구에로와 제수스를 공존시키기 위해서다. 기본적으로 아

구에로와 제수스는 모두 스트라이커 유형의 선수다. 원 톱 대형인 4-3-3 포메이션에서는 공존하기가 힘들다. 그러나 2톱 대형인 3-5-2를 활용할 경우에는 아구에로와 제수스의 확실한 공존이 가능하다.

> 물론 가끔씩 4-3-3 체제에서 함께 나선 적도 존재했다. 제수스가 양 윙어로 출전하며 아구에로가 스트라이커 자리를 지킨 형태였다. 16/17시즌에는 제수스가 주로 오른쪽 윙어로 출전했고, 17/18시즌에는 반대편 왼쪽으로 나섰다.

둘째는 여름 이적 시장에서 영입한 윙백 자원을 효율적으로 활용하기 위함이다. 과르디올라 감독은 16/17 시즌의 모든 윙백 자원들(콜라로프, 클리시, 사냐, 사발레타)을 내치고 다닐루, 카일 워커, 벤자민 멘디를 영입해왔다. 윙백에만 무려 2000억에 가까운 천문학적인 금액을 쏟아 부었다. 백업 선수인 다닐루는 공/수 밸런스가 잡혀있는 선수고, 워커와 멘디는 공격적으로 매우 뛰어난 윙백 자원이다. 이들은 윙백이 한 쪽 측면을 홀로 담당하는 경우가 많은 백3 체제에서 빛을 발할 만한 기량을 갖고 있었다. 같은 맥락으로 전문 윙어인 스털링과 사네 역시 3-5-2의 윙백 자리에 뛸 수 있었다. 이들은 16/17 시즌 과르디올라 감독이 백3을 꺼내들 때면 종종 윙백 포지션을 소화했다.

> 맨시티의 3-5-2 대형이 공격을 전개할 때면 좌우 미드필더가 양 측면으로 폭넓게 활동하는 경우가 많았다. 데 브루잉과 D.실바의 전체적인 영향력을 높이고, 전진한 윙백의 연계에 대한 부담을 덜어주기 위함이었다. 그렇기

때문에 스털링과 사네가 3-5-2 체제의 윙백으로 뛰더라도 공격시에는 측면 지역에만 치중한 채 활동할 수 있었다. 좌우 미드필더의 간격이 벌어질 경우에는 2톱 중 한 명이 내려와 중원 숫자를 채워줬다. 이러한 역할은 주로 제수스가 책임졌다.

과르디올라 감독은 프리시즌 때부터 3-5-2 시스템을 적극적으로 활용해왔다. 본격적인 정규 리그에서 활용하기 위함이었다. 맨시티는 16/17 시즌 백4 체제인 4-3-3과 4-2-3-1을 주 포메이션으로 혼용해왔기 때문에 백3에 대한 적응이 필요했다(물론 16/17 시즌에 백3를 활용한 적도 있긴 했다. 하지만 이는 맞춤 전술을 위한 대형이거나 일시적인 경우였다). 맨시티의 3-5-2 시스템은 프리시즌에서 빛을 발했다. 챔피언스리그 디펜딩 챔피언인 레알 마드리드를 4-1로 완파했으며, 리그 라이벌 팀인 토트넘을 3-0으로 침몰시켰다.

하지만 막상 정규 시즌에 돌입하니 생각보다 만족스러운 경기력을 보여주지 못했다. 승격팀을 상대로 한 1R 브라이튼전에서는 60-70분대까지 휴스턴 감독의 4-4-2 수비 대형을 뚫어내지 못했다. 수비 자원인 다닐루를 윙어 사네와 사네와 교체하고 나서야 골문을 열 수 있었다. 2R 에버튼과의 경기에서는 쿠만 감독의 전술에 완전히 막혔다. 당시 쿠만은 맨시티의 선수들을 1 대 1로 마킹하기 위해 미드필더 라인을 삼각 형태로 배치한 3-5-2 대형을 들고 나왔다. 맨시티는 에버튼의 대인 마크 전술을 전혀 뚫어내지 못했으며, 44분 워커의 퇴장으로 패배와 직면할 뻔하기도 했다.

이렇듯 생각만큼 만족스러운 퍼포먼스를 펼쳐내지 못하니 리그 3R 본머스전에서부터는 4-3-3을 활용하기 시작했다. 물론 리버풀을 5대

0으로 완파한 리그 4R 경기에서는 다시 3-5-2를 기용하기도 했지만, 그 이후부터는 본격적으로 4-3-3을 활용하기 시작했다.

9월 말 멘디가 십자인대 파열로 장기 부상을 당하자 과르디올라 감독이 3-5-2 시스템을 기용할 가능성은 더욱 적어졌다. 2-1로 패배한 샤흐타르와의 챔피언스리그 조별예선 6R 경기에서 3-4-3을 활용한 적이 있긴 하나, 이는 백업 선수들의 출전을 위한 임시방편일 뿐이었다.

4-3-3 체제의 맨시티가 후방에서 빌드업을 전개할 때면 조직적인 4-1-4-1 대형을 형성했다. 양 윙백과 윙어가 주로 측면으로 넓게 벌려 활동하는 형태다. 잘 알려진 사실이지만, 맨시티의 강점은 모든 선수들이 유기적으로 움직여 볼을 받아주는 플레이다.

이러한 맨시티의 후방 빌드업을 상대하는 팀들은 크게 2가지 콘셉트로 움직였다. 첫째는 1차적으로 깊은 지역까지 내려서 맨시티의 본격적인 공격 단계를 미리 막아낼 채비를 하는 것이다. 기본적으로 맨시티 선수들은 뛰어난 패스 능력을 갖추고 있다. 그렇기 때문에 어설픈 전진 수비/전방 압박을 가할 경우 쉽게 벗겨져버릴 공산이 컸다.

둘째는 매우 높은 지점에서부터 강한 전방 압박을 가하는 것이다. 과르디올라의 팀은 상대의 강한 압박을 짧은 패스로 풀어나가려는 경향을 갖고 있다. 기본적으로 과르디올라가 의도적인 롱 볼 플레이를 선호하는 지도자가 아닐뿐더러, 맨시티의 공격수들이 피지컬적으로 강점을 갖고 있는 선수들도 아니기 때문이다. 과르디올라는 16/17 시즌 맨유와의 리그컵 경기에서 패한 이후 "우린 공중볼 경합에서 강한 스트라이커가 없습니다. 그러니 우린 패스를 통해 공간을 만들어내야 합니다. 롱 볼은 쓰고 싶지 않습니다. 저는 그런 식으로 경기하고 싶지 않습니다."라는 말을 언급하며 롱 볼 축구에 대한 부정을 나타내기도 했다. 때문에 압박 조직력만 훌륭하다면, 볼의 전체적인 흐름을 맨시티 진영에서 보내게끔 유도할 수 있었다.

그렇기 때문에 바르셀로나, 바이에른 뮌헨 시절의 과르디올라를 상대한 감독들도 전방압박 카드를 꺼내드는 경우가 많았다.

'볼의 전체적인 흐름을 맨시티 진영에서 보내게끔 한다.'라는 요소는 매력적인 옵션이다. 17/18시즌의 맨시티는 상대 진영에서 어떻게든 골을 만들어낼 수 있는 팀이기 때문이다. 맨시티는 선수 개개인의 기량이 훌륭한 팀이다. 그들은 이를 바탕으로 콤비네이션 플레이, 전방 압박을 통한 숏 카운터, 한 방을 갖춘 중거리 슈팅, 세트피스 찬스 등 다양한 루트로 상대 진영에서 득점을 만들어냈다.

맨시티는 의외로 세트피스 공격 상황에서 강점을 가진 팀이기도 하다. 이들은 리그 38경기에서 세트피스 상황에서 15골을 득점했다. 이는 세트피스 득점 부문에서 리그 공동 2위에 해당하는 수치다(1위 본머스 16골, 2위 맨시티, 아스날 15골, 4위 맨유, 웨스트브롬 14골). 특히나 나폴리와의 챔피언스리그 조별예선 4R 경기나 사우스햄튼과의 리그 14R 일전, 그리고 맨유와의 맨체스터 더비(리그 16R)처럼 결정적인 상황에서 세트피스 골이 경기의 승패를 가르는 경우도 많았다.

그렇기 때문에 맨시티의 진영에서 볼이 도는 시간이 길어질수록, 최대 강점인 '상대 진영에서의 공격 전개' 자체가 이뤄지지 않는 경우가 많아졌다. 이는 전방 압박이라는 전술 자체의 근본적인 목적이기도 하다. 17/18시즌에는 아스날, 나폴리, 토트넘, 리버풀 등 전방 압박에 강점을 보이는 팀들이 매우 높은 지점에서부터 맨시티의 후방 빌드업을 통제하려 했다.

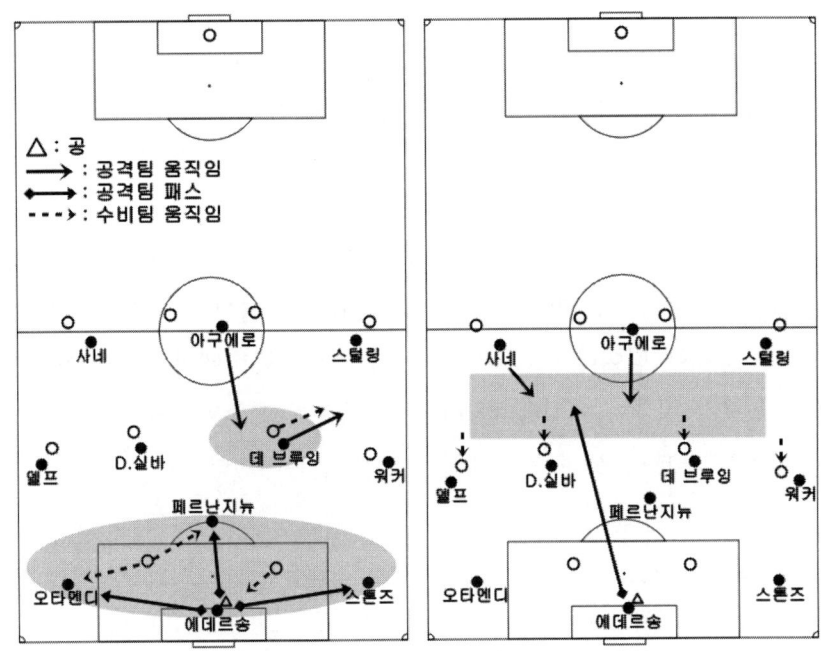

▲ 상대가 매우 높은 지점에서부터 압박을 가할 때 에데르송이 발휘하는 효과

상대가 매우 높은 지점에서부터 전방 압박을 가할 때면, 맨시티는 에데르송의 골킥 상황에서 주로 양 센터백이 페널티 박스 옆 지역까지 벌린 4-3-3 대형을 형성했다. 이에 따라 양 윙백이 조금씩 전진했으며, 페르난지뉴는 중앙에서 '오타멘디-에데르송-스톤즈' 선이 볼을 전진시킬 수 있도록 활발하게 움직였다. 좌우 미드필더인 실바와 데

브루잉 역시 낮은 지역까지 내려오는 경우가 많았다.

핵심은 골키퍼 에데르송이다. 에데르송은 박스 안에서 이뤄지는 상대의 전방 압박을 상대로 다른 선수들과 볼을 주고받았다. 그는 구조적으로 오타멘디, 페르난지뉴, 스톤즈 모두와 짧은 거리를 형성했다. 이들은 볼을 주고받는 상황에서 심리적으로 전혀 위축되지 않았다. 맨시티는 최후방 지역에 위치한 에데르송을 활용해 상대의 전방 압박을 하나씩 벗겨나갔다.

좌우 미드필더 실바와 데 브루잉은 측면 지역으로 빠져 나가기도 했다. 기본적으로 빈 공간에서 볼을 받아내기 위함이었다. 실바와 데 브루잉은 측면 지역에서도 강점을 발휘할 수 있는 선수이며, 귄도안 역시 이러한 움직임을 빈도 높게 보였다. 상대가 이들을 1 대 1로 마킹할 경우에는 크게 2가지 상황을 만들어낼 수 있었다. 첫째는 상대 미드필더 라인의 간격이 벌어져 전방 3톱이 내려올 공간이 만들어진 것이었다. 그리고 둘째는 '실바-데 브루잉'선에서 이뤄지는 상대 미드필더 라인의 협력 수비를 제한시킨다는 것이었다. 근본적으로 상대 선수 간의 거리가 멀어졌기 때문이다. 이는 다시 말해 개인 능력이 뛰어난 실바와 데 브루잉이 더욱 넓은 공간에서 상대 수비와의 1 대 1 구도를 가져갈 수 있다는 사실을 뜻했다.

만약 상대가 골키퍼 에데르송과 '델프-실바-데 브루잉-워커' 진영을 모두 통제하기 위해 미드필더 라인을 높은 지점까지 끌어올린다면, 필연적으로 그들의 라인 사이 지역이 벌어질 수밖에 없었다(하프라인 윗선부터는 오프사이드 룰이 적용되지 않기 때문). 이는 에데르송의 먹잇감이 됐다. 에데르송에게는 어느 지역으로든 정확한 패스를 보낼 수 있는 능력이 있었다. 그렇기 때문에 맨시티는 에데르송으로부터 벌어진 상대 라인 사이 지역을 자유롭게 공략하는 것이 가능했다. 3톱 사네, 아구에로, 스털링은 항상 상대 수비수보다 몇 템포 빠르게 움직여 빈 공간에서 볼을 받아내고, 곧바로 상대 수비 라인과 정면으로 맞붙는 상황을 연출했다. 맨시티에게 에데르송이란 골문 근처에서 이뤄지는 라볼피아나 롤과 비슷한 존재였다.

나폴리의 마우리시오 사리 감독은 과르디올라와의 챔피언스리그 조별예선 4R 경기를 앞두고 에데르송을 가장 견제하는 모습을 보이기도 했다. 그는 에데르송에 대해 다음과 같이 언급했다. "시티에서 가장 무서운 선수는 에데르송입니다. 그는 1차전에서 공을 한 번도 내주지 않고 수비수들과 50여 개의 패스를 주고받았죠."

나폴리는 2번의 챔피언스리그 조별예선 일전에서 모두 강한 전방 압박을 들고 나왔다. 사리 감독은 이를 통해 맨시티의 후방 빌드업을 강하게 통제하려 했다. 나폴리는 기본적으로 4-3-3 대형으로 움직이되, 전방 압박시에는 4-4-2로 전환하여 맨시티를 강하게 압박했다. 2선을 이룬 카예혼, 알랑, 함식, 인시녜 중 누구든지 1선으로 전진해 원톱 메르텐스와 4-4-2를 형성했다. 나폴리의 전환 형태는 매우 유기적이었다. 나폴리는 잘 짜인 압박 체계를 통해 맨시티를 몰아세웠다. 하지만 맨시티의 골문에는 에데르송이 존재했다. 그는 나폴리와 펼친 2번의 챔피언스리그 경기에서 모두 50번 이상의 패스를 시도해 내며 사리 감독의 전방 압박 체계를 무너뜨렸다.

상대가 강한 전방 압박을 가한 경기에서 기록한 에데르송의 패스 스탯 -

│ 챔피언스리그 조별예선 3R 나폴리전 50번, 챔피언스리그 조별예선 4R 나
│ 폴리전 47번, 리그 11R 아스날전 31번, 리그 18R 토트넘전 39번, 리그 23R
│ 리버풀전 54번

    과르디올라가 골문 자리에 '스위퍼 골키퍼'(Sweeper Goalkeeper)를 지향하는 이유도 바로 이러한 까닭 때문이라 할 수 있다. 스위퍼 골키퍼는 센터백 '스위퍼'의 역할을 부분적으로 수행하는 골키퍼를 가리키는 용어이다. 일반적인 골키퍼보다 훨씬 다재다능한 능력들을 필요로 한다. 다른 센터백들과 볼을 유기적으로 주고받기도 하며, 넓은 수비 뒷공간을 빠르게 커버해야 한다.

    바르셀로나에서는 빅터 발데스, 바이에른 뮌헨에서는 마누엘 노이어가 과르디올라의 스위퍼 골키퍼였다. 이와 같은 이유로 맨시티에 와서는 팀에 10년 동안 몸담았던 조 하트를 내쳐내기도 했다. 16/17 시즌에는 브라보가 과르디올라 체제의 스위퍼 골키퍼로 자리 잡는가 했으나, 그는 굉장히 실망스러운 퍼포먼스를 보여줬다.

    이러한 에데르송의 위력에 따라, 몇몇 팀들이 12~1월 들어서는 조금 다른 형태의 전방 압박을 들고 나오기 시작했다. 수비 시작 지점을 조금 낮게 형성한 채 자신만의 색깔로 맨시티의 후방 빌드업을 통제해낸 것이다. 대표적으로 크리스탈 팰리스와 번리, 리버풀(후에 자세하게 소개하겠지만, 리버풀은 2가지 형태의 전방 압박을 가져갔다)이 그랬다.

    공통적으로 수비 시작 지점을 조금 낮게 형성한 이유는 에데르송이 직접적으로 행사하는 영향력을 줄이기 위함이었다. 상술했듯 전방 압

박 시작 지점을 매우 높은 지역 – 에데르송 근처 지역 – 으로 설정할 경우, 에데르송이 압박을 풀어내기 위한 패싱 게임에 참여하게 됐다. 또한 수비 진영의 전체적인 간격이 벌어져 에데르송이 언제나 빈 공간을 공략할 수 있었다.

맨시티 진영에서 수비를 진행하되, 시작 지점을 낮출 경우 이러한 문제점들을 해결할 수 있다. 근본적으로 볼을 잡은 맨시티 센터백들과 에데르송 간의 거리가 벌어졌기 때문이다. 에데르송은 이 상태에서 볼에 관한 직접적인 영향력을 행사할 수 없었다. 또한 수비 시작 지점이 보다 낮아졌기 때문에 전체적인 라인 간격을 타이트하게 유지할 수 있었다. 팰리스와 번리, 리버풀은 모두 수비 시작 지점을 조금 낮게 형성한 채 모두 제각각의 방법으로 맨시티를 막아냈다.

팰리스는 '자하-벤테케-타운센드' 조합이 공격 라인을, '리데발트-밀리보예비치-카바예'가 2선을 이루는 4-3-3 대형으로 나섰다. 이들은 상대 진영에서부터 수비를 시작하되, 주로 지역을 지키는 경우가 많았다. 미드필더 라인은 역삼각형 형태로 구성됐다. 호지슨 감독의 노림수는 맨시티가 최후방 라인에서 볼을 공유할 때 망갈라를 집중적으로 공략하는 것이었다. 망갈라는 피지컬적으로 뛰어나지만, 오타멘디, 스톤즈, 콤파니에 비해 안정성 면에서 결함이 있는 선수다. 쉽게 말해 하드웨어는 뛰어나지만 소프트웨어가 비교적 떨어지는 자원이다. 그렇기 때문에 망갈라(오른쪽 센터백, 당시 왼쪽 센터백은 오타멘디)가 볼을 잡았을 경우에는, 팰리스의 오른쪽 미드필더인 카바예가 순간적으로 전진하여 그를 압박했다. 이를 통해 팰리스는 맨시티의 후방 빌드업 단계에 불안정성을 부여하려 했다.

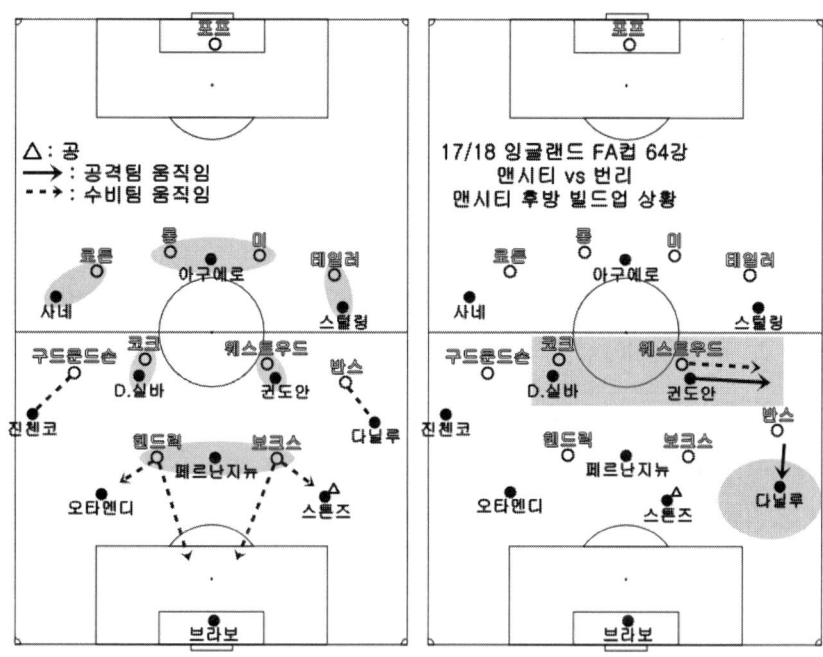

▲ 번리의 맨시티 후방 빌드업 통제법(좌), 맨시티의 대응(우)

한편 FA컵 64강전에서 맨시티를 만난 번리는 센터백을 제외한 모든 선수들을 집중적으로 수비하는 선택을 했다. 우선 대형적으로는 큰 변화를 주지 않았다. 이날 번리의 션 디쉬 감독은 주 포메이션인 4-4-2 대형을 들고 나왔다. 그들은 높은 위치에서부터 수비를 시작하되, 상술한대로 맨시티의 박스 지역에서부터 압박을 가하진 않았다.

최후방 백4는 맨시티의 3톱을, 4명의 미드필더 라인은 맨시티의 '진첸코-실바-귄도안-다닐루'를 수비했다. 이때 중앙의 코크와 웨스트우드는 실바와 귄도안을 끈끈하게 마킹했다. 측면의 구드문드손과 반스는 기본적으로 중앙 미드필더와 일정한 간격을 유지하되, 진첸코와 다닐루를 항상 자신의 수비 범위 안에 두고 다녔다.

　핵심은 최전방 2톱을 이루는 헨드릭과 보크스였다. 헨드릭과 보크스는 1차적으로 페르난지뉴만을 집중적으로 견제했다. 맨시티의 최후방 자원들인 오타멘디, 스톤즈, 브라보의 모든 짧은 패스 옵션을 차단하기 위함이었다. 그렇기 때문에 맨시티가 선택할 수 있는 옵션은 선수들의 움직임을 통해 공간을 만들고, 최후방 선수들이 그 지역으로 볼을 보내는 것이었다.

　이 '작업'은 상술한 에데르송 부분에서 언급한 것처럼 이뤄졌다. 실바와 귄도안이 깊게 내려와 코크와 웨스트우드를 끌어오고, 번리의 수비 라인과 미드필더 라인 간의 간격을 벌리는 것이었다. 번리가 전체적인 부분에서 대인 마크 형태를 고수했기 때문에 가능한 작업이었다.

　하지만 번리의 션 디쉬 감독이 이를 간과했을 리 없었다. 만약 맨시티의 작업(실바와 귄도안이 깊은 지역까지 내려와 번리의 미드필더 라인을 끌어낸다면)이 이뤄진 이후 최후방 선수들이 롱 패스를 시도하려 한다면, 보크스와 헨드릭이 그들을 빠르게 압박하여 정확한 킥을 시도하지 못하도록 통제했다. 이때 압박을 가하는 보크스와 헨드릭의 역할 분담이 매우 훌륭했다. 가령 헨드릭이 브라보에게 압박을 가할 때면 오타멘디에게 패스를 배급하지 못하도록 방향을 설정했다. 이에 따라 보크스는 페르난지뉴와 스톤즈를 수비 범위 안에 뒀다.

　물론 맨시티 역시 종종 헨드릭과 보크스의 압박을 벗겨내 자유로운 페르난지뉴에게 패스를 배급하기도 했다. 이때 번리는 후방에 형성된 8명의 수비 대형이 마킹 체계를 유지한 채로 침착하게 내려섰다. 페르난지뉴가 자유로워졌더라도 그 윗선에 위치한 선수들을 계속해서 1 대

1로 수비하며 맨시티의 공격적 전진을 통제한 것이다.

번리는 맨시티가 하프라인 부근까지 공격을 전개했을 때도 이러한 수비 형태를 고수했다. 이때는 전방에서 맨시티의 후방 빌드업을 통제할 때보다 더욱 수월했다. 근본적으로 맨시티의 센터백과 골키퍼 간의 거리가 멀어졌기 때문이다. 2톱 헨드릭과 보크스는 페르난지뉴, 스톤즈, 오타멘디만을 담당했다.

이러한 션 디쉬 감독의 전략은 전반전까진 매우 성공적으로 먹혀들었다. 맨시티는 경기 시작 45분간 75.9%의 볼 점유율을 유지하고, 12번의 슈팅을 시도했지만 무득점에 그치고 말았다. 가장 중요한 점은 맨시티가 단 한 번의 유효 슈팅마저 기록하지 못했다는 사실이다. 흔들리지 않은 번리는 25분 스톤즈의 치명적인 실수를 캐치해 선제 득점에 성공했다. 번리가 1 대 0으로 앞서 나가며 전반전의 승리팀이 된 것이다.

과르디올라는 이러한 상황을 타개하기 위해 후반전 들어 전술 변화를 시도했다. 오른쪽 윙백 다닐루의 빌드업 위치를 낮게 설정하고, 오른쪽 중앙 미드필더 귄도안이 빈도 높게 측면으로 빠지도록 주문한 것이다. 이는 매우 사소한 변화였지만 번리의 수비 체계를 깨뜨리는데 결정적인 작용을 했다.

과르디올라의 의도는 번리의 왼쪽 측면 미드필더 반스에게 혼란을 주는 것이었다. 우선 다닐루의 빌드업 위치가 낮아졌기 때문에 반스의 수비 시작 지점이 높아질 수밖에 없었다. 이때 귄도안이 오른쪽 측면으로 빠져 반스의 뒷공간을 공략했다. 웨스트우드가 귄도안을 잡고 있었지만, 상술했듯 이 경우 맨시티의 중앙 미드필더들은 더욱 넓어진 공간 속에서 상대 선수들을 상대하게 됐다. 다시 말해 고의적으로 간격을 벌려, 번리 중앙 미드필더들의 협력 수비를 제한한 것이다. 코크와 웨스트우드가 리그 내 톱클래스 미드필더인 실바와 귄도안을 1 대 1로 완벽히 수비해낼 수 있을 것이란 보장이 없었다. 그렇기 때문에 반스는 위치를 낮춘 다닐루를 따라 마음 놓고 전진할 수 없었다. 측면으로 빠진 귄도안을 인식해 다닐루와의 거리 유지에 실패한 것이다. 맨시티는 후방 빌드업 단계에서부터 자유로워진 다닐루를 활용해 볼을 전진시켰다.

왼쪽 윙백 진첸코 쪽에도 약간의 변화를 줬다. 진첸코는 1차적으로 터치라인 부근으로 넓게 벌려 서 있다가, 종종 빠르게 중앙으로 좁혀 들어오는 움직임을 보였다. 번리의 오른쪽 측면 미드필더인 구드문드손을 중앙으로 끌어들이기 위함이었다. 진첸코는 델프가 종종 수행하는 롤처럼 활동했다. 구드문드손이 진첸코를 따라 중앙으로 이동할 경우, 왼쪽 센터백 오타멘디와 윙어 사네가 진첸코의 기존 지역에서 자유롭게 볼을 받을 수 있었다. 하지만 이는 그리 유효하지 않았다. 구드문드손과 헨드릭이 순간적인 역할 전환을 이뤄내며 진첸코의 움직임을 막아냈기 때문이다.

맨시티는 후반전에 4골을 몰아넣으며 경기를 뒤집는데 성공했다. 물론 이러한 전술 변화가 절대적인 영향을 끼쳤다고 할 수는 없다. 전술 외적으로 여러 가지 요인이 복합적으로 작용했기 때문이다. 그러나 과르디올라의 전술 변화는 분명 중요한 요인으로 작용했다. 번리와의 FA컵 일전은 과르디올라의 전술적 유연성이 얼마나 뛰어난지 다시금 확인할 수 있었던 경기였다.

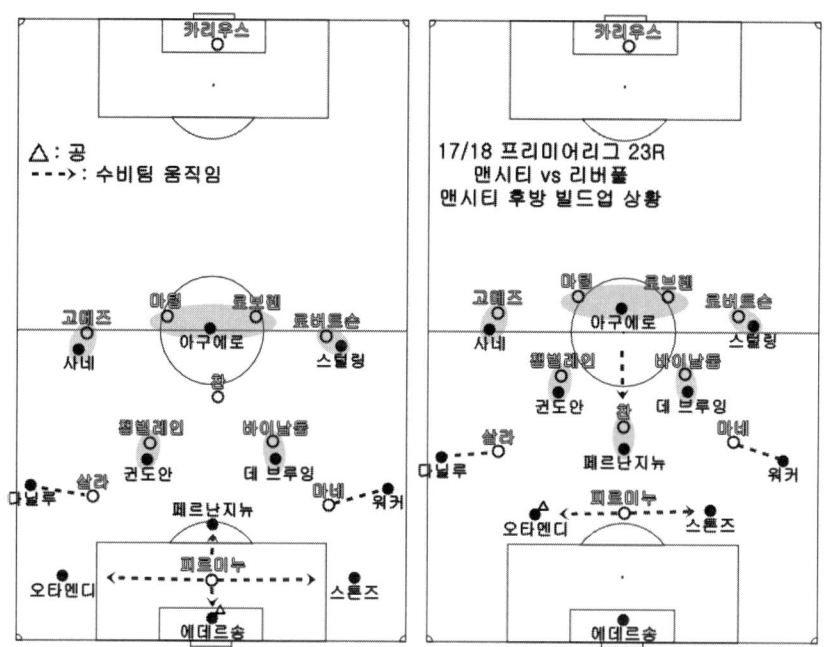

▲ 리버풀의 맨시티 후방 빌드업 통제법

한편 맨시티에게 리그 첫 패배를 안긴 리버풀은 같은 4-3-3 대형을 들고 나왔다. 상술한 번리처럼 자신들이 가장 잘 활용할 수 있는 포메이션을 기용했다. 최전방에는 마네와 피르미누, 살라가 3톱을 형성했고, '바이날둠-찬-챔벌레인' 조합이 미드필더 라인을 이뤘다. 최후방 수비 라인은 '로버트슨-로브렌-마팁-고메즈'가 담당했다.

리버풀은 맨시티의 후방 빌드업을 통제하기 위해 2가지 전방 압박 형태를 들고 나왔다. 압박 형태의 전환 기준은 '맨시티가 어느 지점에서 빌드업을 전개하는가.'였다. 리버풀은 경기장을 6등분 했을 때, 맨시티가 가장 낮은 지점에서 빌드업을 전개할 때와 그 위 지역에서 공격을 시작할 때에 맞춘 2가지 압박 형태를 들고 나왔다. '가장 낮은 지점'을 쉽게 말하자면 맨시티의 페널티 박스 선까지라 할 수 있겠다.

리버풀이 맨시티의 빌드업 지점에 따라 2가지 압박 형태를 준비한 이유는 명확했다. 맨시티의 페널티 박스 지역에서부터 압박을 가하되, 에데르송이 볼에 관한 직접적인 영향력을 발휘하지 못하게끔 하기 위해서였다. 다시 말해 '맨시티를 상대로 페널티 박스 지점에서부터 가하는 압박'에 대한 리스크를 상쇄하려 한 것이다.

맨시티가 페널티 박스 안에서부터 빌드업을 전개할 때면 피르미누가 오타멘디, 에데르송, 스톤즈, 페르난지뉴를 유기적으로 수비했다. 양 윙어 살라와 마네는 맨시티의 윙백을 수비 범위 안에 두고 활동했다. 챔벌레인과 바이날둠은 귄도안과 데 브루잉을 전담했으며, 찬은 3톱을 견제하고 있는 수비 라인 앞 지역을 지켰다.

중요한 점은 최전방 3톱이 역동적이고 영리하게 움직이면서 맨시티 5명의 선수들을 통제했다는 것이다. 예를 들어 오른쪽의 스톤즈가 볼을 잡고 있는 상황이라 가정해보자. 이 상황에서 스톤즈의 짧은 패스 선택지는 전진할 수 있는 페르난지뉴와 볼을 돌리는 에데르송 2가지가 될 것이다. 워커와 데 브루잉, 귄도안은 리버풀 선수들의 1 대 1 마킹을 받고 있기 때문이다. 여기서 전진 옵션인 페르난지뉴를 선택하기에는 부담이 따른다. 피르미누가 볼을 전진시키지 못하도록 압박을 가할 뿐더러, 패스가 조금이라도 잘못될 경우 마네와 살라에게 볼을 탈취당할 수 있기 때문이다. 이러한 이유로 스톤즈의 주 패스 선택지는 골키퍼 에데르송이 됐다. 이때 피르미누는 종종 가속력을 붙여 에데르송을 압박하기도 했지만, 주로 밑선으로 내려서 페르난지뉴를 수비했다. 이로써 에데르송의 주 패스 선택지는 다시 스톤즈와 오타멘디가 됐다.

상황에 따라 양 윙어가 측면으로 벌린 맨시티의 센터백들을 압박하기도 했다. 피르미누가 에데르송을 통제하면서, 전방에서의 압박 강도를 더욱 높일 때였다. 이러한 경우에는 좌우 미드필더인 챔벌레인과 바이날둠이 맨시티의 윙백을 부분적으로 커버해줘야 했다.

볼을 받은 에데르송은 최전방 3톱을 겨냥한 롱 킥을 빈도 높게 시도하지 못했다. 찬이 수비 라인 앞 지역을 지켰기 때문이다. 사네, 아구에로, 스털링은 순간적으로 내려와 볼을 받더라도 즉각적으로 찬의 견제를 받게 됐다. 클롭은 맨시티의 페널티 박스에서 전방 압박을 가할 때, 고의적으로 찬을 라인 사이 지역에 위치시켰다. 이날 에데르송이 시도한 전체 54번의 패스 중 롱 볼은 단 13개뿐이었다.

맨시티가 페널티 박스 윗선까지 볼을 전진시켰다면 리버풀은 다른 압박 형태로 전환했다. 단순히, 기존의 압박 형태에서 찬이 전진한 것뿐이었다. 찬은 이 단계에서 명확한 마킹 선수를 두지 않았던 수비형 미드필더 페르난지뉴를 전담했다. 그렇기 때문에 이 시점에는 리버풀이 전체적으로 4-2-3-1과 같은 대형을 띠었다.

찬이 전진한 이유는 맨시티의 센터백과 골키퍼 간의 거리가 벌어졌기 때문이었다. 다시 말해, 에데르송이 빌드업 상황에서 직접적인 영향력을 발휘하기 힘들 때 찬을 전진시킨 것이다. 맨시티는 이러한 전방 압박을 벗겨내기 위해 좌우 미드필더를 활용했다. 귄도안에게는 밑선으로 빈도 높게 내려와 볼을 받아줄 것을 요구했고, 데 브루잉은 주로 윗선에 머물며 3톱을 직접적으로 지원하려 했다. 또한 두 선수 모두 측면으로 자주 벌리며 자유로운 상태가 되거나, 3톱이 볼을 받을 수 있는 공간을 열어주려 했다.

하지만 리버풀은 끈끈한 1 대 1 마킹을 통해 맨시티 선수들의 공격적 전진을 통제했다. 바이날둠과 챔벌레인의 협력 수비가 제한당하더라도 1 대 1 구도 상황에서 수비팀 리버풀이 우위를 점한 것이다. 또한 이날 리버풀의 수비 라인은 매우 높은 지점에서 20번의 인터셉트를 기록했다. 이는 리버풀의 수비 라인이 볼을 받기 위해 적극적으로 움직이는 맨시티의 3톱을 훌륭하게 통제해냈다는 지표였다. 특히나 로브렌이 이중 6개를 담당하며 아구에로를 완벽하게 막아냈다.

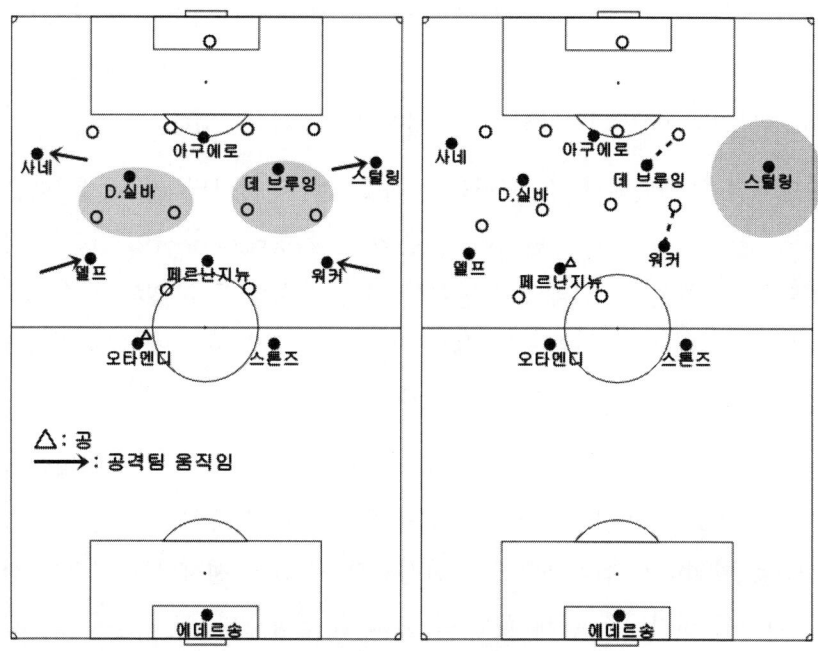

▲ 맨시티의 공격 형태(좌)와 양 윙어를 활용한 의도적 고립(우)

맨시티가 공격을 전개할 때면 전체적으로 2-3-2-3과 같은 대형을 이뤄냈다. 양 윙백이 3선을 담당하고, 2명의 좌우 미드필더가 최전방

3톱을 보좌하면서 형성됐다.

눈에 띄는 점은 양 윙백이 중앙으로 좁혀 활동할 때가 많았다는 점이다. 양 윙백 델프와 워커는 페르난지뉴를 직접적으로 보좌했다. 워커는 프리시즌 때부터 이러한 전술 체제에 녹아들기 시작했고, 델프는 본 포지션이 중앙 미드필더이기 때문에 적응에 큰 어려움을 겪지 않았다. 이들은 상황에 따라 측면으로 넓게 벌리며 일반적인 윙백과 같이 플레이하기도 했다.

과르디올라는 17/18시즌에 영입한 멘디와 워커에 대해 다음과 같이 말했다. "멘디와 워커는 저희의 플레이 옵션을 늘려줬습니다. 멘디와 워커는 어립니다. 공격 진영으로 올라갈 수 있는 활발한 에너지를 갖고 있죠. 우리는 이 때문에 중원에 많은 선수들을 투입할 수 있었고, 짧은 패스를 통해 경기를 풀어나갔습니다. 저는 3~6m 정도의 패스를 선호하는 편입니다." 여기서 중요한 점은 과르디올라의 전술에는 '측면으로 넓게 벌려줄 누군가'가 반드시 필요하다는 사실이다. 누군가가 측면 지역만을 전문적으로 담당해준다면, 다른 선수들이 중원에 집중할 수 있기 때문이다. 17/18시즌의 맨시티 전술 체제에서 주로 측면 지역을 전문적으로 담당한 선수는 양 윙어인 사네와 스털링이었다.

좌우 미드필더인 실바와 데 브루잉은 1차적으로 하프 스페이스를 점유했다. 상술했듯 양 윙백이 페르난지뉴를 직접적으로 보좌했기 때문이다. 맨시티의 좌우 미드필더는 주로 공격 지역에만 치중할 수 있었다. 실바와 데 브루잉은 하프 스페이스에 위치하여 측면과 중앙 지역을 활발하게 지원했다. 이들은 중앙과 측면 지역 모두에 익숙한 자원들이었다.

이들이 중앙으로 좁힐 경우에는 아구에로와의 순간적인 콤비네이션 플레이가 가능했다. 맨시티는 좁은 공간에서 이뤄지는 패스 플레이를 통해 상대 센터백 라인을 파괴했다. 한편 이들이 측면으로 벌릴 경우에는 스털링과 사네에게 공격 옵션을 제공했다. 2 대 1 패스, 2선에서부터 시작되는 순간적인 라인 브레이킹, 상대 수비를 끌어주는 플레이 등. 실바와 데 브루잉은 양 윙어를 창의적으로 지원해주면서 그들의 측면 지역 고립을 방지했다.

데 브루잉과 실바가 위협적인 까닭은, 철저하게 상대 미드필더 라인의 선수 사이 공간에서 활동하기 때문이다. '선수 사이에서 볼을 받아라.'라는 문구는 어떻게 보면 매우 기본적인 개념이라 할 수 있다. 그러나 모든 선수들이 매우 빠르고 역동적으로 움직이는 프리미어리그 레벨에서는 이를 90분 내내 실천하기가 쉽지 않다. 궁극적으로 이들은 축구 게임의 캐릭터가 아니라, 필드 위에서 뛰는 선수들이기 때문이다.

데 브루잉과 실바가 항상 상대 미드필더 라인의 선수 사이 공간에서 활동하니 3톱이 자유를 얻었다. 만약 상대의 중앙 미드필더가 이들을 수비하기 위해 측면으로 처질 경우, 아구에로가 빠르게 내려와 볼을 받아줬다. 아구에로는 이를 통해 상대 수비를 흔들고, 전체적인 공격을 이끌었다. 아구에로는 굳이 이러한 상황이 아니더라도 경기 전체적으로 항상 볼을 받기 위해 움직였다. 반대로 양 측면 미드필더가 실바와 데 브루잉을 잡기 위해 중앙으로 좁힐 경우에는 사네와 스털링이 자유로워졌다. 자연스레 사네, 스털링과 상대 윙백 간의 1 대 1 구도가 형성됐다. 드리블 돌파에 강점이 있는 사네와 스털링은 이러한 공격 체제 속에서 큰 힘을 발휘했다.

과르디올라 감독은 시즌 초반 왓포드와의 리그 5R 경기에서 아구에로의 적극성에 대해 언급한 적이 있었다. 그는 "경기에 관여하는 측면에서 아구에로는 제가 플레이에 영향력을 발휘해주기를 원하는 선수입니다. 그 위치에서 골만 넣기보다 많은 상황에서 그를 활용하고, 볼을 보내고, 그가 다시 잡아서 패스하고...저는 골만 넣는 2, 3명의 선수들을 원하지 않습니다. 모두가 움직이고, 모두가 볼을 가진 상황을 즐겨야 합니다."라며 스트라이커 포지션의 적극성에 대해 강조했다.

시즌이 진행될수록 아구에로는 볼을 받기 위해 더욱 적극적으로 움직였다. 과르디올라 감독의 전술 체제에 적응해나가고 있다는 증거였다. 2017년 12월 ~ 2018년 1월에 들어서는 왼쪽 윙어 사네와 포지션 스위칭을 이뤄내는 경우도 종종 존재했다. 양 측면으로도 활발하게 움직이며 상대를 도왔다. 또한 상황에 따라 1차적으로 내려와 데 브루잉, 실바와 함께 같은 선상에 서기도 했다.

실바와 데 브루잉은 2차적으로 - 볼이 매우 높은 위치까지 전진했을 때 - 빈 공간을 찾아 자유롭게 활동했다. 이들은 맨시티가 소유하고 있는 볼의 전체적인 순환에 따라 활발하게 움직이고, 항상 빈 공간을 찾아 들어가 연결 고리 역할을 수행했다. 또한 다른 선수들과 적지 않게 포지션 스위칭을 이뤄내기도 했다. 데 브루잉은 오른쪽 측면으로 벌려주는 경우가 많았고, 실바는 주로 왼쪽 하프 스페이스 지역에서 사네와 아구에로 간의 연결 고리 역할을 수행했다.

데 브루잉은 과르디올라가 추구하는 '자유'에 대해 다음과 같이 언급했다. "과르디올라 감독은 특유의 자유를 부여하지만, 여기에는 무언가가 정해져 있습니다. 그라운드 위 쪽으로 전진할수록 더욱 많은 자유가 주어지죠. 우리 팀 골대로부터 60m까지는 선수들이 전진을 위해 정확히 해야 하는 것들이 정해져 있습니다. 모두가 특정 포지션에 위치해야 하며, 다른 선수들을 위해 뛰어서 옵션을 만들어줘야 합니다. 이것이 우리가 뒤로부터 만들어갈 수 있는 이유입니다."

맨시티는 양 윙백의 중앙 지향적 위치 선정, 데 브루잉과 실바의 자유, 아구에로의 볼을 받기 위한 적극적 움직임 등으로 볼 주위 지역에 숫자를 확보하려 했다. 그리고 이를 통해 볼을 점유하고, 양 윙어의 의도적 고립을 적극적으로 활용했다. 맨시티는 종종 반대편으로 넓게 벌린 윙어에게 큰 폭의 패스를 전달해 득점 찬스를 만들어냈다. 상술했듯 1 대 1 구도에 강점을 가진 사네와 스털링은 이러한 의도적 고립에 매우 적합한 모습을 보였다. 지난 리그 38경기에서 사네와 스털링이 기록한 평균 드리블 돌파 성공 횟수는 각각 2.7번과 1.9번이었다. 이는 각각 팀 내 1, 3위에 해당하는 수치다(2위 아구에로 2.2번).

맨시티는 리그 38경기에서 무려 66.4%의 평균 볼 점유율을 기록했다. 2위 토트넘의 평균 볼 점유율이 58.8%라는 사실을 감안한다면 이는 압도적인 수치라 할 수 있다. 맨시티는 경기 내내 볼을 소유하며 상대를 흔들고, 체력적으로 크게 앞서나간다. 그렇기 때문에 경기 최후반에 큰 강점을 갖는다. 맨시티는 리그 38경기에서 총 106골을 뽑아냈다. 경기당 2.8득점에 해당하는 수치다. 그리고 이중 25골을 후반 15분(75분~90분) 사이에 터뜨리며 여러 경기 결과들을 막판에 뒤집었다. 대표적으로 리그 3R 본머스전, 리그 14R 사우스햄튼전, 리그 15R 웨스트 햄전, 브리스톨 시티와의 리그컵 4강 1, 2차전, 사우스햄튼과의 리그 최종전이 그랬다. (리그 경기는 아니지만)

기성용은 지속적인 수비 상황에 대해 다음과 같이 언급했다. "아스날 같은 팀들과 경기할 때, 상대 팀이 계속 볼을 소유하고 있다면 수비 입장에서 계속 뛰어야 하니까 매우 힘들다. 초반에는 버틸 수 있지만 시간이 지날수록 체력적으로 무리가 온다. 60분, 70분이 지나면 더 많은 찬스를 내줄 수밖에 없다.[4]"

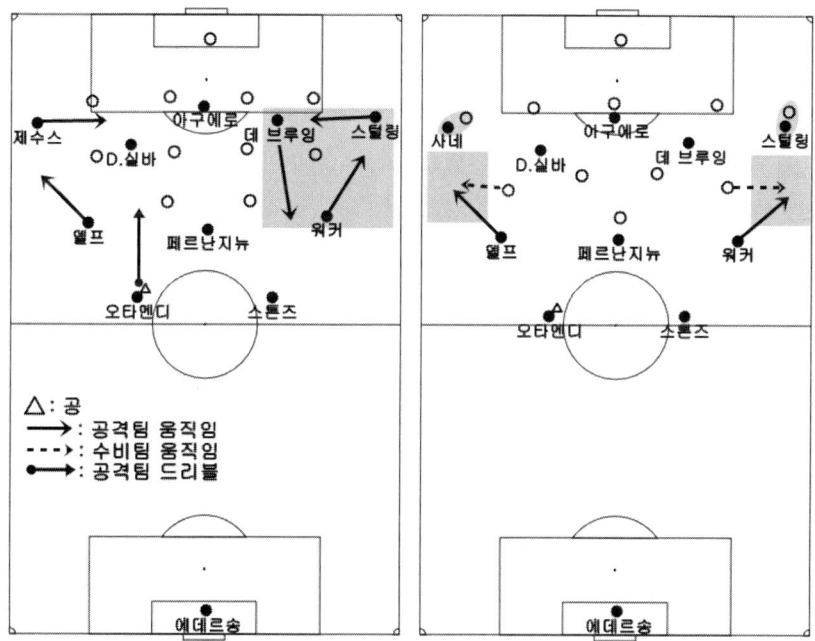

▲ 맨시티 공격 형태의 밸런스 추구(좌)와 5-4-1 수비 대형 공략법(우)

2-3-2-3 대형으로 이뤄지는 맨시티의 공격 형태에서 가장 중요한 요소는 밸런스다. 근본적으로 볼을 오래 소유하고, 많은 득점 기회를 만들어내더라도 실점을 허용한다면 승리하지 못하기 때문이다. 높은

---

4) SPOTV NEWS - [단독 인터뷰] 'MF' 기성용, ① 축구철학: "의미없는 패스로 공을 잃어버리기 싫다."(영상), 한준 기자

점유율 축구를 지향하는 과르디올라를 상대한 대부분의 팀들은 밑선으로 깊게 내려섰다. 수비에 많은 숫자를 둬 상대의 공격을 통제하고, 날카로운 역습 전개를 통해 과르디올라의 골문을 열어내려 했다.

17/18 시즌의 맨시티는 밸런스 면에서 발전된 모습을 보였다. 표면적인 실점 수치만으로도 확연하게 비교할 수 있다. 과르디올라의 잉글랜드 무대 1년차인 16/17 시즌에는 리그 38경기에서 39실점을 허용했다. 경기당 1실점씩 내준 꼴이다. 그러나 17/18시즌에 치른 리그 38경기에서는 단 27실점만을 기록했다. 이는 경기당 0.7실점에 해당되는 수치로, 16/17 시즌에 비해 확연히 발전된 기록이었다. 맨시티는 17/18 프리미어리그의 '최소 실점팀'이라는 타이틀을 달았다.

맨시티 밸런스의 근원은 공격 형태에서 형성하는 2-3-2-3 대형에 있다. 상술했듯 양 윙백은 중앙으로 좁혀 페르난지뉴를 직접적으로 보좌했다. 사네와 스털링은 측면으로 넓게 벌려 섰고, 좌우 미드필더 선수들은 중앙과 측면 지역을 활발하게 오갔다. 과르디올라는 D.실바와 데 브루잉, 아구에로를 광범위하게 활용하며 항시 볼 주위에 숫자를 확보했다. 그렇기 때문에 후방 5명의 선수들이 공격 가담에 대한 부담을 줄일 수 있었다. 다시 말해, 이들은 공격시 상대 역습의 수비 상황에 치중할 수 있었다는 것이다.

맨시티 선수들은 유기적으로 활동하면서도 밸런스를 지켜냈다. 빠르고 원활한 공격을 전개하기 위해서라면 선수들이 항상 유기적으로 움직여야 한다. 끊임없이 움직여 공간을 창출하고, 선점해고, 볼을 받아내야 하기 때문이다. 하지만 이 '유기성'이 너무 과할 경우에는 전체적인 대형이 무너져버린다. 이는 이후의 공격 - 수비 전환 단계에 큰 리스크를 남기는 요인이 된다. 그렇기 때문에 맨시티는 선수들이 유기적으로 활동하되, 대부분의 상황에서 밸런스를 유지할 수 있는 2-3-2-3 대형을 형성했다. 가령 워커가 볼을 몰고 전진할 경우에는 스털링이 중앙으로 좁혀주면서 데 브루잉이 3선 오른쪽 측면 지역으로 내려왔다. 맨시티의 모든 선수들은 항상 2-3-2-3 대형의 형성을 염두에 두고 있는 듯 보였다.

상대 필드 플레이어들이 완전히 내려서 역습 수비에 대한 중요도가 떨어졌을 경우에는 추가적으로 공격 숫자를 늘렸다. 그간 수많은 밀집 수비를 상대해온 맨시티는 공격 숫자를 추가하는데 있어 가지각색의 패턴을 보였다. 기본적으로 센터백이 직접 볼을 몰고 전진하는 경우가 많았다. 누구나 가능했으나, 오타멘디와 스톤즈가 조합을 이룰 때면 스톤즈의 전진 성향이 높았다. 스톤즈가 부상으로 빠져 콤파니가 들어왔을 때는 오타멘디가 더욱 높은 전진 빈도를 보였다. 3선의 페르난지뉴 역시 직접적으로 전진하면서 '실바-데 브루잉'선에 위치할 수 있었다.

양 윙백이 전진하면서 사네와 스털링이 중앙으로 좁히는 구도도 가능했다. 과르디올라가 상대의 전원 밀집 수비를 예상하여 이러한 패턴을 꺼내드려 할 때는, 종종 제수스를 왼쪽 윙어 자리에 배치하기도 했다. 델프의 오버래핑에 맞춰 제수스가 중앙 지역에서 활동하는 빈도가 높아졌기 때문이다. 이 경우 스트라이커가 주 포지션인 제수스는 아구에로를 직접적으로 보좌했다.

멘디가 장기 부상으로 이탈한 상태에서, 진첸코는 이러한 공격 패턴에 힘을 불어넣어 줄 수 있는 옵션이었다. 96년생의 유망주인 진첸코는 2016년 7월에 맨시티에 합류했지만, 16/17 시즌에는 PSV 아인트

호벤으로 임대를 다녀왔다. 그렇기 때문에 맨시티에서의 본격적인 선수 생활은 17/18시즌부터였다. 진첸코는 지난 2017년 12월부터 과르디올라 감독의 선택을 받기 시작했다. 그의 주 포지션은 공격형 미드필더나 왼쪽 윙어지만, 맨시티에서는 왼쪽 윙백으로 기용됐다. 진첸코는 매우 공격적인 성향을 지닌 윙백이다. 맨시티의 실질적인 왼쪽 윙백 중 터치라인 부근에서 가장 공격적으로 활동하는 자원이다. 그는 지난 경기들에서 델프, 다닐루에 비해 훨씬 높은 전진 성향을 띠었다.

웨스트 햄과의 리그 15R 경기에서는 교체 카드를 통해 공격 숫자를 추가하기도 했다. 당시 웨스트 햄은 안젤로 오그본나의 선제골을 통해 전반전을 1 대 0으로 앞서 나갔다. 과르디올라는 경기를 뒤집기 위해 후반전을 맞이하자마자 윙백 다닐루를 빼고 공격수 제수스를 교체 투입시켰다. 기존의 수비형 미드필더인 델프를 왼쪽 윙백(다닐루 포지션)으로 이동시키면서 공격 숫자를 늘린 것이다. 맨시티는 이 시점부터 제수스와 아구에로가 2톱을 이루는 4-2-4 대형을 형성했다. 과르디올라의 이러한 모험수는 성공적이었다. 맨시티는 후반전에 오타멘디와 실바의 2골을 만들어내며 2-1 역전승을 거뒀다.

> 과르디올라는 경기 후 인터뷰에서 "어쩌면 오늘은 뭔가를 배운 것 같습니다. 우리는 2명의 공격수를 썼고, 이렇게 플레이하는 경우는 잘 없었죠. 2명의 스트라이커와 2명의 윙어로요. 어쩌면 이런 수비(전원 밀집 수비)를 공략하는 데에는 이러한 방법이 훨씬 나을 수도 있습니다."라고 언급하며 4-2-4 대형의 추가적 기용에 대한 가능성을 나타내기도 했다.

과르디올라는 매 경기마다 큰 폭의 전술 변화를 주진 않는다. 포체티노나 무리뉴 감독처럼 일정 경기에서라도 과도한 전술 변화를 요구하지 않는다. 그는 기본적인 공격 체계를 유지하되, 그 속에 파생되어 있는 여러 요소들에 변화를 주며 맞춤 전술을 준비한다. 예를 들어 지금까지 소개해왔던 '좌우 미드필더의 자유도와 위치 성향', '아구에로의 볼에 대한 적극성', '후방 선수들의 전진 빈도', '선수들 간의 포지션 스위칭 빈도', '윙백의 공격 가담 형태' 등과 같은 것들을 말이다. 과르디올라는 상대 수비를 철저하게 분석하여 그들의 약점을 공략해왔다.

예를 들어 5-4-1 수비 대형을 상대할 때는 양 윙백의 전진 빈도를 높였다. 측면으로 넓게 벌린 사네와 스털링이 백5의 양 윙백에게 통제당했기 때문이다. 맨시티는 윙백의 전진을 통해 측면 지역에서 수적 우위를 형성하거나, 미드필더 라인의 옆 공간을 공략했다. 이를 통해 상대 측면 미드필더를 끌어들일 경우 중앙의 실바와 데 브루잉이 공간을 얻을 수 있었다. 과르디올라는 리그 24R 뉴캐슬전 인터뷰에서 "우리는 사우스햄튼, 웨스트 햄, 본머스까지 5-4-1로 플레이하는 팀들을 상대했습니다. 그렇기 때문에 이를 공략하는 것은 대단히 중요합니다."라고 언급하며 5-4-1 수비 대형을 깨뜨리는 것에 대한 중요성을 강조했다.

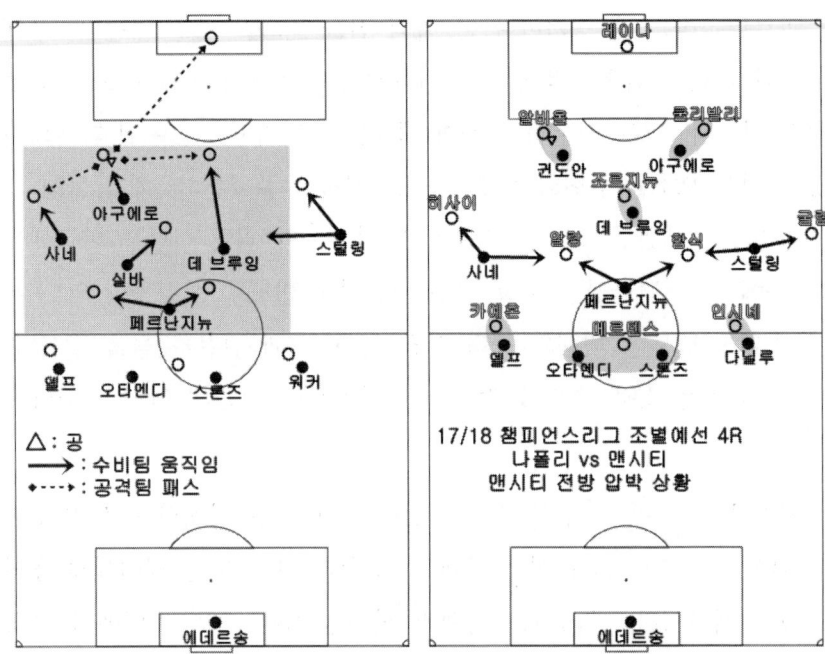

▲ 맨시티의 전방 압박 구조(좌)와 나폴리전의 전방 압박 형태(우)

맨시티가 가장 잘하는 것 중 하나는 볼을 탈취당한 직후나 높은 지점에서부터 상대의 공격을 통제하는 일이다. 과르디올라는 즉각적인 압박에 대해 일가견을 갖고 있는 전술가다. 그는 바르셀로나 시절 '볼을 6초 만에 다시 탈취해낸다.'라는 '6초 룰'을 제시해내며 볼을 탈취당한 직후의 상황을 강조했다.

맨시티가 볼을 탈취당했을 때면 모든 공격진들이 적극적으로 움직였다. 볼을 탈취당한 선수는 상대 수비수에게 즉각적인 압박을 가했다. 이를 통해 볼을 소유한 상대 수비수가 공격을 빠르게 전개시키지 못하도록 했고, 찰나의 시간을 지연시켰다. 압박이 가해질 때면 주변의 맨시티 선수들이 상대를 빠르게 마킹했다. 볼을 소유한 상대 선수의 모든 전진 패스(1차적으로 볼을 전진시킬 수 있는 안정적인 패스 루트) 루트를 차단시켰다. 맨시티는 이러한 압박을 통해 상대가 공격권을 되찾아왔다 하더라도, 즉각적으로 공격을 전진시키지 못하게끔 통제했다.

중요한 점은 좌우 미드필더의 적극적 전진으로 상대 센터백을 통제하고, 반대편 윙어를 통해 전체적인 공간을 제한한다는 것이었다. 만약 아구에로가 왼쪽 지역에서 센터백에게 볼을 탈취당했다고 가정해보자. 아구에로는 즉각적으로 상대의 오른쪽 센터백을 압박할 것이다. 그렇다면 상대 센터백의 짧은 패스 선택지는 주로 수비 라인에 볼이 머무는 횡 패스와 골키퍼에게 전달하는 백 패스 2가지가 될 것이다. 이때 맨시티는 좌우 미드필더 중 한 명을 빠르게 전진시켜 상대의 수비 라인(횡 패스 옵션)을 통제했다. 만약 볼을 소유한 상대 수비수가 오른쪽 윙백에게 볼을 건넬 경우에는 사네가 나서 수비하고, 왼쪽 센터백에게 횡 패스를 시도할 경우에는 데 브루잉이 빠르게 전진하여 압박한 것이다. 이때 반대편의 스털링은 크게 2가지 방향으로 움직였다. 첫째는 중앙으로 좁혀와 상대의 전체적인 공격 공간을 제한하는 것이었고, 둘째는 데 브루잉과 연쇄적으로 움직여 상대의 왼쪽 윙백을 압박하는 것이었다.

> 맨시티가 상대 수비 라인을 압박할 때 좌우 미드필더가 적극적으로 전진한 이유는 공격시 양 윙어가 측면으로 넓게 벌려 활동하기 때문이었다. 맨시티의 즉각적인 수비 전환 상황에서는 3톱 간의 거리가 멀었다. 그렇기 때문에 좌우 미드필더 중 한 명이 빠르게 전진하여 아구에로와 함께 상대 센터백을 압박하는 것이 더욱 효율적인 선택이었다.

맨시티는 1선에서 행해지는 강한 압박을 통해 상대가 자신들의 라인 사이 지역으로 볼을 투입하지 못하게끔 통제했다. 그렇기 때문에 중원에 남은 페르난지뉴와 좌우 미드필더 한 명의 포지셔닝이 매우 중요했다. 또한 수비 라인은 상대가 볼을 전진시키지 못하는 틈을 타 매우 빠르고 역동적으로 전진했다. 스톤즈와 오타멘디는 오프사이드 트랩을 통해 순간적으로 상대 공격수의 포지셔닝을 무의미하게 만들었고, 라인 사이 지역의 면적을 빠르게 좁혔다.

맨시티의 좌우 미드필더인 실바와 데 브루잉, 귄도안은 모두 수비 단계에서 적극적으로 움직였다. 이는 기록 지표로도 확인할 수 있다. 이들은 지난 리그 38경기에서 각각 경기당 평균 1.1개, 1.7개, 0.9개의 태클을 성공시켰다. 이는 팀 내에서 9위, 6위, 10위에 해당하는 수치였다.

그렇기 때문에 과르디올라 감독은 종종 전방 수비시 2명의 좌우 미드필더를 사네와 스털링보다 높은 지점에 위치시키기도 했다. 대표적으로 지난 나폴리와의 챔피언스리그 조별예선 4R 경기가 그랬다. 17/18시즌 절정의 폼을 보여준 나폴리는 볼을 매우 잘 다루는 팀이었다. 당시 '유럽에서 가장 빌드업을 잘하는 팀'이란 소리를 들을 정도였다. 과르디올라는 이날 산 파올로 원정 경기였지만 과감한 전방 압박을 통해 나폴리의 후방 빌드업을 통제하려 했다.

나폴리는 맨시티와의 일전에서 가동할 수 있는 최고의 라인업을 들고 나왔다. 포메이션은 이들이 가장 잘 활용할 수 있는 4-3-3이었다. '굴람-쿨리발리-알비올-히사이'를 수비 라인에 배치했으며, '함식-조르지뉴-알랑' 조합이 중원을 이뤘다. 그리고 인시녜와 메르텐스,

카예혼이 최전방 3톱에 서며 맨시티의 골문을 노렸다.

나폴리는 후방 빌드업시 조르지뉴가 센터백 사이로 내려오는 라볼피아나 대형을 형성했다. 과르디올라는 '쿨리발리-조르지뉴-알비올'로 이뤄진 나폴리의 최후방 진영을 처음부터 통제하기 위해 좌우 미드필더인 데 브루잉과 귄도안을 1선까지 끌어올렸다. 이를 통해 아구에로, 데 브루잉, 귄도안 세 선수가 나폴리의 최후방 진영을 1 대 1로 수비하는 구도가 펼쳐졌다.

한편 윙어 사네와 스털링은 밑선으로 내려와 페르난지뉴와 미드필더 라인을 이뤘다. 이들은 페르난지뉴와 일정한 간격을 유지해 '굴람-함식-알랑-히사이'로 이뤄져 있는 나폴리의 변형 미드필더 라인을 수비했다. 3명으로 4명의 선수를 막도록 한 것이다. 이러한 전술 구상이 가능했던 이유는 사네와 페르난지뉴, 스털링이 모두 활발하게 움직이고, 전방 3명의 선수가 강도 높은 압박을 가하기 때문이었다.

나폴리의 최후방 진영이 1 대 1로 견제 당함에 따라 중앙의 알랑과 함식이 다이렉트로 볼을 받기 힘들었다. 그렇기 때문에 양 윙백 히사이와 굴람이 패스 루트를 열어주며 볼을 받아줘야 했다. 맨시티는 이 점을 노렸다. 만약 왼쪽(맨시티 기준)의 히사이가 볼을 받았을 경우에는 맨시티의 미드필더 라인이 볼 주위로 좁혀 '히사이-알랑-함식'을 1 대 1로 수비했다.

맨시티 수비 체계의 가장 큰 특징은 최후방 라인이 끊임없이 전진한다는 것이다. 센터백 스톤즈와 오타멘디는 상대가 볼을 전진시키기 힘든 상황에 처할 때면 항상 빠르고 역동적으로 라인을 전진시켰다. 미드필더 라인은 전력 질주를 시도하며 적극적인 압박을 가했다. 전력

질주를 토대로 한 압박은 상대가 볼을 전진시키기 힘든 상황에 처하게 만들었으며, 이로 인해 벌어지는 라인 사이 지역은 맨시티 수비 라인의 적극적인 전진을 통해 커버했다.

맨시티의 이러한 수비 방식은 결정적으로 상대가 공격 진영에서 볼을 오래 소유하지 못하도록 했다. 수비 라인의 빠르고 역동적인 전진으로 상대의 공격 공간을 항상 제한하고, 그 속에서 굉장히 높은 강도의 압박을 가했기 때문이다. 과르디올라는 볼을 소유하는 것이 곧 수비라는 사실을 누구보다 잘 알고 있는 감독이다. 그렇기 때문에 맨시티의 이러한 수비 형태는 높은 볼 점유율을 유지하기 위한 또 다른 수단이라고도 볼 수 있을 것이다.

과르디올라 감독은 '높은 수비 라인'에 대해 색다른 시각을 갖고 있는 전술가다. 그는 토트넘과의 16/17시즌 리그 7R 경기를 앞둔 인터뷰에서 다음과 같이 말했다. "실점을 줄이기 위해 수비 라인을 내려야만 할까요? 아닙니다. 볼은 골문으로부터 멀리 떨어져 있을수록 안전합니다. 가까워질수록 상대가 골을 넣을 수 있는 확률이 높아지죠."

04
리버풀 전술 분석

리버풀이 위르겐 클롭 감독과 함께한 지 어느덧 2년이라는 시간이 넘게 흘렀다. 지난 2015년 10월에 클롭의 색채를 처음으로 입힌 리버풀은 지금과 많은 것들이 달랐다. 특히나 데뷔전이었던 토트넘과의 일전(15/16시즌 리그 9R 경기)에서는 현재의 리버풀과 많은 전술적 차이점들을 찾아볼 수 있었다. 당시에는 루카스 레이바가 중원의 밸런스를 잡아주며 엠레 찬, 아담 랠라나, 제임스 밀너, 필리페 쿠티뉴 등의 선수들이 강도 높은 압박을 가했다. 센터백 마마두 사코와 마르틴 스크르텔까지 수비를 위해 상대 진영으로 적지 않게 올라오면서, 클롭의 '게겐 프레싱'이 하프 라인 윗선에서 이뤄질 수 있도록 도왔다.

하지만 도르트문트 시절부터 고수해왔던 강도 높은 압박을 잉글랜드 무대에서 유지하기에는 무리가 따랐다. 체력적 요인이 가장 큰 이유였다. 분데스리가에서는 1~2달간 경기 일정으로부터 벗어날 수 있는 '겨울 휴식기'가 존재하지만, 같은 기간에 프리미어리그는 더욱 많은 일전을 치러야 하는 '박싱 데이'를 맞이하기 때문이다.

지난 2년 전의 리버풀과 17/18 시즌의 리버풀을 비교해보자면 많이 부드러워진 느낌이다. '높은 지점에서 수비를 시작한다.'라는 색깔은 비슷하되, 그 형태가 많이 달라졌다. 후술하겠지만 리버풀은 높은 지점에서부터 숨 막히는 압박을 필두로 상대를 괴롭히진 않는다. 대신, 상대의 전술에 맞춘 체계적인 수비 구조를 내세워 사전에 볼의 전진을 철저하게 봉쇄한다.

17/18 시즌 한층 뛰어난 밸런스를 갖춘 리버풀은 최고의 성적을 거두었다. 이들은 대망의 챔피언스리그 결승에 진출했으며, 리그 내 4위권 진입에 성공했다. 5위 첼시를 무려 승점 5점 차이로 앞서나갔다.

리버풀은 17/18 시즌에도 클롭 감독이 추구하는 '공격 축구'의 색깔을 그대로 표현하고 있다. 이들은 지난 리그 38경기에서 총 84골을 넣었다. 이는 경기당 2.2득점을 성공시킨 꼴이며, 리그 내에서 리버풀보다 많은 골을 기록한 팀은 맨시티 밖에 없었다. 경기당 시도한 평균 슈팅 개수는 16.8개다. 이중 6.1개를 유효 슈팅으로 연결하며 상대 골문을 위협했다. 마지막으로 리버풀이 기록한 58%의 평균 볼 점유율은 리그 20개 팀 내에서 맨시티-토트넘-아스날 다음으로 높은 수치였다.

1. 4-3-3 시스템

▲ 17/18 시즌 리버풀의 4-3-3 포메이션

리버풀이 지난 여름 이적 시장에서 영입해온 최고의 선수는 당연 모하메드 살라라 할 수 있다. 살라는 4-3-3 포메이션의 오른쪽 윙어 자리에서 활동하지만, 어마어마한 득점력을 보유하고 있는 선수다. 살라는 지난 리그 38경기에서 32골을 넣었다. 프리미어리그 단일 시즌 최다 득점 기록이다. 살라는 프리미어리그의 전설적인 공격수들인 시어러, 호날두, 수아레즈를 뛰어 넘었다.

한편 1월에 펼쳐진 겨울 이적 시장에서는 큰 변화가 일어났다. 그간 팀의 핵심 자원으로 분류 받았던 쿠티뉴가 바르셀로나로 이적하고, 센터백 반 다이크가 1000억의 이적료를 기록하며 리버풀로 향한 것이다. 반 다이크 없는 리버풀에게는 높은 클래스의 센터백 자원이 필요했다. 그간 리그 9R 토트넘전, 리그 16R 에버튼전처럼 수비진들의 개인적인 실책으로 실점을 허용했던 적이 많았기 때문이다.

클롭은 리버풀 부임 이래 대형적으로 큰 변화를 시도하진 않았다. 그간 백4 체제를 기반으로 한 4-3-3이나 4-2-3-1 대형을 주로 활용해왔다(사실 두 대형 간에도 큰 차이는 없지만). 15R 브라이튼전과 같이 백3 체제를 일시적으로 가동한 적이 있긴 하나, 이는 매우 특별한 경우였다. 클롭은 상술했듯 압박에 대한 밸런스를 조절하면서 리버풀을 이끌어왔다.

지난 16/17시즌에 대한 얘기를 잠깐 해보자면, 당시에는 미드필더 헨더슨을 통해 밸런스를 추구하려 했다. 4-3-3을 기용하든 4-2-3-1을 쓰든 전체적인 대형은 크게 중요하지 않았다. 핵심은 공격시 헨더슨이 수비 라인 앞을 지켜주고, 나머지 5명의 선수들이 전방 지역을 담당하는 것이었다.

수비 라인 앞에 위치한 헨더슨은 후방 플레이 메이커 역할을 수행했다. 그는 리버풀의 전체적인 공격 상황을 조율하고, 전방 선수들에게 질 좋은 패스를 공급했다. 헨더슨은 16/17 시즌 리그 내에서 총 2057

번의 패스를 기록했다. 이는 팀 내에서 2위에 해당하는 수치였다.

16/17시즌 리버풀 내에서 가장 많은 패스를 기록한 선수는 제임스 밀너였다. 그는 총 2168번의 패스를 기록했다. 중요한 점은 헨더슨이 발 부상으로 16/17시즌 전체를 정상적으로 소화하지 못했다는 사실이다. 헨더슨은 16/17시즌 리그에서 2118분 만을 소화한 반면, 밀너는 3160분의 플레이 타임을 기록했다(헨더슨 24경기 출전, 밀너 36경기 출전).

전방 5명의 선수들은 자유롭게 활동하면서 상대 수비를 흔들었다. 좌우 미드필더가 측면으로 빠질 수도 있었고, 측면의 마네가 중앙 지역으로 좁혀와 볼을 받을 수도 있었다. 이들은 전체적으로 좁은 간격을 형성하면서 양 윙백의 의도적 고립을 활용하려 했다. 상황에 따라서라면 어느 한 선수가 측면으로 빠져 윙백과 수적 우위를 이뤄낼 수도 있었다. 윙백 밀너와 클라인은 의도적 고립의 이점을 받기 위해 공격시 매우 높은 지점까지 전진했다.

이후 상대 진영에서 볼을 탈취 당했을 때면 전방에 위치한 5명의 선수들이 즉각적으로 압박을 가했다. 측면에서 볼을 빼앗겼다면 윙백이 압박 진영에 참여하기도 했다. 리버풀은 이를 통해 상대의 공격을 1차적으로 통제해내려 했다. 이때 헨더슨은 전체적인 압박 진영의 후방을 받쳐주면서 리버풀에게 밸런스를 가져다줬다.

밀너는 이러한 전술 체제 아래에서 빛을 발했다. 주발이 오른발이고, 그간 수비 포지션을 담당하지 않았기 때문에 밀너를 왼쪽 윙백으로 기용하기란 다소 무리가 따르는 선택이었다. 그러나 리버풀의 16/17시즌 전술은 양 윙백에게 광범위한 활동량과 수준 높은 압박, 그리고 뛰어난 공격 능력을 요구했다. 페예그리니 체제의 맨시티에서 4-4-2의 측면 미드필더로 활약한 경력이 있는 밀너에겐 이는 그리 어렵지 않은 요구 사항이었다.

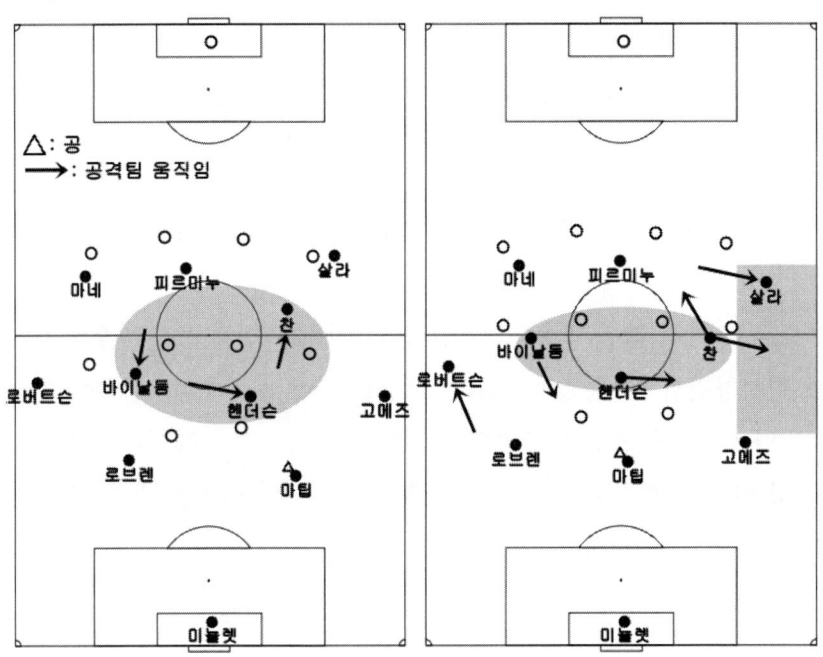

▲ 리버풀이 17/18 시즌에 활용한 2가지 후방 빌드업 형태 - 시즌 초(좌)와 그 이후(우)

리버풀이 17/18 시즌에 활용한 후방 빌드업 형태로는 크게 2가지로 나눠볼 수 있다.

첫째는 후방 빌드업 단계에서 중원 3미드필더 라인의 유기적인 위치 변화에 따라 4-2-3-1 대형으로 전환하는 것이다. 이는 리버풀이 시즌 초반에 자주 활용했던 형태다. 리버풀의 의도로는 크게 2가지 측면으로 나눠볼 수 있다.

우선 본질적으로 수비형 미드필더 헨더슨을 지원하기 위해서다. 16/17 시즌에도 그랬지만, 헨더슨은 팀 내에서 확실한 후방 플레이 메이커 역할을 수행하는 선수다. 제라드가 리버풀 커리어 말미에 수행했던 전술적 역할과 상당히 유사하다 보면 쉽다. 당장 리그 38경기에서 2085번의 패스를 기록했다.

그렇기 때문에 후방 빌드업 단계에서 헨더슨을 지원하는 것은, 공격을 풀어나가는데 있어 매우 중요한 일이라 할 수 있다. 리버풀의 좌우 미드필더 한 명이 헨더슨을 지원하기 위해 내려왔을 때면 나머지 반대편 미드필더가 공격 진영으로 전진했다. 가령 왼쪽 미드필더 바이날둠이 밑선으로 내려왔을 때면, 반대편의 찬이 자연스레 올라간 것이다. 4-2-3-1 전환에 대한 두 번째 의도는 '전진한 한 명의 미드필더'를 활용하는 일이었다. 이에 대한 부분은 뒷장에서 자세하게 소개하겠다.

한편 쿠티뉴가 왼쪽 미드필더 자리로 들어왔을 때면 후방 빌드업 단계에서 다양한 옵션들을 제공했다. 우선 쿠티뉴를 후방 플레이 메이커 역할로 기용할 수 있었다. 쿠티뉴는 4-2-3-1 전환시 '전진하는 미드필더' 역할을 수행하기보단, 밑선으로 내려와 헨더슨을 지원하는 롤을 비교적 빈도 높게 수행했다. 쿠티뉴를 헨더슨과 함께 3선에 배치함으로써, 후방 지역에서부터 경기를 쉽게 풀어나가기 위함이었다. 헨더슨이 중앙을 잡고 있었기 때문에 쿠티뉴가 상황에 따라 왼쪽 측면으로 넓게 벌리며 볼을 받아줄 수도 있었다. 이 경우 왼쪽 윙백 로버트슨의 공격 가담에 대한 부담을 덜어줬으며, 동시에 마네가 중앙 지역으로 자유롭게 좁힐 수 있도록 했다.

클롭은 지난 16/17 시즌 후반기에도 쿠티뉴를 이러한 형태로 기용한 전례가 있었다. 헨더슨의 공백을 메우기 위함이었다. 기본적으로는 찬이 후방 플레이 메이커 역할을 수행하되, 쿠티뉴가 찬을 지원해주기 위해 밑선으로 빈도 높게 내려왔다. 올림픽 스타디움에서 웨스트 햄을 4 대 0으로 완파한 16/17시즌 리그 37R 경기가 대표적이었다. 당시 클롭이 꺼내든 포메이션은 4-3-1-2였다. 오리기와 스터리지가 2톱을 이룬 채 랠라나가 그들을 받쳐주고, '쿠티뉴-찬-바이날둠' 조합이 중원을 구성하는 형태였다. 수비 라인은 밀너, 로브렌, 마팁, 클라인이 이뤘다. 당시 쿠티뉴는 반대편 바이날둠에 비해 빈도 높게 밑선으로 내려오면서 찬의 후방 플레이 메이킹을 보좌했다.

시즌이 어느 정도 진행된 이후부터는 후방 빌드업시 변형 백3 대형을 형성하기 시작했다. 오른쪽 윙백 고메즈가 중앙으로 좁혀 양 센터백과 변형 백3 라인을 이루고, 왼쪽 윙백 로버트슨이 1차적으로 전진한 형태였다. 상대의 압박이 강해 당장 백3 대형으로 전환하지 못하는 상황이라면 일반적인 4-3-3 포메이션을 형성해 빌드업을 시작하기도 했지만, 어느 정도 여유가 있다면 리버풀은 백3를 형성하려 했다.

백3 형성에 대한 가장 큰 의도로는 볼을 후방 지역에서 순환시키기 위해서라 할 수 있다. 상술한 4-2-3-1 대형을 유지할 경우, 본질적으로 후방 빌드업을 책임지는 선수는 2명의 센터백과 2명의 미드필더가 됐다. 양 윙백은 지속적으로 전진하며 측면 공격을 담당했기 때문이다. 이들은 주로 사각 대형을 유지했기 때문에, 측면을 통해 볼을 순환시키기 위해서라면 양 윙백이 밑선으로 내려와야 했다. 이 경우 전방에 위치한 4명의 선수들에게 역할이 가중된다는 문제점이 발생했다.

반대로 로브렌과 마팁, 고메즈가 구성하는 백3 대형은 3명의 수비수만으로 경기장의 모든 폭을 커버할 수 있었다. 기본적으로 센터백 로브렌과 마팁, 겨울에 영입된 반 다이크까지 모두 빌드업 능력이 훌륭한 수비수였기 때문이다. 이들은 후방 지역에서 유기적으로 패스를 주고받으며 볼을 순환시켰다.

물론, 기존의 4-2-3-1 대형에서도 후방 플레이 메이커 역할을 수행하는 헨더슨이 센터백 사이로 내려오면서 변형 백3 대형을 만들어낼 수 있었다. 리버풀은 16/17 시즌까지만 하더라도 이러한 후방 빌드업 형태를 자주 보였다. 하지만 17/18 시즌부터는 라볼피아나 대형을 형성하는 것에 대해 한 가지 제한이 따랐다. 오른쪽 윙백 자리에 나다니엘 클라인이 부상으로 이탈하면서 조 고메즈가 들어섰기 때문이었다.

16/17 시즌 리버풀의 오른쪽 측면 수비수를 책임졌던 클라인은 공격 가담에 매우 적극적인 선수였다. 비록 공격 진영에서는 적극성에 비해 아쉬운 퍼포먼스를 보였지만, 기본적으로 전진하는 것에 대해 큰 흥미를 가진 윙백이었다. 반면 17/18 시즌에 주전 자리를 꿰찬 고메즈는 매우 수비적인 성향을 갖고 있는 오른쪽 윙백이었다. 클라인에 비해 공격 가담을 최대한 자제하는 모습을 보이지만, 센터백으로도 뛸 수 있을 만큼의 훌륭한 수비력을 보유한 자원이었다.

그렇기 때문에 후방 빌드업 단계에서 헨더슨이 수비 라인으로 내려온 라볼피아나 대형을 형성할 경우, 고메즈가 비교적 익숙하지 않은 포지셔닝을 잡게 됐다. 본질적으로 라볼피아나 대형에서는 윙백 모두가 1차적으로 전진해 각 측면 지역을 담당해야 하기 때문이다. 고메즈의 전진은 자제시키면서, 백3 대형을 형성할 수 있는 방법이 바로 고메즈를 오른쪽 센터백 위치로 좁히는 것이었다.

이러한 전술 체제는 리버풀의 왼쪽 윙백을 살리는 계기가 되기도 했다. 리버풀의 왼쪽 윙백을 담당하고 있는 선수는 앤드류 로버트슨과 알베르토 모레노다. 이들은 모두 공격 능력에 강점을 갖고 있는 자원들이다. 로버트슨은 측면 크로스를 굉장히 즐기는 선수이며, 모레노는 왼쪽 윙어로 뛴 경험이 있을 정도로 공격 경험이 풍부한 자원이다. 그렇기 때문에 리버풀이 후방 빌드업 단계에서 변형 백3 대형을 형성할 경우, 이들은 후방 지역에 대한 부담을 내려놓은 채 전진할 수 있었다.

메커니즘 자체는 시즌 초의 변형 4-2-3-1 체제와 크게 다르지 않았다. 백3 앞을 지키는 미드필더 라인은 기본적으로 조직적인 역삼각형 대형을 유지했다. 헨더슨은 이러한 체제 속에서도 후방 플레이 메이커 역할을 수행했다. 여기서 상대의 전방 압박이 거세질 경우, 좌우 미드필더가 지원/전진을 위해 움직이면서 수비 라인 앞에 2명의 선수를 배치할 수 있었다. 하지만 후방 3명의 수비수만으로 전체적인 볼의 순환이 가능했기 때문에, 한 명의 미드필더가 지원을 위해 내려오는 빈도가 비교적 줄어들었다.

한편 공격 진영에서는 오른쪽의 살라가 1차적으로 벌려 활동하는 경우가 많았다. 오른쪽 윙백 고메즈가 중앙으로 좁혀 센터백 역할을 수행했기 때문이다. 리버풀은 오른쪽 측면 지역을 커버하기 위해 크게 2가지 형태로 접근했다. 첫째는 살라가 1차적으로 벌려 볼을 받을 위치를 점하는 것이다. 이때에는 포지션 스위칭을 이뤄내 피르미누가 측면으로 빠질 수도 있었다. 둘째는 오른쪽 미드필더 선수가 빠르게 측면으로 빠져나와 볼을 받아주는 것이었다. 오른쪽 윙어가 본 포지션인 챔벌레인이 이러한 체제 속에서 강점을 발휘했다.

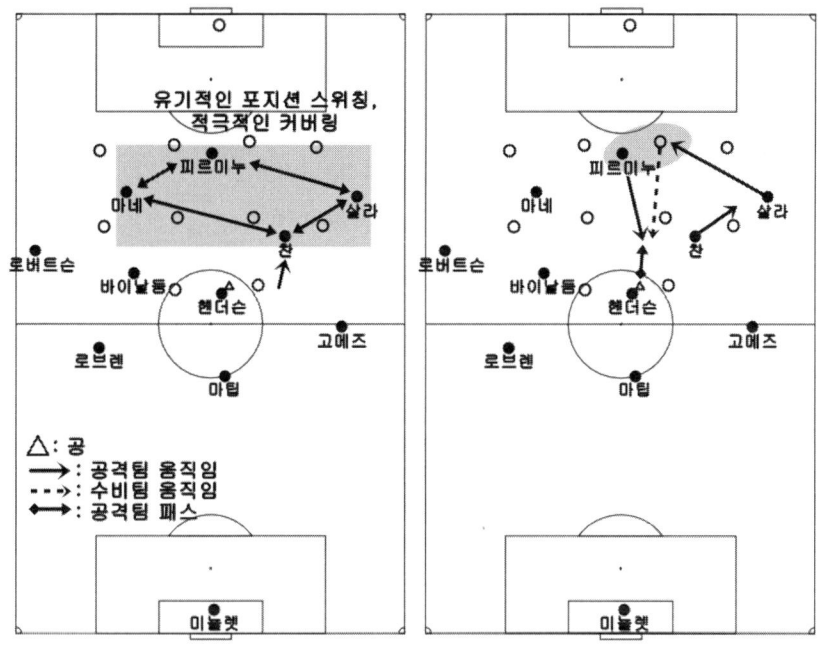

▲ 리버풀의 4-3-3 체제가 형성하는 공격 형태

　리버풀의 4-3-3 체제가 형성하는 공격 형태에서 찾아볼 수 있는 가장 큰 특징은 '유기성'이다. 최전방 3톱을 이루는 마네와 피르미누, 살라는 유기적으로 위치를 바꿔가며 공격을 전개한다. 상대 수비에 혼란을 일으켜, 공격 지역에 공간을 창출해내기 위함이다. 상술했듯 클롭은 지난 16/17 시즌에도 5명의 공격진에게 활발한 유기성을 부여한 전례가 있었다.

　리버풀의 전체적인 공격 대형은 상술한 후방 빌드업 대형에 따라 비교적 비대칭적으로 이뤄졌다. 양 윙백 로버트슨과 고메즈의 포지셔닝으로 각 측면의 마네와 살라가 각각 다른 형태로 움직였다. 마네는 비교적 중앙 지향적으로 활동했다. 주로 포지셔닝을 통해 득점에 직접적으로 관여하려 했다. 반면 살라는 비교적 측면 지향적으로 움직였다. 고메즈의 오버래핑 지역을 커버하는 것이 주목적이었지만, 언제든지 중앙으로 좁혀 직접적인 득점을 뽑아낼 수도 있었다. 여기서 좌우 미드필더 중 한 명이 유기적으로 전진하면서 전방 3톱을 보좌했다(편의상 '전진하는 한 명의 좌우 미드필더'는 '전환 미드필더'라 표현하도록 하겠다). 리버풀이 4-3-3과 4-2-3-1 대형을 전환하는 기점이 되어주기 때문이다.

리버풀 공격의 '유기성'을 대표하는 선수는 스트라이커 피르미누다. 피르미누는 밑선으로 자주 내려와 볼을 받아주는 '폴스 나인' 역할을 수행한다. 그는 영리하고 끊임없이 움직인다. 상대 진영에서 볼을 받아주고, 다른 선수들과 효율적인 포지션 스위칭을 이뤄낸다. 이를 통해 다른 공격진들이 활용할 수 있는 핵심 공간을 창출한다. 윙어 살라가 올 시즌 케인과 직접적인 득점왕 경쟁을 할 수 있었던 이유도 폴스 나인 피르미누가 존재하기 때문이었다. 프리미어리그의 전설적 공격수인 티에리 앙리는 "피르미누와 함께 뛰었으면 좋았을 텐데"라고 언급하며 피르미누의 이타적인 플레이를 치켜세우기도 했다.

피르미누의 호펜하임 시절 본 포지션은 공격형 미드필더였지만, 클롭의 손 아래에서 완벽한 폴스 나인형 공격수로 재탄생했다. 클롭은 리버풀의 지휘봉을 잡은지 1달이 조금 넘은 시점(15/16 프리미어리그 13R 맨시티전 경기 후 인터뷰, 4-1 승리)에서 피르미누에 대해 다음과 같이 언급했다. "경기 전, 저는 피르미누에게 다음과 같이 말했습니다. '너는 가끔씩 미드필더로 뛸 수 있는 스트라이커지, 가끔씩 스트라이커로 변할 수 있는 미드필더가 아냐'라고요. 우리는 피르미누가 타깃맨이 되길 원했지만, 그는 매우 깊은 지역으로 내려왔습니다. 그래서 말했죠. '우리는 공격을 전개할 때 무엇을 해야 하지? 최전방에 선수가 없는데 어떻게 앞으로 볼을 전개하라는 거야. 제발 최전방에 머물러 있어.'라고 "

리버풀 공격의 전술적 핵심 선수는 전방으로 전진한 '전환 미드필더'다. 전환 미드필더의 역할은 최전방 3톱에게 더욱 자유로운 유기성을 부여하는 일이다. 쉽게 말해 피르미누의 폴스 나인 역할과, 마네와 살라의 유기적 움직임이 더욱 활발하게 이뤄질 수 있도록 지원하는 것이다. 예를 들어 찬이 '전환 미드필더' 역할을 수행하는 상태에서, 피르미누가 상대 왼쪽 센터백을 2선으로 끌고 나와 볼을 받아줬다 가정해보자. 이러한 상황에서는 크게 2가지 장면이 펼쳐질 수 있을 것이다. 첫째는 찬이 순간적으로 전진해 비어진 상대 왼쪽 센터백 지역을 공략하는 것이다. 이 경우 피르미누와 찬이 순간적으로 서로 엇갈려 뛰는 꼴이 된다. 둘째는 살라가 직접 골을 넣기 위해 중앙(상대 왼쪽 센터백 공간으로)으로 쇄도하는 것이다. 이때에는 찬이 살라의 기존 담당 지역이었던 오른쪽 측면을 커버하게 될 것이다. 고메즈가 전진해 메우기에는 공격 능력이 비교적 뒤떨어질뿐더러, 전체적인 공/수 밸런스가 무너질 수 있기 때문이다.

이 '전환 미드필더'의 역할은 리버풀의 좌우 미드필더 선수 모두가 수행할 수 있었다. 경기 내에서 상황에 따라 유기적으로 전진하며 전체적인 밸런스를 유지했다. 후방 플레이메이커 헨더슨을 축으로 전환 미드필더의 유기적 전진이 이뤄졌다.

리버풀의 '전환 미드필더'에게는 공/수 양면으로 뛰어난 능력을 요구했다. 4-3-3의 중앙 미드필더 자리와 4-2-3-1의 공격형 미드필더 자리를 유기적으로 오가기 때문이다. 또한 영리한 공간 지각 능력과 다재다능함을 갖춰야 했다. 공격시 최전방 3톱의 유기성을 지원해주는 역할을 수행했기 때문이다. 리버풀의 미드필더 자원들은 이 '전환 미드필더' 역할을 수행하는데 최적화된 성향을 갖고 있었다.

> 쿠티뉴 – 매우 다재다능한 공격 자원일 뿐더러, 2선 전 지역에 최적화된 선수였다.
> 찬 – 공/수 양면으로 뛰어난 만능 자원이다. 중앙 미드필더와 수비형 미드필더를 주 포지션으로 삼지만, 상황에 따라 공격형 미드필더와 센터백, 심지어 오른쪽 윙어까지도 소화할 수 있는 멀티 플레이어다.
> 밀너 – 측면/중앙 미드필더와 왼쪽 윙백 등, 맨시티 시절부터 다양한 포지션들을 소화해왔다. 찬보다 멀티 플레이어 성향이 더욱 강한 선수다. 특히나 맨시티 시절에는 공격진들의 부상으로 스트라이커 포지션을 소화하기도 했다.
> 바이날둠, 챔벌레인 – 모두 윙어를 주 포지션으로 삼아왔던 선수들이기 때문에 날카로운 공격 감각을 보유하고 있다. 바이날둠은 뉴캐슬 시절 2선 전 지역을 소화했고, 챔벌레인은 아스날 유니폼을 입을 때까지 윙어를 주 포지션으로 삼아왔다.

상대가 전체적으로 내려앉아 역습에 대한 위험도가 떨어졌다면, 리버풀은 '전환 미드필더' 선수를 하나 더 추가시키기도 했다. 대체적으로 또 다른 좌우 미드필더가 이 역할을 수행했다. 이는 단순히 공격 숫자를 추가시킨다는 의미를 넘어, 리버풀의 공격이 더욱 유기적으로 이뤄질 수 있다는 이점을 가져다줬다.

리버풀 공격의 핵심은 '유기성'이지만, 몇몇 경기에서는 상당히 조직적인 형태로 상대 수비를 공략하기도 했다. 주로 스트라이커 자리에 유기성의 핵심이 되는 피르미누가 빠지고, 스터리지와 솔란케 등의 옵션들이 들어왔을 때였다. 리버풀은 이러한 경기에서 마땅한 전환 미드필더를 두기보다는 양 윙백을 매우 공격적으로 활용했다. 양 윙백이 1선까지 전진하고 3미드필더가 센터백 앞 지역을 커버하는, 전체적으로 2-3-5와 같은 대형을 형성했다. 대표적으로 스터리지가 3톱의 중앙 공격수 자리를 차지한 리그 7R 뉴캐슬전이 그랬다.

한편 왼쪽 공격수 자리에는 쿠티뉴가 들어오는가, 마네가 뛰는가에 따라 리버풀의 공격 옵션이 크게 달라졌다. 쿠티뉴는 바르셀로나로 이적하기 전까지만 해도 리버풀의 왼쪽 미드필더와 왼쪽 윙어 자리를 책임졌다. 그는 리버풀의 왼쪽 윙백이 보유한 짙은 전진 성향에 따라 중앙 지향적으로 활동하되, 주로 플레이 메이커 역할을 수행했다. 1선 선수들을 직접적으로 지원해주고, 유기적인 리버풀 공격의 연결 고리 역할이 되어줬다.

쿠티뉴가 중앙 지역으로 좁힐 때면 주로 왼쪽 하프 스페이스 지역으로 가담했다. 그는 이 지역에서 플레이 메이커 역할을 수행해 리버풀의 왼쪽 윙백과 1선 선수들을 모두 지원했다. 앞 맨시티편에서 소개한 실바와 데 브루잉처럼 중앙과 측면으로 모두 활발하게 가담한 것이 아닌, 각 지역에 위치한 선수들에게 질 좋은 패스를 공급한 것이다.

쿠티뉴는 이러한 전술 체제에서 매우 큰 강점을 보였다. 수치로도 뚜렷이 확인할 수 있었다. 프리미어리그가 끝난 시점에서, 17/18 시즌의 쿠티뉴는 리버풀에서 경기당 평균 2.9개의 키 패스를 기록했다. 이는 압도적으로 팀 내 1위에 해당하는 수치다. 출전 시간 자체는 바르셀로나로 이적한 탓에 상당히 적은 편에 속한다. 그러나 살라와 마네, 피르미누가 각각 1.7개와 1.5개(살라, 마네 1.7개 공동)의 키 패스를 기록했다는 사실을 감안한다면, 쿠티뉴의 플레이 메이킹이 얼마나 뛰어났는지 알 수 있을 것이다(리그 기준, 쿠티뉴 – 1116분 출전 / 살라 – 2922분 출전 / 마네 – 2207분 출전 / 피르미누 – 2778분 출전).

> 쿠티뉴의 경기당 평균 키 패스 수치는 리그 전체를 기준으로 잡아도 상위권에 속했다. 1위 메수트 외질 – 2164분 출전, 3.2개의 키 패스 기록 / 2위 케빈 데 브루잉 – 3085분 출전, 2.9개의 키 패스 기록 / 3위 필리페 쿠티뉴 – 1116분 출전, 2.9개의 키 패스 기록

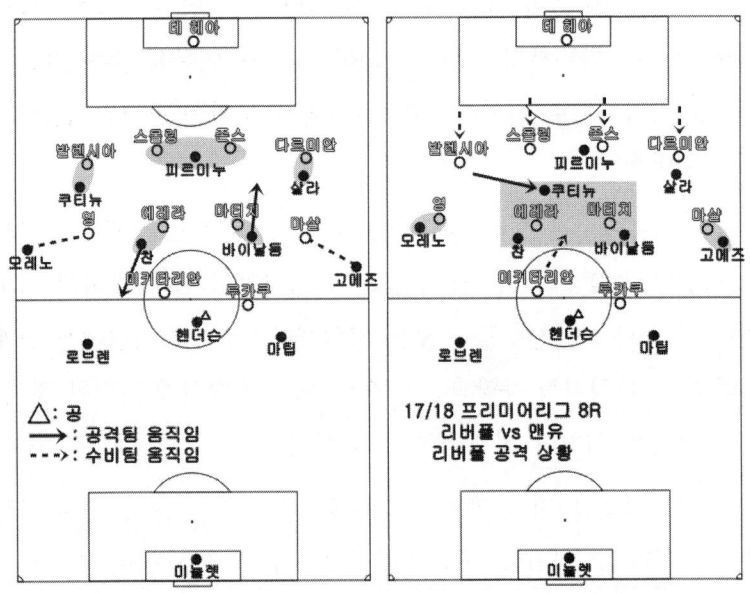

▲ 맨유가 선보인 리버풀전 수비 형태와 쿠티뉴의 대응

쿠티뉴는 상황에 따라 매우 큰 폭으로 움직이며 중앙 지역까지도 가담할 수 있었다. 대표적으로 맨유와의 리그 8R 경기가 그랬다. 당시 리버풀은 62.2%의 볼 점유율과 19번의 슈팅을 시도하며 경기 자체를 지배하는 양상을 띠었지만, 최종적으로 맨유의 골 망을 흔드는 데는 실패했다. 힘겹게 만들어낸 몇 번의 결정적인 득점 기회마저도 골키퍼 데 헤아의 신들린 선방에 무산되고 말았다.

경기에 임한 양 팀의 전술에 대해 자세하게 얘기해보자. 당시 맨유는 4-2-3-1의 기본 포메이션을 들고 나왔지만, 수비시에는 공격형 미드필더 미키타리안을 1선으로 배치한 4-4-2 대형을 형성했다. 맨유는 지역 수비와 대인 마크 방식을 유기적으로 혼용하며 리버풀의 공격을 통제하려 했다. 리버풀의 공격이 매우 유기적이었기 때문이었다. 최전방의 2톱 루카쿠와 미키타리안은 라볼피아나 대형을 형성하는 '로브렌-헨더슨-마팁' 라인을 견제했다. 수비에 적극적이진 않았지만 이들의 패스 루트를 제한하기에는 충분했다. 중앙 미드필더 에레라와 마티치는 리버풀의 좌우 미드필더 찬과 바이날둠을 전담하고, 양 측면 미드필더 영과 마샬은 윙백 모레노와 고메즈를 항상 수비 범위 안에 두고 다녔다. 그리고 최후방 백4 라인이 '쿠티뉴-피르미누-살라' 3톱을 전담하며 맨유의 리버풀전 대인 마크 시스템이 완성됐다.

> 앞서 소개한 리버풀의 후방 빌드업 형태에 따라, 찬이 3선으로 내려오며 헨더슨을 지원하는 경우가 많았다. 이때 맨유의 에레라는 찬을 따라가지 않고 주로 마티치와 함께 중원을 지켰다. 대신 2톱 루카쿠와 미키타리안이 찬을 인식하여 견제했다. 그들은 찬에게 향할 수 있는 패스 루트를 제한하는 형태로 움직이면서 리버풀의 후방 빌드업을 통제하려 했다.

쿠티뉴는 맨유의 대인 마크 시스템을 깨뜨리기 위해 매우 큰 폭의 활동 범위를 가져갔다. 중앙 지역으로 깊게 가담하면서 '에레라-마티치' 라인을 상대로 한 수적 우위를 이뤄내기 위해서였다. 리버풀은 쿠티뉴를 유기적으로 중앙 공격형 미드필더로 활용해 일정 지역에서 수적 우위를 이뤄내고, 살라와 피르미누, 전환 미드필더 바이날둠을 적극적으로 지원하려 했다.

이때 맨유의 오른쪽 윙백인 발렌시아는 쿠티뉴가 중앙 지역으로 깊게 가담할 때 자신의 지역을 지키는 경우가 많았다. 맨유의 무리뉴 감독 역시 '쿠티뉴의 중앙 가담'에 대한 수를 읽었을 것이다. 리버풀이 중앙 미드필드 지역에서 수적 우위를 이뤄낼 때면 맨유는 '공간' 자체를 제한하려 했다. 리버풀이 수적 우위를 선점하고 있는 지역의 면적을 극도로 제한시켜, 공격을 통제한 것이다. 이에 대한 이유로는 크게 2가지로 정리해볼 수 있다.

(1) 최전방 2톱 미키타리안과 루카쿠는 수비적으로 적극성을 가진 선수들이 아니다. – 이들은 리버풀의 최후방 진영을(로브렌, 헨더슨, 마팁) 직접적으로 통제하지도 않았으며, 중원 수적 열세 상황을 해결하기 위해 밑선으로 빈도 높게 내려오지 않았다.

(2) 발렌시아는 중앙 지역에 익숙한 선수가 아니다. – 측면과 중앙 지역을 자유롭게 오가는 선수를 전문적으로 통제하기 위해서라면, 그를 담당하는 수비수 역시 측면과 중앙 지역에 모두 능통해야 한다. 효율적인 '수비 → 공격 전환 단계'를 가져갈 수 있기 때문이다. 하지만 발렌시아는 오른쪽의 모든 포지션을 소화할 수 있을 뿐, 중앙 지역과는 전혀 어울리지 않는 선수였다.

상술했듯, 맨유의 마샬과 영이 윙백인 고메즈와 모레노를 전담했다. 기본적으로 리버풀의 측면 공격 루트를 봉쇄하기 위함이었다(측면 지향적으로 활동한 살라 역시 다르미안이 매우 타이트하게 수비함으로써 훌륭하게 묶어냈다). 또한 최종 수비 라인을 상당히 높은 지점에 형성했다. 이는 중앙 미드필드 지역의 공간 자체를 제한시켰으며, 센터백의 간헐적 가담으로 맨유의 수적 열세 상황을 간간이 해결할 수 있었다.

맨유는 이와 같은 전술적 대응을 통해 지역 수비 체제를 혼용하면서도 쿠티뉴의 중앙 지역 가담을 통제할 수 있었다. 리버풀은 수적 우위를 이뤄냈더라도 폭 좁은 공간 속에서 마티치와 에레라를 상대로 좋은 결과를 만들어내지 못했다. 물론 페너트레이션 단계에서 뛰어난 콤비네이션 플레이를 통해 몇 번의 결정적인 득점 기회를 만들어내기도 했으나, 상술했듯 이는 모두 데 헤아의 선방에 막혀버리고 말았다.

한편 마네가 중앙으로 좁힐 때면 쿠티뉴와는 조금 다른 옵션으로 작용했다. 그 역시 윙백의 오버래핑에 따라 왼쪽 하프 스페이스 지역을 점유했지만, 중앙보단 비교적 측면 지역 쪽에 치중하는 경우가 많았다. 쿠티뉴와 비교해보자면 비교적 공격의 마무리 역할 쪽에 가까웠다.

리버풀 공격의 최대 강점은 '속도'다. 그들은 리그 내에서 가장 뛰어난 속도를 통해 여러 공격 루트를 만들었다. 리버풀의 공격 체계에서 유기성이 강조되는 이유도 속도를 활용하기 위해서다. 클롭은 피르미누를 필두로 한 모든 공격수들에게 공이 없는 상황에서 끝없이 유기적으로 움직이도록 한다. 궁극적으로 상대 수비 진영에 공간을 만들어내고, 이를 통해 '속도'라는 강점을 발휘할 수 있기 때문이다.

리버풀에게는 선수 개인이 '무'의 공간을 '유'로 만들어낼 수 있는 확실한 마법사가 없다. 그렇다고 맨시티나 아스날처럼 콤비네이션 플레이에 최고 강점을 가진 팀도 아니다. 1월까지만 하더라도 쿠티뉴가 있었지만, 반 다이크가 온 이후부터는 아니다. 가끔씩 살라가 리버풀의 마법사로 변신하긴 하지만 이는 매우 일시적이다. 그는 주로 측면으로 넓게 빠져 있으며, 공격의 연결 고리보단 마무리 역할에 중점을 둔다. 리그 내 다른 강팀들인 첼시, 토트넘, 맨시티, 아스날, 맨유와 비교해보자면 리버풀의 이러한 문제점이 더욱 두드러질 것이다.

우선 첼시에는 밀집 수비를 파괴할 수 있는 아자르와 최고 수준의 패스 능력을 보유한 파브레가스가 있다. 아자르가 측면이나 후방 지역으로 빠져 볼을 쉽게 받아내고, 직접 몰고 들어가 상대의 밀집 수비를 깨뜨린다. 토트넘에는 수비수를 끼고 골을 넣을 수 있는 케인, 활동량과 플레이 메이킹을 모두 겸비한 에릭센, 그리고 최고 수준의 탈압박 능력을 보유한 뎀벨레가 존재한다. 케인을 통해 어떻게라도 득점한다는 것이 메리트다. 맨시티에는 3-4인분의 역할을 해낼 수 있는 실바와 데 브루잉이 있고, 중앙이 막힌다면 스털링과 사네를 통해 측면에서 경기를 풀어낸다. 무엇보다 이들은 리버풀보다 더욱 뛰어난 유기성과 최고 수준의 콤비네이션 플레이 능력을 보유하고 있다. 아스날에는 리그 최고의 플레이 메이커 외질과 중원에서 경기를 풀어나가는 윌셔, 램지가 있다. 벵거 감독 역시 콤비네이션 플레이에는 일가견을 가진 전술가다. 마지막으로 맨유에는 '크랙' 산체스와 마샬이 있다. 발렌시아의 의도적 고립을 활용한 포그바의 수준 높은 장거리 패스 옵션도 존재하며, 중앙이 막힌다면 측면을 통해 루카쿠의 머리를 겨냥한 크로스를 집중적으로 올릴 수도 있었다.

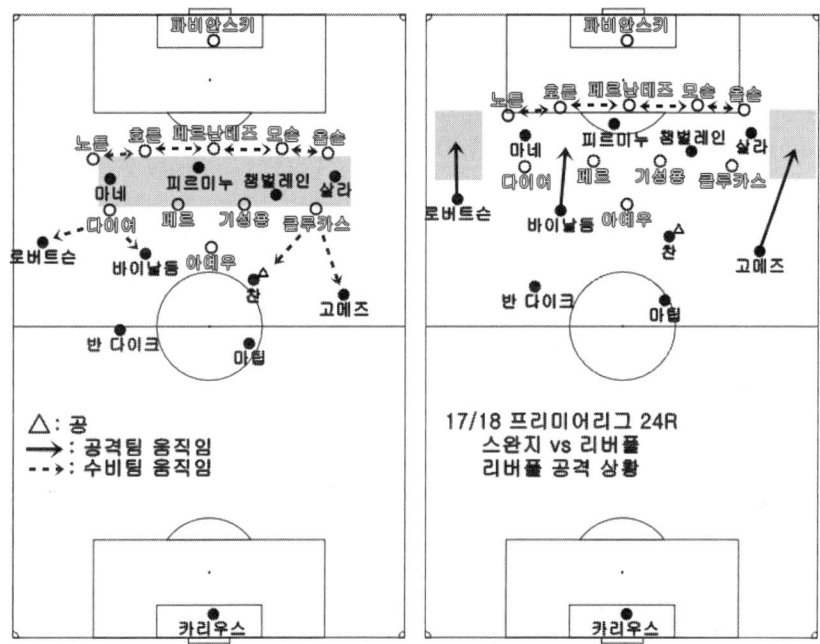

▲ 스완지 시티가 선보인 리버풀 공격 수비법

리버풀의 이러한 공격적 특징을 가장 잘 파악한 팀이 지난 2018년 1월의 스완지였다. 스완지는 불과 한 달 전인 12월 리버풀과의 리그 20R 경기에서 5-0 대패를 당한 기억이 있었다. 당시 96년생의 어린 공격수 올리버 맥버니를 선발로 내세우며 야심찬 경기를 맞이했지만, 리버풀 특유의 공격 축구를 막아내지 못해 안필드에서 무너져 버리고 말았다.

당시 레온 브리튼 감독 대행이 선발로 내보낸 올리버 맥버니는 1군 경험이 부족한 선수였다. 그는 리버풀과의 일전을 맞이하기 전까지 7번의 리그 경기에 출전했으나, 이중 대다수가 막판에 투입된 경우였다(첼시와의 리그 14R 경기에서는 25분을 소화). 맥버니가 스완지 유니폼을 입고 선발 출전한 경기는 딱 3번이었다. 리그컵 16강 맨유전, 리그 20R 리버풀전, 리그 23R 뉴캐슬전이었다. 끝내 주전 자리를 차지하지 못한 맥버니는 결국 겨울 이적 시장에서 2부 리그 반슬리로 임대 이적했다.

스완지는 1월에 맞이한 리버풀과의 리그 24R 경기에서 한 달 전의 5-0 대패를 설욕하는데 성공했다. 당시 지휘봉을 잡은 카를로스 카르바할 감독은 상술한 리버풀 공격의 치명적 문제점을 완벽히 파악하고 있었다. 그가 꺼내든 수비 대형은 5-4-1 포메이션이었다. '올손-모슨-페르난데즈-호른-노튼'이 수비 라인을 형성하고, '클루카스-기성용-페르-다이어' 조합이 2선을, 조르당 아예우가 최전방에 선 형태였다.

스완지는 대부분의 경기 상황을 하프라인 밑선에서 보냈다. 수비 시작 지점을 매우 낮게 잡아 리버풀의 공격을 기다렸다. 최전방 공격수 아예우까지 적극적으로 내려와 수비 숫자를 채웠다. 스완지는 수비를 최우선으로 두고, 이후의 '수비-공격 전환 단계'에서 아예우와 다이어를 통한 빠른 역습을 통해 리버풀의 허를 찌르려 했다.

스완지는 리버풀의 공격 공간을 극도로 제한시키려 했다. 상술했듯 리버풀에는 선수 개인이 '무'의 공간을 '유'로 만들 수 있는 확실한 마법사가 없기 때문이다. 스완지는 종/횡적 간격을 모두 최소화했다. 5명으로 이뤄진 수비 라인이 매우 좁은 간격을 유지한 탓에, 양 윙백

올손과 노튼이 터치라인 부근의 지역을 쉽게 커버할 수 없었다. 수비 라인과 미드필더 라인의 간격도 매우 타이트했다. 중앙 미드필더 페르와 기성용은 센터백과의 거리를 매우 좁게 유지하며 라인 사이의 간격을 5m 내외로 형성했다.

스완지는 이 타이트한 라인 사이 간격을 유지하기 위해 양 측면 미드필더인 다이어와 클루카스가 활발한 압박을 가했다. 리버풀의 후방 선수들이 볼을 공유하고 있을 때, 순간적으로 강한 압박을 가한 것이다. 이는 리버풀에게 불안정성을 주는 동시에 중앙의 기성용과 페르가 위치를 고수할 수 있는 계기가 됐다. 자신의 담당 지역에서 벗어날 일이 적어진 기성용과 페르는 수비 라인과의 타이트한 간격 유지를 비교적 쉽게 해낼 수 있었다.

한편 이날 70%가 넘는 볼 점유율을 유지하며 경기를 몰아친 리버풀의 전환 미드필더는 챔벌레인이었다. 챔벌레인은 주로 오른쪽 하프 스페이스와 측면 지역을 넘나들며 최전방 3톱을 지원했다. 왼쪽의 바이날둠은 챔벌레인에 비해 비교적 수비적인 성향을 띠었고, 찬은 기존 헨더슨의 롤인 후방 플레이 메이커 역할을 수행했다.

리버풀은 상술한 스완지의 수비 형태에 따라, 라인 사이 지역에 위치한 '마네-피르미누-챔벌레인-살라' 선으로 볼을 배급하는데 큰 어려움을 겪었다. 그렇기 때문에 리버풀 4명의 공격수들은 늘 그랬듯 유기적으로, 끊임없이 움직이며 공간을 만들어내려 했다. 하지만 스완지의 수비수들은 이 점을 이미 파악하고 있는 듯 보였다. 스완지의 백5 라인이 매우 좁은 간격을 유지한 탓에, 리버풀 4명의 공격수들이 볼을 받기 위해 빈 공간으로 움직일 때면 확실한 1 대 1 마크를 통해 이들을 통제했다.

　리버풀은 상대 센터백을 밑선으로 끌어들여 다른 공격수들의 침투 공간을 만들어낼 수도 없었다. 공격수들이 볼을 받기 위해 깊은 2, 3선 지역까지 내려갈 경우, 위치를 고수하고 있는 기성용과 페르의 수비 범위 안에 들었기 때문이다. 기성용과 페르가 리버풀의 공격수를 전담할 경우 스완지의 수비수들은 라인을 지켰다. 왼쪽의 바이날둠까지 전진하며 추가적인 전환 미드필더 역할을 수행하기도 했지만, 이마저도 7~10명으로 이뤄진 스완지의 수비 블록을 깨뜨리기에는 부족했다.

　리버풀의 주 공격 루트는 로버트슨과 고메즈를 활용한 측면이 됐다. 상술했듯 스완지의 양 윙백까지 중앙 지역에 위치한 리버풀의 공격수들을 전담했기 때문이다. 측면의 로버트슨과 고메즈는 1차적으로 자유를 얻을 수 있었다. 고메즈는 이 점을 활용하기 위해 평소보다 매우 공격적으로 움직였다. 기본적으로는 반 다이크, 마팁과 함께 백3 라인을 이루다가, 빈 공간으로 빈도 높게 전진하면서 오른쪽 측면 공간을 적극적으로 담당했다.

　스완지 역시 자유를 얻은 이들을 가만히 두진 않았다. 로버트슨과 고메즈의 1차적인 자유는 허용하되, 2차적으로 측면의 다이어-노튼 / 클루카스-올손이 유기적으로 수비했다. 다이어와 클루카스가 압박을 위해 자리를 비운 상황이라면 노튼과 올손이 빠르게 커버했다. 이 경우 변칙적으로 형성된 수비 라인의 간격 유지가 매우 중요했다. 반대로 노튼과 올손이 상대 공격수를 전담하고 있어 측면으로 이동하기 어려운 상황이라면, 다이어와 클루카스가 빠르게 복귀하여 리버풀의 윙백을 통제했다.

스완지의 체계적인 수비 전술을 상대로도 리버풀은 수준 높은 공격을 통해 측면 지역을 공략했다. 그나마 로버트슨과 고메즈가 1차적으로 자유로웠기 때문에 가능했던 일이었다. 그러나 가장 큰 문제점은, 측면 지역에서 공간을 만들어냈다고 하더라도, 이를 통해 득점을 만들어내기가 어려웠다는 사실이다. 이날 리버풀은 공간을 만들어낸 측면 지역에서 주로 크로스를 시도했다. 스완지전에서만 무려 28번의 크로스를 시도했다. 스완지의 중앙 수비 블록이 너무 촘촘했기 때문이다. 리버풀에게는 측면 크로스를 득점으로 연결할 수 있는 마땅한 자원이 없었다. 피르미누가 그나마 이러한 측면에서 골 감각을 보유하고 있긴 하지만, 이날만큼은 스완지의 훌륭한 수비에 막혀버리고 말았다. 스완지는 리버풀과의 경기에서만 무려 40번의 클리어링을 해냈다.

스완지의 카르바할 감독은 리버풀과의 경기를 맞이하기 전부터 자신의 전술에 대해 확고한 자신감을 갖고 있어 보였다. 그는 경기 전 인터뷰에서 "리버풀에게 서프라이즈를 준비하고 있습니다. 우리는 리버풀이 자신들의 강점을 발휘하지 못하도록 최대한 노력할 것입니다."라고 밝혔다. 이후 1 대 0 승리를 거두는데 성공하자 리버풀이라는 팀을 다음과 같이 비유했다. "선수들에게 리버풀은 강팀이지만, 그들은 F1 차량과 같다고 말해줬습니다. 아무리 빠르더라도 교통 체증에 놓이면 느려질 수밖에 없다고 설명했죠."

쿠티뉴 없는 후반기를 맞이한 클롭은 전체적인 공격 형태에 변화를 줬다. 밀너를 왼쪽 미드필더로 활용하되, '메짤라' 역할을 수행하게 한 것이다. 쉽게 말하자면 '전환 미드필더'의 형태를 밀너 메짤라로

04. 리버풀 전술 분석 181

전환한 것이다. 메짤라는 중앙과 측면을 유기적으로 오가는 미드필더를 지칭하는 용어다. 이 유형의 대표적인 선수로는 맨유의 폴 포그바가 있다.

클럽이 밀너를 메짤라로 활용한 이유는 간단하다. 그간 최고 수준의 플레이 메이킹을 전개해왔던 쿠티뉴가 이적했기 때문이다. 리버풀의 나머지 미드필더들은 쿠티뉴와 같은 공격 전개를 해내지 못했다. 이들은 다재다능하지만, 상대 수비를 파괴할 수 있을 만큼 날카롭지 못했다. 그렇기 때문에 마네와 살라는 측면 지역에만 치중할 수 없었다. 피르미누가 혼자 중앙 지역을 책임지기에는 너무나도 버거웠다.

클럽은 '밀너 메짤라'를 통해 마네를 중앙 지향적으로 활용하려 했다. 막강한 파괴력을 보유한 마네가 전체적인 빌드업 과정에 적극적으로 관여하기 위해서다. 마네의 주요 활동 지점은 왼쪽 측면에서 하프 스페이스 지역이 됐다. 마네는 섬세한 타입이 아닌 탓에 초기에는 이러한 전술 체제에 어려움을 겪었으나, 빠르게 적응하며 리버풀의 후반기를 이끌었다.

밀너 역시 이러한 메짤라 체제에 큰 어려움을 겪지 않았다. 앞서 소개했듯, 지난 16/17 시즌에 왼쪽 윙백을 주 포지션으로 삼았기 때문이다. 그에게 왼쪽 측면이란 어색한 지역이 아니었다. 밀너는 뛰어난 테크닉과 공격 재능을 통해 상대 윙백을 흔들기보다, 광범위한 활동량을 바탕으로 중앙과 측면 지역을 사수했다. 왼쪽 윙백 로버트슨이 오버래핑을 시도하며 밀너와 수적 우위를 이뤄내는 경우도 많았다.

밀너의 이러한 메짤라 활용은 곧 살라를 200% 활용하는 결과로 이어졌다. 마네가 피르미누와 함께 중앙 지역에서 영향력을 발휘하니,

오른쪽의 살라가 연계에 대한 부담을 덜게 된 것이다. 살라는 득점을 위한 움직임에만 치중할 수 있었다. 빠른 주력을 통해 상대 수비의 허점을 공략했고, 파이널 서드 지역에서 볼을 잡았을 때면 최고 수준의 골 결정력을 발휘했다.

이러한 탓에 밀너는 후반기 들어 리버풀의 핵심 자원으로 부상했다. 그는 리그 25R 허더즈필드전을 시작으로 37R인 첼시전까지 모든 경기를 소화했다. 2018년 1월부터 5월까지, 13번의 리그 경기와 6번의 챔피언스리그 일전에 모두 출전한 것이다. 클롭은 이러한 전술적 변형을 통해 리버풀의 3톱을 더욱 적극적으로 활용했다.

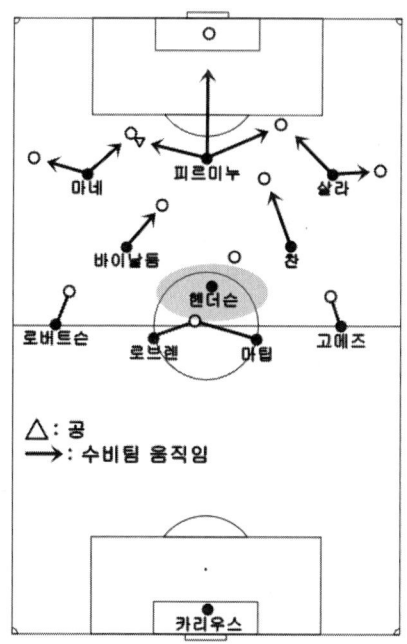

▲ 리버풀의 대체적인 전방 압박 형태

클롭 체제의 리버풀이 보유하고 있는 가장 큰 강점은 조직적으로 이뤄진 전방 압박 형태이다. 그들의 주요 득점 루트 중 하나가 '전방 압박을 통한 볼 탈취', '즉각적으로 이뤄지는 숏 카운터'라고 할 수 있을 정도로, 많은 팀들이 리버풀을 상대로 한 후방 빌드업 단계에서 고전을 겪어왔다.

리버풀의 전방 압박에는 체계적인 전술 시스템과 선수 개개인의 광범위한 활동량이 모두 첨가되어 있다. 클롭은 상대를 철저히 분석하여 그에 맞춘 최적의 전방 압박 시스템을 들고 나온다. 기본적인 틀은 유지하면서도, 매 경기마다 색 다른 전방 압박 형태를 꺼내드는 것이다. 그렇기 때문에 세계 최고의 빌드업 능력을 보유한 맨시티를 상대로도 과감한 전방 압박을 시도할 수 있었다.

클롭은 전체적인 활동량을 매우 강조하는 편이다. 그는 포르투와의 챔피언스리그 16강 1차전 경기를 앞두고 "이번 경기에서는 전술보다 열정이 중요합니다. 시스템 역시 매우 중요하지만, 이는 오직 선수들을 최적의 포지션으로 이끌어줄 뿐이죠."라고 언급하며 전술만 좋아서는 안 된다는 뜻을 보였다.

바로 앞에서 소개했듯 리버풀의 전방 압박 형태는 매 경기마다 유동적으로 변화하지만, 어느 정도 기본적인 틀이 잡혀있었다. 우선 매우 조직적인 4-3-3 대형을 형성한다. 3명의 공격-미드필더 라인이 모두 1자로 배치되면서 상대의 후방 빌드업을 맞이한다. 그리고 최전방 3톱은 주로 상대의 수비 라인을 직접적으로 통제한다. 대체적으로 중앙의 피르미누가 상대 센터백과 골키퍼, 더 나아가 수비형 미드필더까지도 유기적으로 전담하며 핵심 역할을 맡았다. 그리고 측면의 마네와 살라는 윙백과 센터백을 담당하면서 측면과 중앙을 모두 통제했다.

> 타 공격수들과 비교해봤을 때 피르미누의 수비 스탯은 압도적이라 할 수 있다. 축구 통계 전문 업체인 옵타(Opta)는 프리미어리그의 포워드들이 지난 2015년부터 기록해온 태클 성공과 인터셉트 수치를 발표했다(2018년 1월 15일 발표). 피르미누는 이 통계에서 태클 성공 1위(125번 성공, 2위 조던 아예우 88번), 인터셉트 2위(55번 기록, 1위 마르코 아르나우토비치 59번)를 기록했다. 피르미누가 달성한 180회의 '태클+인터셉트' 기록은 타 선수들과 비교해봤을 때 매우 압도적인 수치였다(2위 조던 아예우 138회, 3위 마르코 아르나우토비치 135회).

한편 좌우 미드필더는 주로 최전방 3톱을 보좌했다. 이들은 1차적으로 수비형 미드필더와 좁은 간격을 유지하여 중원 지역을 장악하다가, 2차적으로 볼을 받기 위해 움직이는 상대 선수들을 압박했다. 상대 수비 라인에 리버풀 3톱의 강도 높은 압박이 가해졌기 때문이다. 물론 상황에 따라서라면 다른 형태로 움직이는 경우도 존재했다. 앞장에서 소개한 맨시티전 전방 압박 형태가 그랬다. 당시 좌우 미드필더로 출전한 바이날둠과 챔벌레인은 전방 압박 단계에서 권도안과 데 브루잉을 전문적으로 마킹했다.

리버풀의 수비형 미드필더는 전방 압박 단계에서 상대에 따라 매우 다양한 역할들을 소화했다. 사실상 리버풀의 전방 압박 콘셉트가 수비형 미드필더의 역할에 따라 정해진다고 봐도 무방할 정도다. 헨더슨/찬은 후방에 남아 수비 라인을 커버하기도 했으며, 때로는 좌우 미드필더를 직접적으로 보좌하기도 했다. 또한 맨시티전처럼 볼의 위치에 따라 2가지 역할을 유기적으로 병행하기도 했다.

마지막으로 최후방 백4 라인은 고정적으로 수비 지역을 지키는 경우가 많았다. 전방 압박 단계에서의 전체적인 밸런스를 유지하기 위해서다. 측면의 양 윙백이 수비 지역을 지키는 경우가 많았기 때문에, 전방 6명의 선수들이 광범위한 압박 범위를 담당해야 했다.

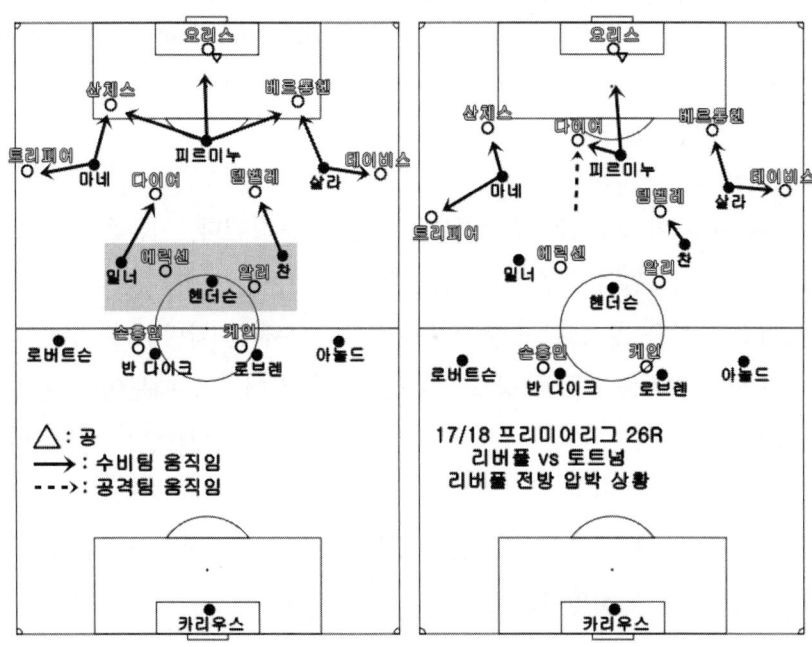

▲ 리버풀의 토트넘전 전방 압박 형태

토트넘의 포체티노 감독은 리버풀과의 리그 26R 경기에서 과감한 전술 변화를 시도했다. 기존의 4-2-3-1이 아닌 케인과 손흥민을 2톱으로 둔 4-2-2-2 대형으로 나선 것이었다. 의도는 명확했다.

4-3-3 대형을 활용하는 리버풀을 상대로 중원 지역에서 수적 우위를 이뤄내기 위함이었다. 리버풀이 마네와 살라가 밑선으로 내려온 4-5-1 대형을 형성하는 빈도가 낮다는 사실을 공략한 변화였다.

토트넘의 과감한 전술 변화에도 불구하고, 리버풀은 전방 압박 단계에서 평소 활용하던 4-3-3 대형을 형성했다. 최전방 3톱은 늘 그랬듯 피르미누가 상대 센터백과 골키퍼를, 마네와 살라가 센터백과 윙백을 유기적으로 수비했다. 리버풀은 3톱의 역동적인 압박을 통해 토트넘의 수비 라인을 완벽히 통제했다. 그렇기 때문에 중앙 미드필더인 다이어와 뎀벨레가 계속해서 밑선으로 내려가는 구도가 펼쳐졌다.

리버풀은 다이어, 뎀벨레를 통제하기 위해 좌우 미드필더 밀너와 찬을 활용했다. 토트넘을 후방 지역에 가둬놓을 셈이었다. 우선, 밀너와 찬은 1차적으로 헨더슨과 좁은 간격을 유지해 중원 지역을 장악했다. 토트넘 4-2-2-2의 2선을 이루는 알리와 에릭센을 수비 범위 안에 두기 위함이었다. 다이어와 뎀벨레가 볼을 받기 위해 밑선으로 내려갈 경우에는 밀너와 찬이 순간적으로 전진하여 그들을 압박했다.

압박을 위해 전진한 밀너와 찬은 상황에 따라 리버풀의 공격 라인까지 올라갈 수도 있었다. 주로 볼을 받은 뎀벨레와 다이어가 수비 라인에게 다시 백패스를 시도할 때였다. 이 상황에서 밀너와 찬이 가속력을 붙여 토트넘의 수비 라인을 더욱 강하게 압박했다. 이때 후방의 헨더슨은 좌우 미드필더의 1선 전진을 커버하는 역할을 수행했다. 그는 중원에 남아 전진하지 않은 나머지 한 명의 미드필더와 함께 에릭센-알리를 수비했다.

토트넘은 수비 라인에서부터 후방 빌드업의 어려움을 겪었다. 그렇

기 때문에 다이어가 밑선으로 내려와 라볼피아나 대형을 형성하기도 했다. 수비 라인에게 가해지는 리버풀 3톱의 압박을 분산시켜, 볼을 쉽게 전진시키기 위함이었다. 라볼피아나 대형이 형성될 경우에는 손흥민이 주로 반 칸/한 칸 밑으로 내려왔다. 이날 토트넘의 궁극적 목적이 '중원 지역에서의 수적 우위'였기 때문이었다.

리버풀은 토트넘의 라볼피아나 대형 역시 훌륭하게 통제해냈다. 피르미누가 다이어와 요리스를 전담하고, 마네와 살라가 양 윙백과 센터백을 압박하면서 더욱 광범위한 수비량을 책임진 것이다. 그렇기 때문에 다이어가 수비 라인으로 내려왔더라도 토트넘은 큰 이점을 보지 못했다.

이날 리버풀은 전체 19번의 태클 시도 중 15번을 상대 진영에서 해낼 정도로 매우 공격적인 전방 압박을 운영했다. 비록 많은 태클을 성공시키진 못했지만, 이는 토트넘의 후방 빌드업을 강하게 통제하기에 충분했다. 토트넘 역시 자기 진영에서만 13번의 볼 점유율을 잃었다. 특히나 오른쪽 센터백인 다빈손 산체스가 리버풀의 전방 압박에 매우 고전하며 실점의 위기를 맞이하기도 했다.

> 하지만 이날 토트넘은 리버풀의 전방 압박에만 크게 고전했을 뿐, 경기 전체적인 관점에서 바라보자면 매우 훌륭했다고 할 수 있었다. 토트넘은 이날 안필드에서 굉장히 공격적인 경기를 펼쳤다. 대부분의 공격 수치에서 우위를 점하며 많은 득점 찬스를 만들어냈다. 포체티노 감독이 의도한 '중원 지역에서의 수적 우위'는 토트넘의 공격 상황과 전방 압박 단계에서 큰 효과를 발휘했기 때문이다.

(볼 점유율 – 리버풀 34.1%, 토트넘 65.9% / 슈팅, 유효 슈팅 시도 – 리버풀 9개, 3개, 토트넘 13개, 6개 / 패스 성공 횟수 – 리버풀 302번, 토트넘 590번 / 패스 성공률 – 리버풀 68%, 토트넘 80%)

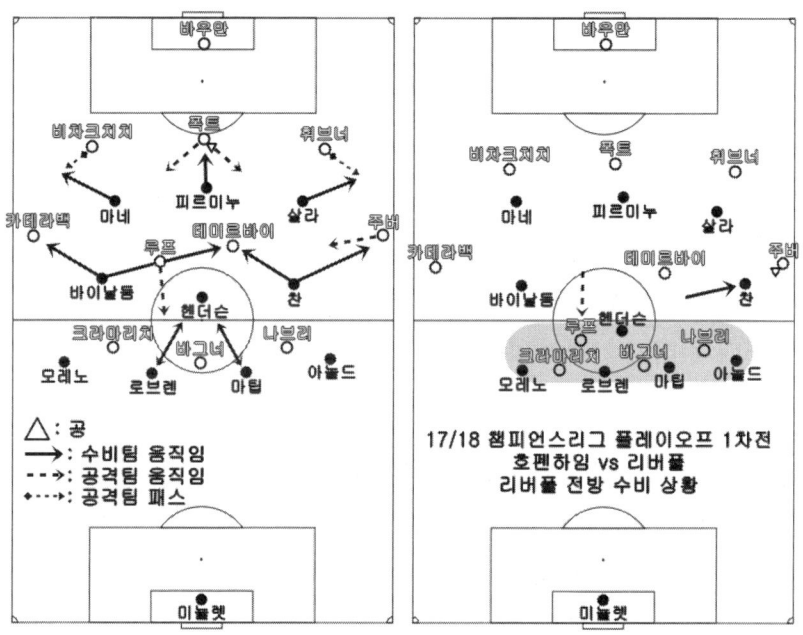

▲ 리버풀의 호펜하임전 전방 압박 형태

한편 백3 시스템을 활용하는 호펜하임과의 챔피언스리그 플레이오프 1차전 경기에서는 상당히 색다른 접근법을 보였다. 이날 리버풀은 전방에서부터 역동적으로 상대를 몰아붙이기보다는 높은 지점에 끈끈한 수비진을 형성하여 호펜하임의 후방 빌드업을 단계적으로 막아냈다. '전방 압박'보단 '전방 수비'에 가까운 형태였다.

율리안 나겔스만 감독의 호펜하임은 이날 3-4-3 대형을 꺼내들었다. '휘브너-폭트-비차크치치'가 백3을 구성하고, '주버-데미르바이-루프-카데라벡' 조합이 미드필더 라인을 이뤘다. 그리고 나브리와 바그너, 크라마리치가 전방 3톱을 전담하는 형태였다.

호펜하임의 후방 빌드업은 매우 유기적인 형태로 이뤄졌다. 우선 중앙 미드필더인 루프가 주로 전진했다. 그는 최전방 3톱을 직접적으로 보좌하는 역할을 수행했다. 중원에 남은 데미르바이는 후방 플레이 메이커 롤을 담당했다. 전방에는 크라마리치가 비교적 빈도 높게 내려오면서 3-4-3 포메이션의 구조적 문제점을 해결하기 위해 움직였다. 마지막으로 중앙 센터백 폭트의 2 대 1 패스 등을 통한 유기적 전진, 왼쪽 윙백 주버의 간헐적 중원 가담 등을 통해 데미르바이를 보좌하려 했다.

이날 리버풀의 전방 수비 대형은 늘 똑같은 4-3-3이었다. 우선 최전방 3톱이 호펜하임의 센터백을 1 대 1로 수비했다. 리버풀은 이를 통해 중앙 센터백 폭트의 유기적 전진을 강하게 통제하려 했다. 피르미누는 폭트를 포함해 중원의 데미르바이와 골키퍼 바우만까지 부분적으로 수비했다. 만약 폭트가 좌우 센터백에게 볼을 전개했을 때면 한 칸 내려서 데미르바이를 수비 범위 안에 뒀고, 바우만에게 백패스를 건넸을 때면 빠르게 전진하여 압박했다. 측면의 마네와 살라는 비차크치치와 휘브너를 압박할 때, 주로 측면으로 향하는 패스 루트를 봉쇄하는 쪽으로 움직였다. 양 윙백 주버와 카데라벡이 볼을 쉽게 만지도록 하기 위함이었다.

전방 압박/수비시 형성하는 리버풀의 4-3-3 시스템은 구조적으로 양 사이드로 넓게 퍼진 상대 선수를 통제하기가 까다로운 대형이다. 대체적으로 양 윙어가 상대 수비 라인을 압박하는데 집중하고, 좌우 미드필더는 중원을 지키면서도 전방 3톱의 수비를 보좌해야 하기 때문이다. (또한 양 윙백 역시 최후방 지역을 지켜야 함)

전술적 핵심 선수는 좌우 미드필더인 바이날둠과 찬이었다. 이들은 중앙의 데미르바이와 측면의 카데라벡, 주버를 모두 담당했다. 호펜하임의 수비 라인이 데미르바이에게 전진 패스를 건넸을 때면 찬/바이날둠이 유기적으로 전진해 압박했다. 이들의 목표는 데미르바이가 전방의 공격 진영(루프, 나브리, 크라마리치, 바그너)으로 패스를 시도하지 못하도록 하는 것이었다. 이에 따라 데미르바이가 양 윙백에게 횡패스를 건넨다면, 바이날둠/찬이 다시 측면으로 빠르게 이동하여 카데라벡과 주버를 수비했다.

수비형 미드필더 헨더슨의 역할은 최후방 라인을 고정적으로 보호하는 것이었다. 상술했듯 호펜하임의 중앙 미드필더인 루프가 빈도 높게 전진하여 3톱을 직접적으로 보좌했기 때문이다. 리버풀은 헨더슨을 통해 후방 지역에 안정적인 5:4 수적 우위를 이뤄내려 했다.

호펜하임은 리버풀의 체계적인 전방 수비를 쉽게 뚫어내지 못했다. 근본적으로 중원의 데미르바이가 고립됐기 때문이다. 폭트와 주버는 데미르바이를 쉽게 지원할 수 없었다. 우선 상술했듯 폭트는 리버풀 3톱의 1 대 1 수비로 전진하는데 큰 어려움을 겪었다. 그는 피르미누의 통제에서 벗어나지 못했다. 또한 왼쪽의 주버는 중앙으로 좁힐 경우 찬과의 수비 거리를 좁혀주는 꼴이 됐다. 중원으로 이동하더라도 실질적으로 데미르바이를 지원할 수 없었던 것이다.

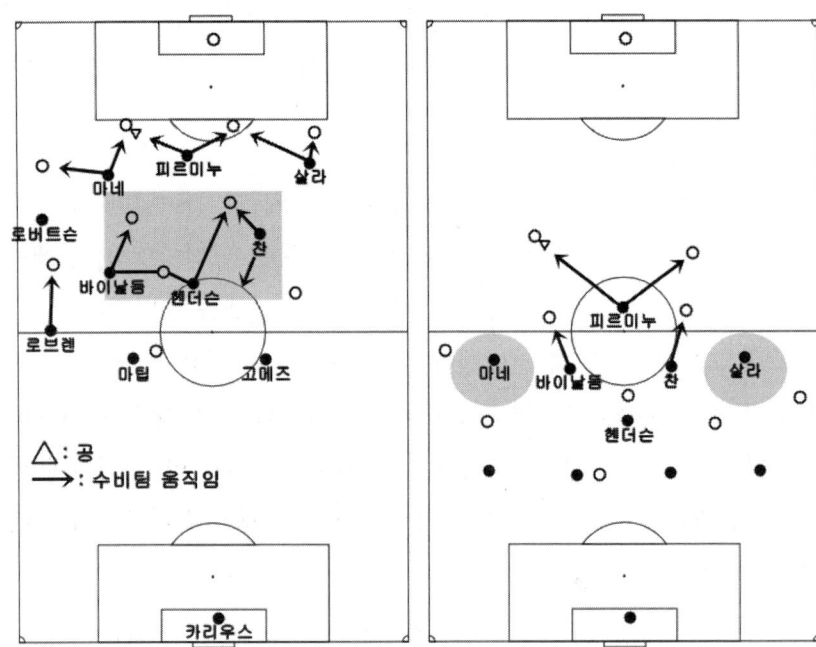

▲ 리버풀의 4-3-3 체제가 형성하는 수비 형태.
'공수 전환 단계'(좌)와 '후방 수비 형태'(우)

리버풀 수비 형태의 핵심은 중원 3미드필더가 광범위한 공간을 담당한다는 것이다. 이유는 명확하다. 양 윙어가 전방 압박, 사전 역습 준비 등의 이유로 1선에 머물러있는 시간이 비교적 길기 때문이다. 리버풀은 경기 내에서 윙어가 밑선으로 내려온 4-5-1 대형보다 4-3-3 포메이션을 유지하고 있는 시간이 더욱 긴 팀이다(공격시에는 큰 문제가 되지 않았지만, 수비시에는 중원 지역에서 수적으로 크게 밀릴 수 있다는 불안점을 낳았다. 앞서 소개한 26R 토트넘전에서 이 점을 완벽하게 공략당하기도 했다).

　그러면서도 수비 라인은 전체가 후방을 지켜 팀의 밸런스를 유지해야 했다. 수비 라인을 매우 높게 끌어올릴 수는 있었으나, 양 윙백이 3미드필더를 돕기 위해 2, 3선 지역까지 전진하지는 않았다. 그렇기 때문에 중원 3미드필더의 수비 담당 범위가 자연스레 넓어질 수밖에 없었다.

　리버풀의 3미드필더는 이를 위해 1차적으로 지역을 잡고, 2차적으로 상대 선수를 집중적으로 마킹했다. 앞서 소개한 전방 압박/수비 형태와 상당히 유사하게 움직였다. 다만 리버풀의 '공–수 전환 단계'나 후방 수비 상황은 전방 압박/수비에 비해 전체적인 공간이 협소했다. 그렇기 때문에 이러한 상황에서는 3미드필더의 압박이 매우 빠르고 역동적으로 이뤄져야 했다.

　이러한 리버풀의 수비 체제에서는 6번 롤의 헨더슨마저도 압박을 위해 포지션을 벗어나는 경우가 많았다. 한정된 숫자(3미드필더)로 보다 광범위한 공간을 커버하고, 좌우 미드필더의 기존 담당 지역을 더욱 효과적으로 메워줄 수 있기 때문이다. 리버풀의 중앙 미드필더는 맨유의 마티치, 토트넘의 다이어처럼 수비시 중원 지역을 고정적으로 지키는 경우가 드물었다.

　리버풀이 '공–수 전환 단계'를 맞이할 때면 전환 미드필더를 제외한 나머지 2명의 선수들이 즉각적으로 압박을 가했다. 이들은 1차적으로 좁은 간격을 유지해 후방 지역을 장악하다가, 상대 공격이 전개될 경우 선수들을 즉각적으로 압박했다. 상황에 따라서라면 한 명의 센터백까지도 리버풀 2미드필더의 압박 진영에 가담할 수 있었다. 이는 주로 로브렌이 됐다. 이들은 왼쪽 윙백 로버트슨과 한 명의 전환 미드필더가 후방으로 복귀할 시간을 벌어줬다.

이후 후방 수비 상황을 맞이했을 때면 양 윙어가 밑선으로 내려온 4-1-4-1, 4-5-1 대형을 형성했다. 이때 마네와 살라의 복귀 속도는 그리 빠르지 않았다. 이들은 대체적으로 차츰차츰 복귀해 언제든지 빠른 역습을 전개할 상황을 노렸다. 한편 중원을 지키는 좌우 미드필더는 상황에 따라 빠르게 전진하여 1선 피르미누를 보좌했다. 이 경우 리버풀은 빠르게 4-4-2 대형으로 전환했다. 이들은 피르미누와 함께 압박을 가해 공격 방향을 측면으로 유도했다.

리버풀은 전체적으로 매우 공격적인 수비를 구사한다. 대부분의 상황에서 1선에 3명의 선수를 배치해 상대의 공격을 사전에 통제하려 한다. 전방에서 이뤄지는 리버풀의 압박 자체는 매우 훌륭했다. 클롭이 독일 시절부터 주 무기로 연마해왔던 전술이기 때문이다. 이러한 수비 형태의 가장 큰 메리트는 '하나의 득점 루트'로도 연결될 수 있다는 점이다. 맨시티와의 리그 23R 경기가 가장 대표적이었다. 이날 리버풀은 전방 압박 상황에서만 팀의 3번째 골을 성공시키며 맨시티를 안필드에서 침몰시켰다(또한 4번째 득점 과정에서도 골키퍼 에데르송이 결정적인 실수를 저질렀다).

문제점이라면 반 다이크가 합류하기 전까지 수비진 선수들의 개인적 실책이 비교적 드물었다는 점이다. 비단 수비수들뿐만이 아니라 골키퍼도 그랬다. 리버풀은 수비진의 개인적 실책으로 상대의 역습이나 공격을 허무하게 실점으로 허용하는 경우가 잦았다. 특히나 4-1로 침몰했던 토트넘과의 리그 9R 경기가 그랬다. 이날 리버풀의 수비수들은 손흥민과 케인으로 이뤄진 토트넘의 발 빠른 2톱을 전혀 막아내지 못했다. 이날 클롭은 "오늘은 토트넘에게 너무나도 쉬운 경기였습니다. 정말로 쉬웠어요. 이것은 우리의 실수 때문입니다."라고 밝히며 수비진에 대한 깊은 아쉬움을 토로했다.

> 또한 클롭은 사우스햄튼과의 리그 12R 경기 후 인터뷰에서 "지금까지 벌어진 대부분의 수비 실책들은 그들이 부족해서 일어난 것이 아닙니다. 긴장을 느슨하게 풀어 벌어진 일들이었죠."라고 언급하며, 수비진의 개인적 실책에는 정신적 요인이 컸다고 설명했다.

05
아스날 전술 분석

장대했던 벵거 감독의 아스날 20년 역사가 드디어 막을 내렸다. 벵거는 항상 공격적인 축구를 갈망해왔으며, 빠르게 흘러가는 현대 전술의 흐름에 뒤처지지 않았다. 당장 최근으로만 보더라도 16/17 시즌 미들즈브러와의 리그 경기에서 백3 시스템을 기용하기 시작했다. 벵거는 이에 대해 "20년 동안 백3은 처음이다."라는 말을 언급하며 전술에 대한 새로운 감정을 나타냈다.

또한 자신의 가장 큰 이상향이었던 '공격적인 축구'도 상황에 따라 잠시 접어두기 시작했다. 궁극적으로 아스날이 원하는 경기 결과를 얻어내기 위해서다. 대표적으로 16/17 시즌에 펼쳐졌던 맨시티와의 FA컵 4강 경기가 그렇다. 당시 아스날은 경기 중 대부분의 상황에서 수비 진영으로 가라앉아 맨시티의 공격을 기다렸다. 과르디올라 감독이 이끄는 맨시티를 상대로 점유율 싸움에서 이길 수 없었기 때문이다. 아스날은 이날 단 34.5%만의 볼 점유율을 기록했다.

아스날은 17/18 시즌 팀 내적으로 대대적인 변화를 시도했다. 우선 여름 이적 시장에서 각각 샬케와 리옹으로부터 세아드 콜라시나츠와 알렉산드로 라카제트를 영입했다. 콜라시나츠는 자유계약 신분으로 데려온 선수이고, 라카제트는 지난 16-17 시즌 리그앙에서 득점왕 2위를 기록한 특급 공격수다(21골 기록, 1위는 카바니 25골).

이후 코칭스태프 쪽에도 변화를 줬다. 아스날은 도르트문트로부터 스벤 미슐린타트를, 바르셀로나로부터 라울 산레히를 데려왔다. 미슐린타트는 이 시대 최고의 스카우터라 불리는 능력자다. 도르트문트에서 카가와 신지, 우스망 뎀벨레, 로베르트 레반도프스키, 피에르 오바메양 등을 발굴해냈다. 아스날로 합류할 당시 국내에도 많은 관심을 모았다. 한편 라울 산레히는 바르셀로나에 약 15년간 머문 이적 협상가로, 축구계에 있어서는 거물급 인물이라 할 수 있다.

아스날은 1월 겨울 이적 시장까지 적극적으로 활용하여 17/18 시즌의 마지막 보강을 마쳤다. 우선 팀의 핵심 자원으로 분류됐던 산체스를 맨유의 헨릭 미키타리안과 스왑했다. 산체스의 계약기간이 단 6개월밖에 남지 않았기 때문에 아스날로서는 최선의 선택이었다. 이에 더해 도르트문트로부터 피에르 오바메양을 영입했다. 여름의 라카제트에 이어 다시 한 번 더 클럽 레코드가 기록된 이적이었다. 아스날은 겨울 이적 시장을 통해 불과 1, 2년 전까지 발을 맞췄던 미키타리안과 오바메양 간의 시너지 효과를 발휘하려 했다.

1. 3-4-3 시스템 – 공격

▲ 17/18 시즌 아스날의 3-4-3 포메이션

상술했듯 아스날의 3-4-3 시스템은 지난 2017년 4월에 첫 모습을 드러냈다. 벵거가 20년 만에 처음으로 시도하는 백3 시스템이었다. 아스날의 3-4-3 체제는 여름 이적 시장을 거친 이후로 더욱 발전했다. 1월 겨울 이적 시장을 맞이하기 전까지는, 영입생 콜라시나츠와 라카제트가 확실한 주전 자리를 꿰찼기 때문이다.

우선 콜라시나츠는 백3의 확실한 왼쪽 윙백으로 자리 잡았다. 콜라시나츠는 공격보단 수비력에 비교적 큰 강점을 갖고 있는 자원이다. 상황에 따라서라면 센터백도 충분히 소화할 수 있을 정도다. 이러한 콜라시나츠의 존재는 오른쪽의 베예린이 더욱 공격적으로 날뛸 수 있도록 전체적인 밸런스를 잡아줬다.

콜라시나츠가 빠질 경우에는 메이틀랜드-나일스가 그의 자리를 메우는 경우가 대부분이었다. 메이틀랜드-나일스는 97년생의 촉망받는 유망주다. 윙어, 윙백, 중앙 미드필더를 모두 소화할 수 있는 멀티 플레이어다. 몬레알은 센터백을 담당해야 했기 때문에 메이틀랜드-나일스가 왼쪽 윙백 자리의 2옵션을 책임지게 됐다. 메이틀랜드-나일스는 웨스트햄과의 리그 17R 경기에서 프리미어리그 첫 선발 출전을 맞이했다.

> 맨시티와의 리그컵 결승전 경기가 끝난 시점에서, 메이틀랜드-나일스는 수비형 미드필더로도 2경기를 소화했다(왼쪽 윙백으로 11경기를, 수비형 미드필더로 2경기로 출전했다). 한국에서 펼쳐진 2017년 5-6월의 U-20 월드컵에서는 잉글랜드 대표팀의 중앙 미드필더 자리를 책임지기도 했다.

한편 라카제트는 아스날의 최전방을 책임졌다. 그는 경기 내내 상대 센터백과 경쟁하며 직접적인 득점을 위해 움직였지만, 적재적소의 상황에서 연계 플레이에 가담하기도 하며 아스날의 공격을 이끌었다. 라카제트의 퍼포먼스는 시즌 초-중반까지 훌륭했다. 레스터 시티와의 리그 1R 경기에서부터 자신의 잉글랜드 무대 첫 득점을 뽑아냈다. 이후 15R 맨유전까지 모두 출전하며 15경기에서 8골을 기록했다. 라카제트가 부진하기 시작한 시점은 맨유전 그 이후, 본격적인 12월을 맞이하면서부터였다.

라카제트의 등장으로 기존 아스날의 최전방 공격수 옵션이었던 올리비에 지루의 입지가 줄어들었다. 16/17 시즌 지루는 아스날에게 몇 가지 전술적 문제점을 야기했다. 그중 가장 큰 부분이 '상대가 높은 수비 라인을 유지한다는 것'이었다. 192cm의 지루는 높이와 포스트 플레이에 강점을 가진 선수이다. 밑선으로 내려와 연결 고리 역할을 수행하는 것을 즐긴다. 빠른 발을 바탕으로 한 주력과 라인 브레이킹에는 능한 공격수가 아니다. 그렇기 때문에 지루를 맞이하는 상대 센터백 입장에서는 수비 라인을 높게 끌어올리더라도, 뒷공간에 대한 큰 리스크를 안고 있지 않았다. 이는 아스날의 전체적인 공격 공간이 제한된다는 문제점을 불러일으켰다. 공격형 미드필더 외질은 더욱 강한 압박 속에서 플레이하게 됐으며, 당시 아스날에는 이러한 높은 수비 라인을 깨뜨려줄 확실한 주전급 자원이 존재하지 않았다. 벵거가 16/17 시즌 산체스를 중앙 공격수로 활용한 까닭 중 하나도 이러한 요인 때문이라 할 수 있었다.

벵거의 3-4-3 시스템은 아스날의 17/18 시즌 초-중반기를 책임졌다. 아스날은 17/18 시즌 리그 24R 팰리스전을 맞이하기 전까지 3-4-3 시스템을 주 전술로 삼아왔다. 벵거는 지난 38번의 프리미어 리그 경기 중에서 20번을 3-4-3 시스템과 함께 했다(축구 통계 사이트 'whoscored.com'을 참고). 물론 리그 24R 팰리스전 전에도 백4

시스템을 활용한 경기가 있긴 했으나, 이는 소수에 불과했다.

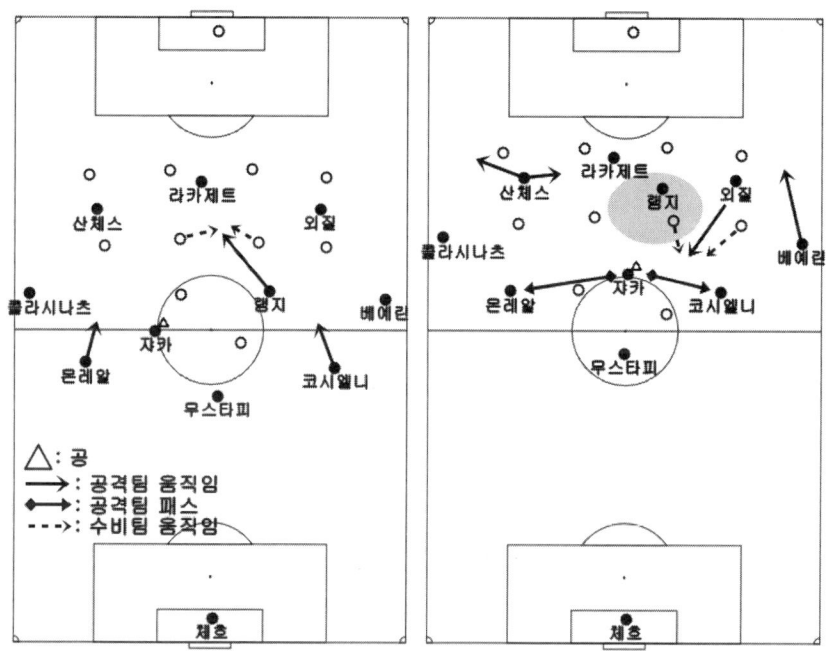

▲ 아스날의 3-4-3 체제가 형성하는 공격 형태

 아스날의 3-4-3 체제에는 벵거가 추구하는 '공격적인 축구'의 성향을 매우 확연하게 찾아볼 수 있다. 일반적인 3-4-3 체제가 형성하는 공격 형태와는 다르게 움직이기 때문이다. 앞 첼시편에서 언급했듯, 보통의 3-4-3 대형에서 공격을 전개할 때면 1선의 선수가 유기적으로 내려오는 경우가 많았다. 중원 지역을 담당하는 중앙 미드필더가 단 둘 뿐이기 때문이다. 첼시에서는 양 윙어 아자르와 페드로가 공격 전개를 위해 활발하게 내려왔다.

반면 아스날에서는 그와 반대로 움직이는 경우가 많았다. 아스날이 본격적인 공격을 전개할 때면, 중앙 미드필더인 램지가 공격 진영으로 올라간 것이다(빌드업이 필요할 때면 언제든지 쟈카와 공존했지만). 벵거는 램지를 통해 1차적으로 공격 진영에 더욱 많은 숫자를 투입하려 했다. 램지는 오프 더 볼 능력과 활동량에 큰 강점을 가진 선수다. 그렇기 때문에 공격 진영에서의 콤비네이션 플레이나, 아스날이 양 윙백을 활용한 측면 플레이를 전개할 때면 박스 안으로 쇄도해 득점을 노리기도 했다. 대표적으로 리그 10R 스완지전과 리그 26R 에버튼전(당시에는 백4 시스템을 활용하긴 했지만)의 득점 장면이 그랬다. 램지는 광범위한 활동량을 바탕으로 유연한 연결 고리 역할을 수행하기도 했다.

이러한 램지의 움직임은 후방의 쟈카에게 공간을 열어주는 옵션이 되어줬다. 전체적으로 내려앉는 성향을 지닌 팀을 상대할 때 그랬다. 공격 진영에만 4명의 선수들이 존재했기 때문에 상대의 미드필더 라인은 자연스레 내려앉을 수밖에 없었다. 그리고 이는 아스날의 전체적인 수비 진영이 공격시 더욱 높은 지점까지 전진할 수 있는 계기가 됐다.

벵거 감독은 최후방 백3 라인을 매우 높은 지점까지 전진시켜 램지의 공백을 메웠다. 좌우 센터백인 몬레알과 코시엘니를 쟈카 선까지 전진시킴으로써, 실질적으로 중원을 담당하는 선수 숫자를 3명으로 늘린 것이다. 또한 램지가 1차적으로 올라갔기 때문에 측면의 콜라시나츠와 베예린이 빌드업 단계에서부터 빠르게 전진할 필요가 없었다.

아스날은 후방에 형성된 '몬레알-쟈카-코시엘니' 라인을 통해 볼을 순환시켰다. 몬레알과 코시엘니가 측면으로 넓게 벌려 선 채로 볼을 받아주면서 상대의 수비 진영을 흔들었다. 상황에 따라서라면 콜라시나츠와 베예린까지 볼을 순환시키는데 가담할 수도 있었다. 후방 진영의 핵심이 된 선수는 당연 쟈카였다. 쟈카는 3-4-3 체제에서 램지와 중앙 미드필더를 이룰 때면 철저한 후방 플레이 메이커 역할을 수행했다. 상술한 램지의 강점 상 중앙 미드필더 간의 역할 분담(후방 플레이 메이커와 전진 미드필더)이 뚜렷했기 때문이다.

반면 윌셔나 엘네니 등의 옵션이 들어온다면 중앙 미드필더 간의 역할 분담이 비교적 흐려졌다. 윌셔는 직접 볼을 몰고 저돌적으로 플레이하는데 큰 강점을 갖고 있고, 엘네니는 다재다능한 능력을 보유한 대신 어느 한 쪽으로 특출나게 뛰어나지 않기 때문이다. 램지 대신 윌셔나 엘네니가 들어올 때면 쟈카와 유기적으로 역할을 분담하는 경우가 많았다. 경기 내 상황에 따라 후방 플레이 메이커와 전진 미드필더 역할을 모두 오간 것이다.

한편 공격 진영에서는 외질이 비교적 자유롭게 움직였다. 상술했듯 오른쪽의 베예린이 왼쪽의 콜라시나츠에 비해 더욱 공격적으로 활동했기 때문이다. 최고 수준의 플레이 메이킹과 광범위한 활동량을 모두 보유한 외질은 이러한 전술 체제에서 큰 강점을 발휘했다. 또한 램지 역시 1차적으로 전진했기 때문에 외질이 더욱 자유롭게 움직일 수 있었다(외질이 포지션을 벗어날 경우 베예린과 램지, 라카제트 등이 언제든지 커버할 수 있었다).

왼쪽의 산체스는 주로 하프 스페이스 지역을 담당하되, 매 경기에 따라 가지각색의 형태로 움직이기도 했다. 기본적으로 광범위한 활동량을 소화하기 때문에 경기 내에서 넓은 공격 지역을 책임졌다. 산체스는 전체적으로 백3, 백4 체제를 가리지 않고 매우 다양한 형태로 활동했다. 본질적으로 중앙과 측면 모든 지역에 익숙하기 때문이다. 대표적으로 19R 리버풀전(4-2-3-1 활용)과 20R 팰리스전(3-4-3 활용)에서는 주로 터치라인 부근으로 넓게 벌려 활동했다. 그렇기 때문에 각각의 경기에서 오른쪽 측면을 담당했던 이워비와 외질이 광범위하게 움직여야 했다. 한편 13R 번리전에서는 중앙 지향적으로 활동하며 라카제트를 직접적으로 보좌하는 모습을 보였다.

> 산체스의 이러한 다재다능함은 아스날에게 다양한 전술적 옵션을 가져다줬다. 우선 19R 리버풀전의 경우, 왼쪽 윙백 메이틀랜드-나일스의 오버래핑을 최소화시키기 위해 측면 지향적으로 움직인 것이었다. 당시 메이틀랜드-나일스의 상대는 리그 내 최고의 공격수인 살라였다. 메이틀랜드-나일스가 오버래핑을 시도할 경우 아스날은 살라의 빠른 발에 무너질 수 있었다. 한편 20R 팰리스전에서는 왼쪽 측면만을 집중적으로 공략하기 위해 터치라인 부근으로 넓게 벌려 움직인 것이었다. 당시 아스날은 왼쪽 측면으로만 전체 공격의 45%를 담당하며 팰리스의 '켈리-타우젠드' 라인을 집중적으로 공략했다.

산체스가 주로 하프 스페이스 지역을 담당한 이유는 콜라시나츠의 오버래핑이 매우 공격적으로 이뤄지지 않았기 때문이다. 콜라시나츠는 대개 산체스가 왼쪽 진영에서 볼을 소유하고 있을 때 추가적으로 전진했다. 순간적으로 수적 우위의 옵션을 가져다줬다. 이와 반대로 산체스가 측면 지향적으로 움직일 때면 중앙으로 좁혀 들어오는 언더래핑도 가능했다.

아스날은 시즌 초반에 3-4-3의 왼쪽 윙어로 웰백을 자주 활용했다. 정확히 말하자면 벵거는 프리시즌 때부터 '웰백-라카제트-외질' 공격 라인을 자주 활용해왔다. 웰백이 17/18 시즌 주전 자리로부터 멀어지기 시작한 시점은 쾰른과의 유로파리그 조별예선 4R 경기부터였다.

웰백이 왼쪽 윙어로 활약할 때면 아스날은 비교적 조직적인 형태를 형성할 수도 있었다. 외질이 미드필더 라인을 흔들기 위해 2, 3선으로 내려갈 경우, 순간적으로 웰백과 라카제트가 2톱을 이루는 3-5-2/ 3-4-1-2 대형이 형성됐기 때문이다. 최전방 공격수로도 뛸 수 있는 웰백은 이러한 체제에서 큰 강점을 발휘할 수 있었다. 다만 산체스가 전체적인 기량이 우수할 뿐더러, 상술했듯 여러 전술적 옵션들을 제공해줬기 때문에 웰백은 자연스레 후보 명단으로 밀려났다.

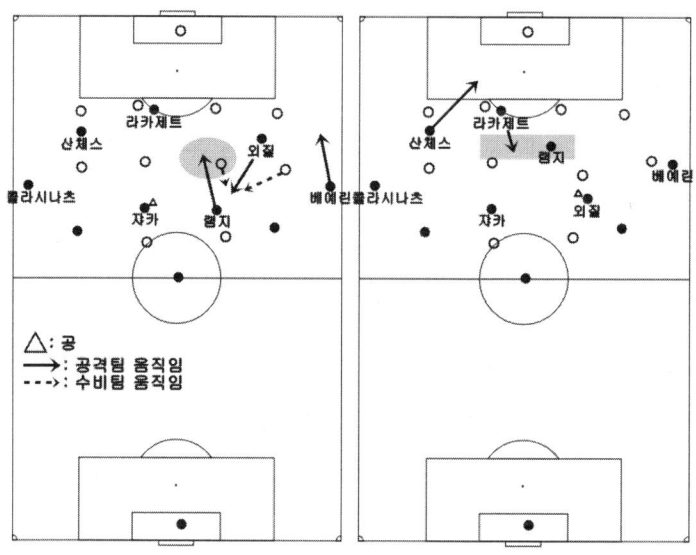

▲ 아스날의 유기적인 공격 형태

아스날 공격 형태의 핵심은 '유기성'이다. 같은 유기성을 중시하는 리버풀과 비교해보자면, 아스날은 더욱 자유롭고 공격적으로 접근했다. 벵거 감독은 과르디올라와 같이 전술적으로 디테일한 요소에 큰 힘을 기울이진 않았다(전술에 세심하지 않다는 것이 나쁘다는 뜻이 아니다). 다만, 늘 그래왔듯 유기적으로 돌아가는 공격 전술의 큰 틀 속에서 선수들이 최고의 기량을 발휘할 수 있도록 지도했다.

아스날은 공격 단계에서 이뤄지는 유기성을 통해 상대의 미드필더 라인을 끊임없이 흔들었다. 이를 통해 상대의 2, 3선 선수들에게 큰 혼란을 야기하고, 그들의 라인 사이 지역으로 최대한 많은 볼을 투입시키려 했다. 아스날의 스트라이커 옵션인 라카제트와 오바메양은 상대 센터백과의 라인 브레이킹 싸움에서 우위를 점할 수 있는 공격수들이었다.

아스날은 상대의 미드필더 라인을 끊임없이 흔들기 위해 1선과 2선 간의 스위칭을 매우 활발하게 가져갔다. 상술한 램지의 1선 전진도 그 일환이라 할 수 있다. 1선의 산체스, 라카제트, 램지, 외질은 누군지 밑선으로 내려와 상대의 미드필더 라인을 끌어낼 수 있었다. 아스날은 경기 중 지속적으로 '상대의 미드필더 라인을 끌어내기-가라앉히기'를 반복하면서 공격 지역의 핵심 공간을 창출했다.

1선 선수들은 상대 진영 속에서 매우 활발하게 움직여야 했다. 본질적으로 창출해낸 상대 라인 사이 지역의 빈 공간에서 볼을 받기 위함이다. 그렇기 때문에 상황에 따라서라면 스트라이커 라카제트와 양 윙백까지 상대의 라인 사이 지역에서 볼을 받을 수 있었다.

아스날의 공격 체제가 형성하는 유기성에 있어, 핵심 자원은 램지와 외질이라 할 수 있다. 두 선수 모두 광범위한 활동량을 바탕으로 경기 중 매우 큰 폭으로 움직이기 때문이다. 아스날은 램지와 외질의 자유롭고 활발한 움직임을 통해 상대의 미드필더 라인을 크게 흔들었다.

램지가 1선으로 빈도 높게 전진했다면, 외질은 그와 반대로 2선, 쟈카가 담당하는 지역으로 계속해서 내려왔다. 램지의 움직임과는 반대로 상대 미드필더 라인을 끌어내기 위함이었다. 외질은 이 지역에서 쟈카와 함께 후방 플레이 메이킹을 주도했다. 램지와 외질의 이러한 성향에 따라, 아스날이 공격을 전개할 때면 두 선수 간의 위치가 바뀌어 있는 경우도 많았다.

광범위하게 움직이는 외질과 램지는 산체스와 라카제트가 자신의 본 임무에 더욱 집중할 수 있는 판을 깔아주기도 했다. 상술했듯 산체스와 라카제트는 언제든지 밑선으로 내려와 볼을 받아줄 수 있었지만, 상대의 미드필더 라인을 흔드는 선수가 따로 존재한다면(왼쪽이나 중앙 진영에서) 굳이 자신의 포지션에서 벗어날 필요가 없었.

상대의 라인 사이 지역에 위치한 선수는 순간적인 1선 쇄도를 통해 라카제트를 보좌할 수도 있었다. 다만, 외질은 공격 지역에서의 플레이 메이킹에 집중해야 했기 때문에 직접적인 쇄도를 자주 시도하진 않았다. 대신 윙백 베예린이 빠른 발을 활용하여 상대의 수비 뒷공간을 자주 공략했다. 베예린은 백3의 윙백이지만, 언제든지 오른쪽 측면에서 중앙으로 잘라 들어오며 상대 수비를 위협했다.

아스날이 더욱 공격적으로 나서야 하는 상황이라면 2가지 변화를 줄 수 있었다. 첫째는 왼쪽 센터백 몬레알까지 추가적인 오버래핑을 나서는 것이었다. 몬레알이 오버래핑을 시도할 경우에는 주로 산체스/

콜라시나츠의 뒤로 돌아 전진했다. 그리고 산체스와 콜라시나츠 중 한 명은 중앙으로 좁혀 공격 숫자를 확보했다.

둘째는 무조건적으로 한 명만의 후방 플레이 메이커를 두는 것이었다. 가령 램지, 외질이 상대의 미드필더 라인을 흔들기 위해 밑선으로 내려올 때, 쟈카가 공격 진영으로 전진한 것이다. 아스날은 이를 통해 2선이 끌려 나간 상대의 라인 사이 지역을 더욱 적극적으로 공략하려 했다. 좌우 센터백 역시 한 명의 숫자를 메우기 위해 볼에 대해 더욱 적극적으로 움직여야 했다.

2. 백4 시스템 (4-3-3, 4-2-3-1) - 공격

▲ 17/18 시즌 아스날의 4-3-3(좌)과 4-2-3-1(우) 포메이션

아스날은 리그 24R 팰리스전을 맞이하면서부터 다시 본격적으로 백4 시스템을 가동하기 시작했다. 벵거가 2017년 12월 웨스트 햄전을 앞둔 인터뷰에서 "백4는 제가 가장 좋아하는 시스템입니다."라고 언급했을 만큼 자신의 주 전술로 다시 회귀한 것이다. 아스날은 17/18 시즌 초중반에 간간이 즐겨 썼던 4-3-3과 4-2-3-1 대형을 활용했다.

아스날은 백3에서 백4 시스템으로 다시 넘어오면서, 선수 기용적인 측면에서 2가지 변화를 맞이했다. 우선 백3의 윙백 자리를 담당하던 콜라시나츠의 위상이 낮아졌다. 백3 체제에서는 확고한 주전의 몬레알이 왼쪽 센터백을 담당했기 때문에 콜라시나츠의 출전 시간이 보장됐지만, 백4 대형에서는 몬레알이 왼쪽 윙백 자리로 나서기 시작했다. 그렇기 때문에 콜라시나츠가 수비 라인의 1옵션으로 선택받는데 어려움을 겪었다. 이후 몬레알이 확고한 주전으로 가는 듯 보였으나, 2월에 2주간의 부상을 당하며 콜라시나츠에게도 어느 정도의 출전 기회가 부여됐다. 몬레알은 유로파리그와 같은 3월 이후의 중요 경기에서 확실한 주전 자리를 꿰찼다.

둘째는 4-3-3 체제에서 엘네니가 기용받기 시작했다는 것이다. 아스날이 활용한 3-4-3 대형에서는 2명만의 중앙 미드필더를 뒀기 때문에 엘네니의 입지가 좁았다. 그간 엘네니는 백3 체제에서 쟈카, 램지, 윌셔에 밀려 중앙 미드필더의 4옵션으로 선택받아야 했다. 그러나 벵거 감독이 3미드필더를 둔 4-3-3 대형을 활용하기 시작하자 점차 기용 받기 시작했다. 엘네니는 4-3-3의 중앙 미드필더 자리에서 활약했다.

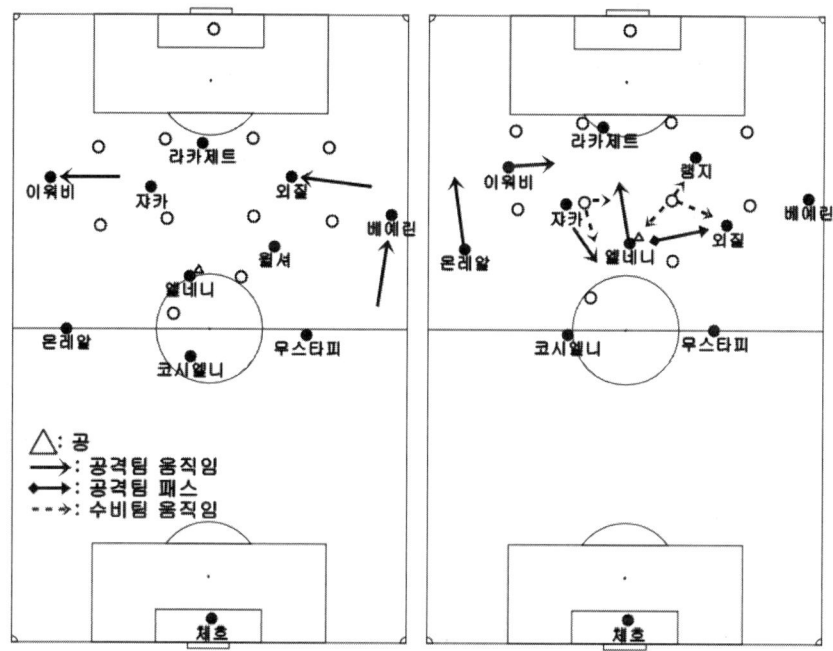

▲ 아스날 백4 체제의 공통적 공격 형태(좌)와 4-3-3 체제가 형성하는 공격 형태(우)

백4 체제의 아스날이 공격을 전개할 때면 주로 변형 백3 형태의 수비 라인을 구성했다. 이는 아스날이 비교적 익숙한 체제 속에서 공/수 밸런스를 유지할 수 있는 계기가 됐다. 기존 백3 형태와의 차이점이라면 측면 지역에서 전문적으로 공격을 담당하는 윙어가 존재한다는 점이었다.

백3 형태로의 전환은 오른쪽 윙백 베예린의 전진을 통해 이뤄졌다. 몬레알은 기존 백3 체제에서 센터백 역할을 수행했기 때문에 아스날의 변형 수비 라인은 안정성을 얻을 수 있었다. 베예린의 전진에 따라 오른쪽 윙어 선수는 경기 내에서 중앙 지향적으로 움직였다. 주로

4-3-3 대형에서는 외질이, 4-2-3-1 체제에서는 미키타리안이 오른쪽 윙어로 나섰다. 반면 아스날의 왼쪽 윙어는 비교적 측면 지향적으로 움직여야 했다. 몬레알이 최후방에서 안정성을 추구하기 때문이다. 아스날의 왼쪽 윙어는 주로 이워비가 됐지만, 상황에 따라서라면 미키타리안이 이 역할을 수행할 수도 있었다. 미키타리안은 종종 아스날 내에서 측면 지향적으로 활동하는 역할을 부여받기도 했다. 대표적으로 리그 27R 토트넘전과 28R 맨시티전이 그랬다.

> 미키타리안은 공격 지역의 모든 포지션을 소화할 수 있는 선수다. 그는 아스날과의 입단 인터뷰에서 '가장 선호하는 포지션은 어디입니까?'라는 질문에 대해 다음과 같이 답했다. "그라운드 위 어느 곳이든 좋아합니다. 저는 위치를 가리지 않고, 경기할 때 특정 포지션에만 구애받지 않는 편입니다. 언제나 공간을 만들어내고, 동료들을 지원하기 위해 움직이죠."

아스날의 공격 숫자가 추가적으로 필요할 때면 왼쪽 윙백 몬레알이 1선까지 전진했다. 이때 왼쪽 윙어 이워비는 중앙으로 좁혀 공격에 관여할 수 있었다. 중앙의 이워비는 상황에 따라 매우 다양하게 움직였다. 스트라이커 라카제트를 직접적으로 보좌할 수도 있었고, 3선 지역을 빈도 높게 오가면서 상대의 미드필더 라인을 흔들 수도 있었다.

아스날의 백4 시스템이 형성하는 공격 형태는 기존 백3 체제의 메커니즘과 크게 다르지 않았다. 늘 그랬듯 2선과 3선의 유기적인 위치 변화를 통해 상대의 미드필더 라인을 흔드는 것이 주목적이었다. 차이점이라면 바로 앞에서 상술했듯 '측면 지역에서 전문적으로 공격을 담당하는 윙어'가 존재한다는 점이었다. 아스날이 이러한 측면 자원이 필요하게 된 이유로는 서로 연관된 2가지 요인으로 생각해볼 수 있다.

(1) 기존 백3 체제에서 왼쪽 윙백을 담당했던 콜라시나츠의 공격력이 비교적 부족했다는 것 – 콜라시나츠는 공격시 실질적인 윙어 역할을 수행할 만한 충분한 능력을 갖추지 못했다.

(2) 겨울 이적 시장에서 산체스가 맨유로 떠났다는 것 – 백3 체제에서 윙백 콜라시나츠의 공격력이 비교적 부족했다고 하더라도, 아스날은 산체스의 뛰어난 퍼포먼스를 통해 이를 충분히 커버했다. 상술했듯 산체스는 광범위한 활동량을 바탕으로 측면 지향적으로 움직이기도 했다.

> 산체스는 아스날에서 출전한 지난 19경기에서 매우 압도적인 공격 수치를 기록했다. 아스날에서 기록한 산체스의 플레이 타임 – 1508분 / 7골 3도움 – 팀 내 득점 4위, 어시스트 9위 / 2.7번의 평균 키 패스 – 팀 내 2위, 1위 외질 3.2번 / 2.1번의 평균 드리블 – 팀 내 3위, 1위는 5.7번의 챔벌레인이나, 단 242분 만의 플레이 타임을 기록. 2위는 2.3번의 윌셔 (프리미어리그 38경기를 기준으로)

아스날의 4-3-3 체제에서는 주로 엘네니와 쟈카, 외질이 유기적인 스위칭을 바탕으로 상대의 미드필더 라인을 흔들었다. 윌셔가 존재할 때면 이들과 함께 볼에 꽤나 적극적으로 관여했지만, 램지일 경우에는 주로 오프 더 볼에 치중하는 모습을 보였다. 엘네니가 존재한 탓에 4-3-3 체제에서는 쟈카가 더욱 자유롭게 활동할 수 있었다.

4-3-3 시스템의 공격 형태에 있어서, 전술적 핵심 역할을 맡은 선

수는 엘네니다. 엘네니는 경기 내에서 다양한 역할을 소화했다. 우선 후방 빌드업 단계에서는 주로 수비 라인으로 내려와 라볼피아나 대형을 형성했다. 그는 최후방에서부터 공격을 전개하고, 유기적인 전방 진영의 뒤를 받쳐주는 역할을 수행했다.

아스날이 높은 지점에서 공격을 전개할 때면 지속적으로 전진해 상대의 미드필더 라인을 흔들었다. 벵거는 엘네니까지 2-3선 스위칭 대형에 가담시켜 상대의 미드필더 라인에게 큰 혼란을 주려 했다. 엘네니가 전진한 경우에는 쟈카와 외질이 유기적으로 내려와 센터백 앞을 받쳐줬다. 벵거는 엘네니에 대해 "엘네니는 박스 투 박스와 홀딩 미드필더 역할을 모두 소화할 수 있는 유망한 선수입니다. 우리가 원한 다재다능한 자원이죠."이라고 평가하기도 했다.

물론, 본격적으로 첫 4-3-3을 꺼내든 팰리스와의 리그 24R 경기에서는 엘네니를 고정적인 홀딩 미드필더로 활용하기도 했다. 당시 아스날은 엘네니가 후방을 지키는 대신 쟈카, 윌셔, 외질, 라카제트가 중앙 지역에서 매우 유기적으로 활동했다. 상황에 따라 왼쪽의 이워비까지 중앙으로 좁히며 라카제트를 지원했다.

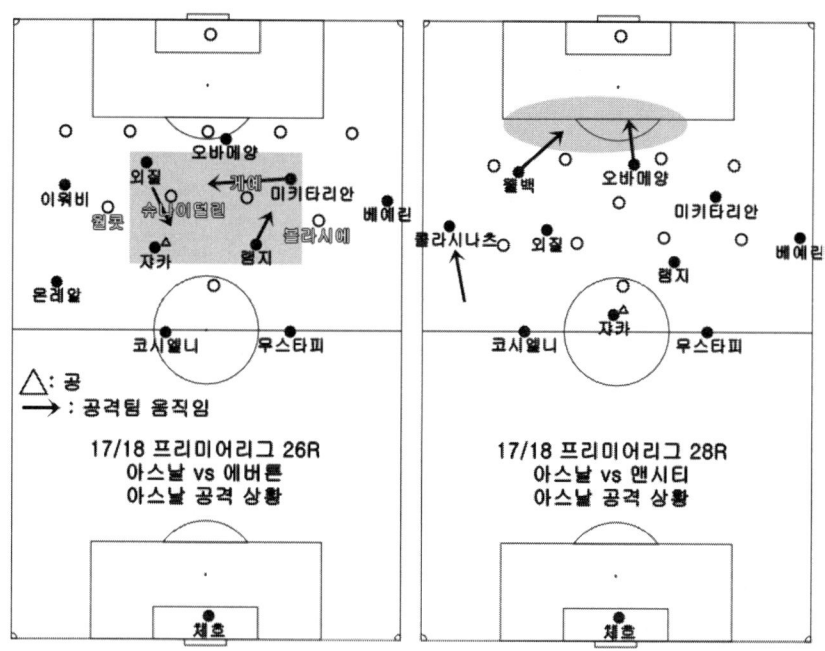

▲ 아스날의 4-2-3-1 체제가 형성하는 공격 형태 - 에버튼전(좌), 맨시티전(우)

한편 아스날이 4-2-3-1 대형을 들고 나왔을 경우에는 대부분 중원에 쟈카와 램지, 윌셔가 공존했다. 4-3-3 체제에서 각광받던 엘네니는 2미드필더를 둔 이 대형에서 벵거의 적극적인 선택을 받진 못했다. 그는 로테이션 자원으로 분류됐다. 엘네니는 외스테르순드와의 2번의 유로파리그 32강전 경기에서 메이틀랜드-나일스와 함께 4-2-3-1의 중원을 이뤘다.

아스날이 4-2-3-1 대형 자체에서 누릴 수 있는 가장 큰 메리트는 외질과 미키타리안이 중앙에서 공존할 수 있다는 점이다. 외질이 공격형 미드필더로 나서고, 미키타리안이 오른쪽 공격수로 출전한다면 두 선수 모두가 중앙에서 움직일 수 있었다. 또한 쟈카와 램지 모두 유기적으로 전진하면서 외질, 미키타리안과 함께 상대의 미드필더 라인을 흔들었다.

이러한 공격 형태가 가장 원활하게 이뤄졌던 경기가 에버튼과의 리그 26R 일전이었다. 당시 에버튼의 샘 앨러다이스 감독은 3-4-3 포메이션을 기반으로 한 5-4-1 수비 대형을 구축했다. '월콧-슈나이덜린-계예-볼라시에' 조합이 미드필더 라인을 형성하여 아스날의 중원을 통제하려 했다.

당시 측면의 월콧과 볼라시에는 수비시 슈나이덜린, 계예와 좁은 간격을 유지했지만, 아스날의 공격을 적극적으로 수비하지 않았다. 그렇기 때문에 중앙의 슈나이덜린과 계예는 외질, 미키타리안, 램지, 쟈카가 유기적으로 공존하는 아스날의 중원을 상대해야 했다. 상황에 따라서라면 추가적으로 몬레알의 오버래핑과 맞물려 왼쪽의 이워비까지 중앙으로 가담할 수 있었다.

이날 미드필더 라인의 중심을 이룬 계예와 슈나이덜린은 끊임없이 흔들렸다. 에버튼은 수적 열세에 대한 대비가 전혀 되지 않았다. 16/17 시즌 맨시티를 상대한 첼시와 같이, 에버튼에겐 전체적인 수비 라인을 높게 끌어올리는 방법이 존재하긴 했다. 그러나 이는 빠른 발을 가진 오바메양에게 뒷공간을 노출할 수 있다는 치명적인 리스크를 낳았다.

벵거 감독은 포체티노, 무리뉴와 같이 전술 변화를 자주 시도하진 않지만, 17/18 시즌만큼은 상황에 따라 상대에 맞춘 전략을 들고 나오기도 했다. 4-2-3-1 체제에서는 지난 리그 28R 맨시티전이 그랬다. 당시 벵거는 '콜라시나츠-코시엘니-무스타피-베예린' 조합을 수비 라인으로, '램지-쟈카'를 3선으로 배치했다. 그리고 공격 2선에 '웰백-외질-미키타리안'과 최전방에 오바메양을 배치하며 라인업을 구성했다.

이날의 아스날은 양 윙백 모두를 공격적으로 활용했다. 왼쪽에 선 웰백이 언제든지 맨시티의 수비 뒷공간으로 쇄도할 수 있도록 하기 위함이었다. 벵거는 오바메양과 웰백을 통해 맨시티의 높은 수비 라인을 공략하려 했을 것이다. 대신 중앙의 쟈카가 비교적 수비적으로 활동하면서 양 윙백의 오버래핑에 대한 공/수 밸런스를 맞췄다.

아스날의 의도 자체는 좋았지만, 실제 경기 내에서는 좋은 장면을 거의 만들어내지 못했다. 이날의 최후방 라인이 맨시티의 강한 압박에 막혀 공격을 정상적으로 전개하지 못했기 때문이다. 이날 라볼피아나 대형을 형성한 무스타피와 쟈카, 코시엘니는 아구에로와 데 브루잉/다비드 실바의 강한 압박을 전혀 벗겨내지 못했다.

그들은 반복적인 횡 패스를 전개했으며, 이러한 공격 전개의 최종 목적지는 결국 측면의 콜라시나츠와 베예린이 됐다. 맨시티는 윙어 사네와 베르나르도 실바를 통해 베예린과 콜라시나츠를 쉽게 막아낼 수 있었다. 터치라인 부근의 지역은 각도가 매우 제한되어있기 때문이다. 중앙에서 중앙으로 향하는 전진 패스를 전개하지 못한 아스날은 맨시티의 골문을 여는데 실패했다. 후반전 오바메양이 얻은 천금 같은 페널티 킥 기회까지 골키퍼 에데르송의 선방에 막혀버리면서 말이다. 이날 아스날은 홈 에미레이츠 스타디움에서 맨시티에게 굴욕적인 3-0 패배를 맛봐야만 했다.

3. 백3, 백4 수비 시스템

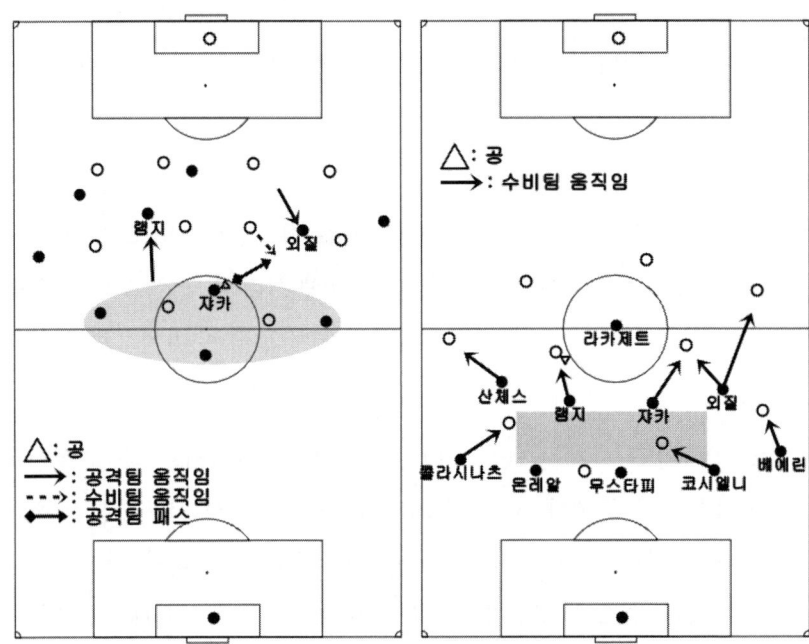

▲ 아스날의 수비적 리스크(좌)와 공격적 수비 형태(우)

17/18 시즌의 아스날은 수비적으로 굉장히 실망스러운 모습을 보여 줬다. 아스날은 프리미어리그에서 총 51실점을 허용했다. 경기당 무려 1.3골씩을 먹힌 셈이다. 이는 상위 6팀 중 압도적으로 높은 실점률이며, 최소 실점 팀인 맨시티보다 2배 이상의 수치다.

아스날의 절망적인 실점률에 대한 전술적 요인으로는 벵거의 '공격적인 성향'을 손꼽을 수 있다. 최후방 수비 라인의 선수들이 공격 작업에 직접적으로 가담하면서 그에 대한 리스크가 발생한 것이다. 3-4-3 시스템의 경우, 공격시 '몬레알-쟈카-코시엘니' 라인에서 패스 미스가 발생할 때 상대에게 치명적인 공격 기회를 헌납하게 된다. 상술했듯 한 명의 중앙 미드필더 램지가 1차적으로 전진하는 경우가 잦았기 때문이다(또한 3선으로 빈도 높게 내려오는 외질은 산체스와 같이 수비에 헌신적으로 임하는 자원이 아니었다).

아스날이 이러한 전술적 요인으로 실점을 허용한 가장 대표적인 경기가 2R 스토크전이었다. 아스날은 헤세에게 선제골이자 결승골이 될 통한의 실점을 헌납하며 1-0 패배를 당했다. 아스날의 실점은 그들의 빌드업 단계에서부터 비롯됐다. 쟈카가 볼을 몰고 전진한 이후, 외질에게 패스를 건네는 상황에서 미스가 범해져 스토크에게 치명적인 역습 기회를 허용한 것이다. 스토크는 이 역습 상황에서 아스날의 센터백들과 3:3 수적 동률 상황을 이뤄냈다. 아스날의 센터백은 콜라시나츠, 몬레알, 무스타피였고, 스토크의 3톱은 베라히뇨, 헤세, 추포 모팅이었다.

실점 장면에서 많은 축구 팬들의 비난 대상이 된 선수는 램지였다. 쟈카의 패스가 끊길 당시, 중앙 미드필더가 스트라이커 라인까지 전진했다는 사실이 그 이유였다. 하지만 램지는 자신의 전술적 역할을 이행한 것뿐이었다. 실점 장면에서는 아스날의 공격 형태 그대로 램지가 전진하고, 반대편의 외질이 볼을 받기 위해 내려왔다. 전술적으로는 크게 문제 될 것이 없었다. 흠이라면 쟈카가 패스 미스를 저질러 아스날의 '공격 축구'에 대한 리스크가 드러났다는 것이었다.

아스날에겐 리스크를 커버하지 못한다는 것이 가장 큰 전술적 문제다. 굉장히 공격적인 축구를 실행한다 해서 반드시 많은 실점을 허용할 이유는 없다. 당장 맨시티만 봐도 알 수 있다. 과르디올라 감독은 공격시 2명의 센터백 모두를 하프 라인 윗선까지 전진시킨다. 10명의 모든 필드 플레이어들이 직접적인 공격 전개에 가담한다. 이런 팀이 17/18 프리미어리그의 최소 실점 팀으로 군림하지 않았는가?

아스날과 맨시티의 가장 큰 차이점은 '공격적인 축구의 리스크를 커버할 여건이 되는가?'에 대한 유무다. 기본적으로 아스날은 맨시티와 같이 유럽 최고 수준의 전방 압박 능력을 보유하지 못했다. 맨시티는 전방에 많은 숫자를 투입한 만큼 이를 수비적으로도 활용하지만, 아스날은 그러지 못한 것이다. 그렇기 때문에 1차적으로 '후방 지역에 숫자가 적다.'라는 리스크를 노출할 수밖에 없었다.

2차적으로는 '후방 지역에 숫자가 적다.'라는 리스크 자체를 감내하지 못했다. 1차적으로 상대에게 문제점을 노출했다면, 2차적으로는 그것을 해결할 방안이나 장치를 세워야 한다. 16/17 시즌 초반 4-2-4 포메이션을 활용한 첼시는 공격시 2-4-4와 같은 대형을 형성했다. 콩테 감독은 활동량과 태클 능력이 뛰어난 캉테를 통해 공/수 전환 단계의 리스크를 커버하려 했다. 맨시티 역시 페르난지뉴와 발 빠른 윙백들을 주축으로 상대의 역습을 막아냈다.

하지만 아스날에는 캉테나 페르난지뉴가 없고, 발 빠른 윙백이 공/수 전환 단계에서 수비할 여건을 갖추지도 못했다. 최후방 라인을 커버해야 하는 쟈카는 17/18 시즌 수비적으로 만족스러운 폼을 보여주지 못하고 있다. 쟈카는 아스날이 공/수 전환 단계에서 겪는 리스크를 감내해줘야 하는 핵심 선수다. 그러나 쟈카는 수비 라인을 견고하게 커버하지 못했으며, 17/18 시즌 태클 능력 부분에서 많은 비판을 받았다. 또한 발 빠른 윙백인 베예린은 백3 체제든 백4 시스템이든 공격시 실질적인 윙어 역할을 부여 받았다. 아스날이 전방 압박을 통해 상대의 1차적인 공격 전개를 지연시켜주는 경우가 드물었기 때문에, 공/수 전환 단계에서 베예린의 빠른 발을 활용하기는 힘들었다.

수비 단계에서의 아스날은 지역보다 사람을 잡아내는 경우가 많았다. 주로 전력상 약팀을 상대할 때 이러한 수비 형태를 드물게 찾아볼 수 있었다. 아스날은 상대 공격을 빠르게 통제하여 볼 점유권을 되찾아오려 했다. 물론, 후술할 맨유처럼 상대의 전체적인 공격 형태에 맞춘 수비 대형을 준비한 것은 아니었다. 아스날의 수비는 경기 내에서 매우 빠르고 즉각적으로 이뤄졌다. 전체적으로 맨시티, 리버풀과 비슷한 수비 형태였다.

아스날의 수비 대형은 주로 5-4-1(3-4-3)과 4-1-4-1(4-3-3) 포메이션으로 이뤄지는 경우가 많았다. 상황에 따라서라면 산체스나 외질이 최전방 공격수와 2톱을 이루는 4-4-2 대형을 형성하기도 했다. 아스날이 밑선으로 깊숙하게 내려앉는 경기가 아니라면, 그들에게 수비 대형 자체는 그리 중요한 요소가 아니었다. 중요한 것은 '선수 개인을 향한 압박이 얼마나 빠르고 조직적으로 이뤄지는가'였다.

하지만 '37경기 51실점'이라는 수치가 말해주듯, 결과론적으로 아스날의 이러한 수비 형태는 실패로 돌아갔다. 이에 대해서는 크게 2가지 요인을 손꼽을 수 있다. 첫째는 아스날의 수비진(골키퍼 체흐를 포함하여)이 중요 장면에서 개인적으로 일으키는 실책이 많았다는 것이다. 17/18 시즌의 아스날은 유독 허용해서는 안 될 실점을 당하는 경우가 많았다. 주로 아스날 선수의 개인적 실책이 중대한 영향을 끼친 장면이었다. 대표적으로 리그 10R, 25R 스완지전, 리그 15R 맨유전, 리그

16R 사우스햄튼전, 리그컵 결승 맨시티전이 그랬다.

둘째는 아스날이 5-4-1 수비 대형을 형성할 때, 중원 지역에서 수적 열세 상황에 처하는 경우가 많았다는 것이다. 제아무리 측면의 산체스와 외질이 경기 내에서 많은 활동량을 가져가더라도, 이들은 수비 시 매우 헌신적인 모습을 보이지 않았다. 외질과 산체스는 주로 다음의 역습 상황에 주력하는 듯 보였다(아스날이 전체적으로 내려앉는 상황이라면 얘기가 달라졌겠지만, 사람을 잡아내는 수비 형태는 일반적으로 약팀과의 경기에서 활용하는 경우가 많았기 때문이다). 이 때문에 중앙의 쟈카와 램지는 수적 열세 상황에 처하는 경우가 많아졌다. 사람을 위주로 수비한다는 아스날의 수비 형태 특성상, '수적 열세'라는 문제점은 그 무엇보다 치명적으로 다가왔다.

> 비슷한 수비 형태를 추구하는 맨시티와 리버풀의 경우에는 4-3-3 대형을 활용하여 중원에 3명의 선수를 배치했다. 이 때문에 아스날과 같은 중원 수적 열세의 문제점을 겪지 않을 수 있었다. 단, 앞 맨시티 편과 리버풀 편에서 소개한대로 그 형태에는 조금의 차이점이 존재했다. 맨시티는 굉장히 높은 수비 라인과 양 윙어의 적극적인 수비 가담을 통해 중원 3미드필더를 역삼각형 형태로 구성했다. 전방 압박시에는 좌우 미드필더가 1선으로 전진하여 아구에로를 도왔다. 반면 리버풀은 최전방 3톱이 적극적인 전방 압박을 시도하는 대신, 중원 3미드필더가 1자 형태로 늘려서 광범위한 지역을 커버했다.

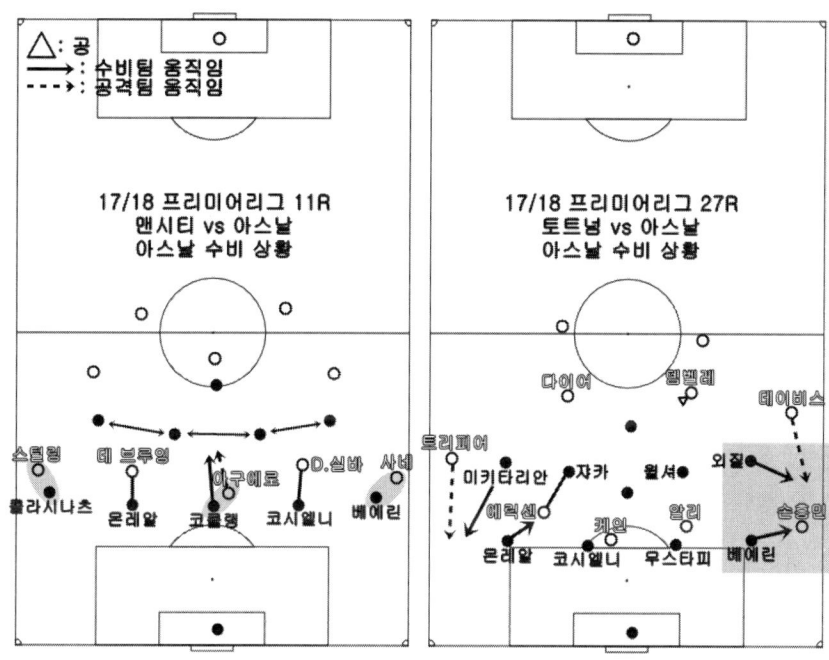

▲ 맨시티전(좌)과 토트넘전(우)에서 선보인 아스날의 후방 수비 형태

    아스날이 강팀을 상대할 때면 주로 후방으로 내려서 상대의 공격을 받아내는 모습을 보였다. 이러한 수비 형태에서의 벵거는 상대의 공격 구조에 대응하는 전술을 꺼내들었다. 실점을 최소화하려는 만큼 수비에 많은 심혈을 기울인 것이다. 대표적으로 리그 11R 맨시티전과 리그 27R 토트넘전이 그랬다.

    지난 2017년 11월의 맨시티전에서는 굉장히 모험적인 선발 라인업을 구성했다. 중앙 미드필더가 본 포지션인 코클랭을 3-4-3의 중앙 센터백 자리에 배치한 것이다. 이는 벵거의 성향상 과감한 전술적 변화였다. 물론 기존의 중앙 수비수 옵션이었던 무스타피가 부상당한 탓도 있었지만, 당시 아스날의 벤치에는 마티유 드뷔시가 존재했다.

드뷔시는 오른쪽 윙백과 중앙 센터백을 모두 소화할 수 있는 수비수다. 그는 17/18 시즌 주전 경쟁에서 완전히 밀려 겨울 이적 시장 때 프랑스의 AS 생테티엔으로 이적했다. 드뷔시는 아스날에서 621분의 플레이 타임을 소화하긴 했으나, 이는 유로파리그 조별예선 4경기와 리그컵 2경기, 그리고 FA컵 1경기로 구성된 시간이었다.

아스날은 수비시 5-4-1 포메이션을 형성하며 대형 자체에는 큰 변화를 주진 않았다. 이들의 미드필더 라인 간격은 매우 좁았으며, 수비 라인은 비교적 높은 지점에 형성됐다. 아스날은 2선의 선수 간격을 최소화한 채 라인 사이의 지역을 봉쇄하려 했다. 벵거는 이를 통해 맨시티가 전방의 'D.실바-아구에로-데 브루잉' 라인으로 볼을 투입하는 것을 막아냈다.

측면의 사네와 스털링은 콜라시나츠와 베예린에게 묶였고, 중앙의 D.실바와 데 브루잉은 공간적으로 제한 당했을 뿐만 아니라 몬레알과 코시엘니의 수비 범위 안에 들었다. 그렇기 때문에 맨시티는 아구에로의 적극적인 밑선 가담을 통해 볼을 전진시키려 했다. 앞 맨시티 편에서 소개했듯, D.실바와 데 브루잉이 순간적으로 아구에로가 볼을 받을 공간을 열어주는 것이었다.

벵거가 코클랭을 중앙 수비수로 기용한 이유는 이를 통제하기 위함이었을 것이다. 코클랭은 1 대 1 수비와 태클 능력에 큰 강점을 보유한 자원이다. 벵거는 이러한 코클랭을 통해 밑선으로 내려가는 아구에로를 봉쇄하려 했다. 아구에로가 볼을 받기 위해 밑선으로 내려갔을 때면, 코클랭이 그를 전담 마킹하면서 전진한 것이다. 이 경우 무스타피와 코시엘니가 순간적으로 간격을 좁혀 코클랭의 자리를 커버했다.

맨시티는 이러한 아스날의 수비 형태를 상대로 '볼을 안정적으로 전진시키는 것'을 최우선 목표로 뒀다. 아스날의 골문과 최대한 가까운 거리에서 볼을 점유하기 위함이었다. 맨시티는 페네트레이션 단계에서 어떻게든 골을 넣을 수 있는 능력을 보유한 팀이다. 파이널 서드 지역에서 이뤄지는 콤비네이션 플레이, 세트피스 기회 창출, 전방 압박을 통한 숏 카운터, 선수 개인의 퍼포먼스를 활용한 공간 창출 등. 맨시티는 아스날의 수비 전술이 최대한 영향력을 발휘하지 않는 상황에서 골을 넣으려 했다.

맨시티의 노림수는 완벽했다. 그들은 아스날의 수비 전술이 막대한 영향력을 발휘하지 않는 상황에서 3골을 모두 성공시켰다. 첫 번째 데 브루잉의 중거리 득점은 1차적으로 전방에서 볼을 끊어내어 전개됐다. 맨시티는 이후 2차적으로 10여 초 후에 이뤄진 데 브루잉과 페르난지뉴 간의 2 대 1 패스를 통해 선제골을 만들어냈다. 두 번째 아구에로의 PK 득점은 스털링이 아스날의 수비 뒷공간을 공략하여 만들어낸 페널티 킥이었다. 페르난지뉴가 하프라인 부근에서 스털링에게 정확한 패스를 찔러줬다. 그리고 마지막 세 번째 골은 맨시티가 하프라인 윗선에서 볼을 끊어내 만들어낸 득점이었다(전개 과정에서 D.실바의 오프사이드가 선언되진 않았지만). 이날 맨시티에게 3골을 허용한 아스날은 이티하드 스타디움에서 3-1 패배를 당했다.

한편 토트넘과의 경기에서는 4-1-4-1 수비 대형을 꺼내 들었다. 아스날은 토트넘의 비대칭적인 공격 형태를 막기 위해 측면의 미키타리안-몬레알과 외질-베예린이 각각 다르게 움직였다. 왼쪽 측면의 경우, 미키타리안이 측면 지향적으로 활동하는 트리피어를 전담하면서 수비 라인으로 가담할 때가 많았다. 이 경우 몬레알이 중앙 지향적으로 활동하는 에릭센을 수비할 수 있었다. 만약 미키타리안이 트리피어를 놓칠 때면 몬레알이 즉각적으로 담당했다. 그럼으로써 에릭센은 자연스레 쟈카의 몫이 됐다.

한편 오른쪽의 외질-베예린 라인은 토트넘이 측면 지역에서 형성하는 수적 우위를 방지하기 위해 움직였다. 기본적으로 베예린이 측면의 손흥민을 담당하되, 데이비스가 순간적인 오버래핑을 시도할 경우 외질이 커버한 것이다. 베예린이 측면으로 넓게 벌려 있는 경우가 많은 탓에 엘네니(수비형 미드필더)나 윌셔가 빈도 높게 내려와야 했다.

토트넘이 후방에서 볼을 공유할 때면, 좌우 미드필더인 쟈카와 윌셔가 순간적으로 전진해 압박을 가할 수도 있었다. 엘네니가 후방을 지켜주기 때문에 가능한 일이었다. 쟈카와 윌셔는 오바메양과 함께 주로 뎀벨레나 다이어를 압박했다.

06
맨체스터 유나이티드 전술 분석

 냉정하게 말하자면, 알렉스 퍼거슨이 지휘봉을 내려놓은 12/13시즌 이후부터 지난 16/17 시즌까지, 맨유는 리그 내에서 중상위권의 성적을 거둬왔다. 제아무리 맨유라 하더라도 그들은 정상적인 우승 경쟁을 하지 못했다.

 데이비스 모예스가 지휘봉을 잡았던 지난 13/14 시즌에는 7위라는 처참한 성적을 기록했다. 불과 1년이라는 시간 안에 디펜딩 챔피언이 '중위권 팀'으로 전락한 순간이었다. 맨유는 6위 토트넘에게 승점 5점 차이로 뒤처졌다. 정상적인 유로파리그 진출권 궤도에도 들지 못했다. 또한 1위 맨시티는 무려 승점 22점 차이로 맨유에 앞서나가며, 맨체스터를 파랗게 물들였다.

 루이 반 할이 이끌기 시작한 14/15, 15/16 시즌에도 크게 달라진 것은 없었다. 우선 14/15 시즌에는 리그 4위를 기록하며 맨유를 챔피언스리그에 복귀시키는데 성공했다. 그러나 그해 이적 시장에서 그들이 지출한 천문학적인 금액을 감안한다면, 맨유에겐 4위도 부족한 시즌이었다. 루이 반 할 체제 2년차를 맞이한 15/16시즌에는 또 다시 나락으로 떨어지기 시작했다. 많은 팬들의 기대를 한 몸에 받았던 챔피언스리그에서는 조별예선 탈락의 고배를 마셨으며, 리그에서는 유로파 진출권인 5위를 기록했다.

맨유는 15/16 챔피언스리그에서 '죽음의 조'에 편성된 것도 아니었다. 당시 맨유는 볼프스부르크, PSV 아인트호벤, CSKA 모스크바와 B조에 배정되며 토너먼트 진출의 희망을 안았다. 맨시티, 유벤투스, 세비야, 묀헨글라드바흐로 이뤄진 D조, 바르셀로나, 로마, 레버쿠젠, 보리소프로 구성된 E조와 비교자면 맨유에겐 매우 수월한 편이었다. 그러나 맨유는 조별예선 6경기 중에서 단 2경기만을 승리하며 16강 진출에 실패하고 말았다. 당시 조별예선 1위는 볼프스부르크, 2위는 PSV 아인트호벤이었다.

결국 무리뉴가 지휘봉을 잡은 16/17 시즌에는 '챔피언스리그 진출'이 맨유의 현실적인 목표가 됐다. 물론 당시에도 몇몇 팬들과 전문가들은 맨유의 리그 우승을 점치기도 했으나, 상술했듯 그들은 그간 리그에서 중상위권 수준의 성적을 기록한 팀이었다. 그렇다고 챔피언스리그에서 파란을 일으킨 것도 아니었다. 무리뉴는 구단의 목표를 이뤄내기 위해 시즌 후반기 들어 유로파리그에 집중하기 시작했다. 현실적으로 리그에서 4위 안에 들기가 힘들어졌기 때문이다. 결과론적으로 무리뉴의 선택은 성공적이었다. 맨유는 리그에서 6위라는 성적을 기록하는 대신 유로파리그에서 우승했다. 그 덕에 17/18 시즌의 맨유는 첼시, 토트넘, 맨시티, 리버풀과 함께 챔피언스리그에 진출할 수 있었다.

맨유는 여름 이적 시장에서 빅토르 린델로프, 로멜루 루카쿠, 네마냐 마티치, 즐라탄 이브라히모비치를 영입했다. 이 네 선수들은 모두 맨유가 강력하게 원했던 선수들이다. 린델로프는 빈도 높은 부상에 시달렸던 센터백 라인을 보강하기 위해 영입한 자원이다. 맨유는 존스, 스몰링, 바이, 로호라는 4명의 센터백을 보유하고 있지만, 이중 대부분은 부상으로 인해 정상적으로 시즌을 소화하지 못했다.

루카쿠는 맨유가 2017년 여름에 원했던 유형의 스트라이커였다. 영국 언론 텔레그레프의 제임스 던컨에 따르면, 16/17 시즌 맨유의 1순위 영입 선수는 앙투앙 그리즈만이라 밝혔다. 이브라히모비치의 파트너로 활용하기 위함이었다. 하지만 이브라히모비치가 안더레흐트와의 16/17시즌 유로파리그 8강에서 십자인대 부상을 당하자, 맨유는 9번 유형인 타깃형 스트라이커를 모색하기 시작했다. 그리고 그 주인공이 16/17 시즌 에버튼의 모든 공격을 책임졌던 루카쿠였다. 무리뉴는 루카쿠에 대해 다음과 같이 말했다. "우리는 마샬이나 래쉬포드가 아닌 타깃맨이 필요했습니다. 팀에는 좋은 옵션들과 선수들이 존재하지만, 타깃맨이 없었죠. 박스 안에서 편안하게 플레이할 수 있는 확실한 9번 유형의 선수 말이에요. 우리는 이 선수가 루카쿠라고 생각했습니다."

마티치는 맨유의 공격진을 받쳐주기 위해 영입된 선수다. 지난 16/17 시즌에 맨유가 겪었던 문제점 중 하나는 '중원을 잡아줄 선수가 부족하다.'라는 것이었다. 에레라와 포그바, 펠라이니는 중원 홀딩 미드필더와는 비교적 거리가 먼 선수들이었기 때문이다. 거금을 들여 영입해온 포그바의 다재다능한 공격적 능력 역시 100% 발휘하기가 힘들었다. 그렇기 때문에 16/17 시즌에는 은퇴를 앞둔 81년생의 마이클 캐릭이 경기장을 누벼야 하는 경우가 발생했다.

마지막으로 다시 복귀한 이브라히모비치는 팀에게 많은 것들을 제공해줬다. 우선 팀 내적으로 확실한 리더가 됐다. 제 아무리 맨유에 몸을 담은 시간이 짧았다고 하더라도, 81년생의 이브라히모비치는 수많은 경험을 보유한 선수다. 2000년대에 세계를 호령했던 공격수다. 무리뉴와는 오랜 기간 동안 각별난 우정을 쌓아왔다. 포그바는 "이브라히모비치는 여전히 중요한 리더이기 때문에 팀에 남아있습니다. 경기에 뛰지 않더라도, 피치 밖에서는 리더가 되어주죠."라고 언급하며 이브라히모비치의 영향력을 강조했다. 전술적으로도 다양한 옵션들을 제공해줬다. 무리뉴는 17/18 시즌 이브라히모비치를 공격형 미드필더로 활용하기 시작했다. 1선의 루카쿠와 공존하기 위한 수단이었다. 이브라히모비치는 스트라이커로 활동할 때도 밑선으로 빈도 높게 내려와 볼을 받아주는 플레이를 즐겨 했기 때문에, 이러한 공격형 미드필더 역할을 수행하는데 큰 어려움을 겪지 않았다.

겨울 이적 시장에서는 미키타리안과 산체스를 스와프했다. 시즌이 진행될수록 미키타리안의 폼이 떨어졌기 때문에 맨유로서는 충분히 만족할만한 거래였다. 후술하겠지만, 무리뉴는 산체스를 다양한 방면으로 활용했다. 아스날 때와 같이 왼쪽 측면에서 상대 수비를 부수는 역할도 가능했고, 중앙에서 루카쿠를 직접적으로 지원하는 롤도 수행했다. 1월 여빌타운과의 FA컵 일전에서 데뷔전을 맞이한 산체스는 핵심 자원으로 자리 잡았다.

1. 4-2-3-1 시스템 - 공격

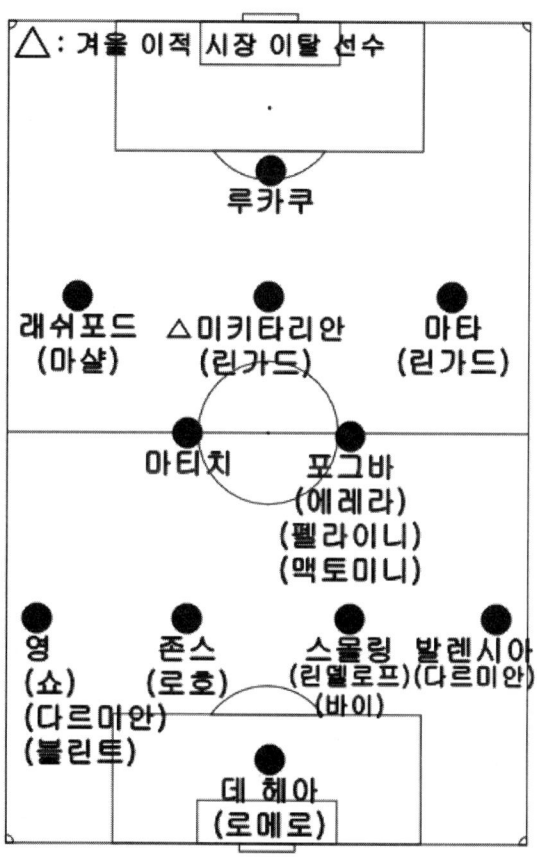

▲ 17/18 시즌 맨유의 4-2-3-1 포메이션

17/18 시즌 들어 무리뉴 감독이 주 포메이션으로 활용한 대형은 4-2-3-1이었다. 2월 포그바의 경기력에 대한 논란이 불거지기 전까지, 비슷한 시점으로 산체스가 맨유에 합류할 때까지 무리뉴는 이 대형을 팀의 메인 포메이션으로 활용해왔다. 축구 통계 사이트

'whoscored.com'에 따르면 맨유가 치른 리그 38경기 중 22번의 경기에서 4-2-3-1 포메이션을 활용했다고 밝혔다.

물론 4-2-3-1을 주 포메이션으로 활용하는 중에도 백3 체제와 4-3-3을 간간이 활용하긴 했다. 후술하겠지만, 백3은 상대에 맞춘 대응 전술을 활용하기 위해 기용하는 경우가 많았다. 주로 같은 백3을 상대할 때였다. 무리뉴는 프리시즌 때도 백3 전술을 실험했다. 4-3-3은 같은 백4 체제의 또 다른 전술 옵션이 되었으나, 4-2-3-1을 활용하면서 이를 선택하는 일은 매우 드물었다. 1, 2월 이전으로 4-3-3을 활용한 경기로는 리그 4R 스토크전과 리그 22R 에버튼전(1월 1일)이 대표적이었다.

무리뉴가 4-3-3이 아닌 4-2-3-1을 활용한 이유로는 선수기용에 대한 측면을 들 수 있다. 17/18 맨유의 선수단 중에서 중앙 미드필더로 기용할 수 있는 자원은 6-7명 정도라 할 수 있다. 마티치, 포그바, 에레라, 펠라이니, 맥토미니, 블린트, 캐릭이다. 그러나 이중 대부분의 선수들은 맨유의 주전 자원으로 자리 잡지 못했다.

우선 캐릭과 블린트는 주전으로 뛸 수 있을만한 체력과 기량을 갖추지 못했다. 프리미어리그 38경기에서, 블린트는 단 361분을, 캐릭은 109분의 플레이 타임을 소화했다. 블린트는 왼쪽 윙백이 주 포지션인 자원이다. 96년생의 맥토미니는 12~1월 들어 본격적으로 기용 받기 시작한 선수다(10월 스완지와 벤피카전 2경기에서 풀타임을 소화하긴 했으나, 이후 11월에는 단 한 번의 경기에도 나서지 못했다). 무리뉴가 정규 시즌의 전술을 구상한 2017년 여름에는 그의 플랜에 들지 못했을 것이다. 마지막으로 펠라이니는 17/18 시즌에만 3번의 무릎 부상을 당하며 정상적으로 시즌을 소화하지 못했다.

그렇기 때문에 정상적으로 기용이 가능한 중앙 미드필더 자원은 마티치와 포그바, 에레라, 펠라이니/맥토미니 넷 정도였다. 3미드필더 체제인 4-3-3을 장기적으로 활용하기에는 무리가 따르는 숫자였다. 후술하겠지만, 무리뉴는 이 때문에 1, 2월 들어 린가드를 4-3-3의 중앙 미드필더로 기용하기도 했다.

전술적인 관점에서 바라보자면 무리뉴의 4-2-3-1 기용은 포그바에 대한 '역발상'이라고도 할 수 있었다. 포그바는 대부분의 능력에서 강점을 보유한 만능형 미드필더다. 패스, 드리블, 볼 소유, 피지컬, 공중볼 경합, 활동 범위 등 다른 미드필더들과 능력을 비교해봤을 때 부족한 점이 없다. 물론, 17/18 시즌에는 수비력에 대한 논란이 불거질 정도로 볼이 없는 상황에서는 비교적 부족한 모습을 보여주기도 했다. 그러나 포그바는 그간 무리뉴가 주문해온 수비 전술을 거의 훌륭하게 이행해왔다. 1400억의 사나이라 하더라도, 수비를 중요시 생각하는 무리뉴가 포그바를 괜히 핵심 자원으로 여겨온 것이 아닐 것이다. 뿐만 아니라 포그바는 측면에서도 어느 정도의 강점을 발휘할 수 있는 자원이다.

중원을 확실하게 잡아줄 수 있는 마티치와 포그바가 2미드필더를 형성하니, 전방 자원들이 공격 국면에만 치중할 수 있었다. 포그바가 경기 내에서 '자유를 받는' 주체가 아닌, '자유를 주는' 자원으로 작용한 것이다. 마티치는 중원을 고정적으로 지켜줬고, 포그바는 전방으로 질 좋은 롱 패스를 배급했다. 경기 내에 광범위한 영향력을 발휘할 수 있는 두 선수가 서로 간의 상호 작용을 이루니, 다른 선수들이 자신의 담당 지역에만 치중할 수 있었다.

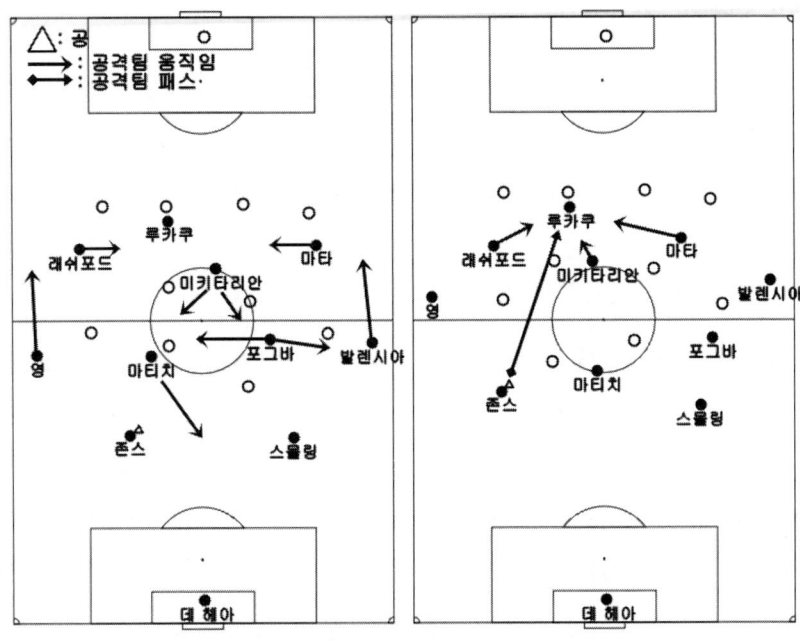

▲ 맨유의 4-2-3-1 체제가 형성하는 후방 빌드업 형태

 맨유가 후방 빌드업을 전개할 때면 전체적으로 2-4-4, 4-2-4와 비슷한 대형이 형성되는 경우가 많았다. 2명의 중앙 미드필더가 센터백 위 지역을 담당하면서 형성된 대형이었다. 맨유는 2명의 중앙 미드필더를 통해 비교적 부족한 센터백의 패스 능력을 커버하려 했다.

 2명의 중앙 미드필더는 볼을 전진시키기 위해 다양한 형태로 움직였다. 맨유는 중앙 미드필더의 위치/움직임에 따라 다양한 옵션들을 누릴 수 있었다. 마티치가 수비 라인으로 내려와 라볼피아나 대형을 형성할 수도 있었고, 포그바가 측면으로 빠져 더욱 많은 자유를 누릴 수도 있었다. 포그바가 존재할 때면 중앙 미드필더가 후방 빌드업 단계에서 형성하는 '자율성'이 더욱 짙어졌다.

양 윙백은 후방 빌드업 단계에서 수비와 공격 진영을 자유롭게 오갔다. 수비 진영에 머물러 볼을 받아줄 수도 있었고, 볼이 전진되거나 중앙 미드필더가 측면으로 빠져 공격 진영으로 올라갈 수도 있었다. 대체적으로 맨유의 후방 빌드업 단계에서 양 측면 지역은 윙백만이 담당하는 경우가 많았다.

윗선의 공격 진영은 주로 상대의 라인 사이 지역에서 볼을 받으려 했다. 후방에서 포그바와 마티치만으로도 다양한 옵션들을 가져갔기 때문이다. 이는 상술한 '포그바가 경기 내에서 자유를 받는 주체가 아닌, 자유를 주는 자원으로 작용한 것이다.'라는 명제의 일환이기도 했다.

전방 4명의 선수들은 기본적으로 일정한 간격을 바탕으로 상대 진영을 점유했다. 주로 루카쿠가 상대 수비와 직접적으로 경합하며, 공격 2선이 상대 라인 사이 지역에 위치한 형태였다. 양 윙백이 전진한다면 이 4명의 선수들이 언제든지 간격을 좁힐 수 있었다. 오른쪽 발렌시아와 마타의 라인에서 '윙백의 전진과 측면 선수의 중앙 이동'이 활발하게 이뤄졌다. 후술하겠지만, 마타는 맨유가 볼을 소유하고 있는 상황에서 굉장히 자유롭게 움직였다.

맨유의 전방 라인은 후방 빌드업 단계에서 비교적 조직적으로 움직이는 편이었다. 본질적으로 스트라이커 루카쿠가 연계에 큰 관여를 하지 않는 유형의 선수이기 때문이다. 무리뉴는 루카쿠에 대해 "루카쿠는 팀의 빌드업 단계에 많은 관여를 하는 선수가 아닙니다. 주로 파이널 서드 지역에서 활동하죠."라고 평가하기도 했다. 공격 라인의 이러한 성향 때문에 맨유는 후방 빌드업 단계에서부터 공격적인 축구를 구사하기가 어려웠다(물론, 무리뉴 자체가 공격적인 축구 자체를 추구하는 전술가가 아니긴 하지만). 볼이 공격 진영으로 넘어갔을 경우에는 즉각적으로 수적 우위를 형성하기가 쉽지 않았다. 양 윙백이 1차적으로 전진한 상태라면 모를까, 선수들 간의 일정한 거리가 존재했기 때문이다. 또한 후방 선수들의 전진 패스 옵션에도 제한이 생겼다.

> 루카쿠는 이브라히모비치처럼 연계에 빈도 높게 가담하는 스트라이커가 아니지만, 에버튼 유니폼을 입은 16/17 시즌에는 꽤나 적극적인 포스트 플레이를 펼쳤다. 미랄라스 프리롤, 바클리 윙어 기용 등과 함께 상대 진영에서 더욱 긴 시간 동안 볼을 소유하기 위함이었다. 16/17 프리미어리그에서 가장 많은 패스를 시도한 스트라이커는 이브라히모비치, 코스타, 루카쿠, 벤테케, 요렌테 순이었다.

맨유의 공격 진영에서 그나마 유기적으로 움직인 선수는 중앙의 미키타리안이었다. 무리뉴는 포지션을 가리지 않는 성향을 보유한(앞 아스날편 참고) 미키타리안을 통해 3, 4선 선수들의 전진 패스 옵션을 만들어내려 했다. 때문에 미키타리안의 컨디션이 좋지 않은 날이면 후방 빌드업 단계에서 정상적인 공격 전개가 잘 이뤄지지 않았다. 상황에 따라서라면 오른쪽의 마타, 왼쪽의 래쉬포드까지 활발하게 움직이며 볼을 받아줄 수도 있었다. 이러한 면에서는 오른쪽의 마타가 더욱 적극적으로 움직였다.

정상적인 빌드업 전개가 되지 않을 때면 최전방의 루카쿠를 겨냥할 수도 있었다. 루카쿠의 뛰어난 피지컬과 헤더 능력을 공략한 부분이었다. 1선으로 롱 볼을 보내는 선택을 할 때면 공격 라인의 선수들이 모두 간격을 좁혀 세컨볼 싸움을 도왔다. 루카쿠의 공중볼 대한 강점은 리버풀과의 리그 30R 경기에서 확연하게 드러났다. 이날 루카쿠는 2번의 공중볼 경합 승리를 통해 래쉬포드의 2골에 모두 관여했다.

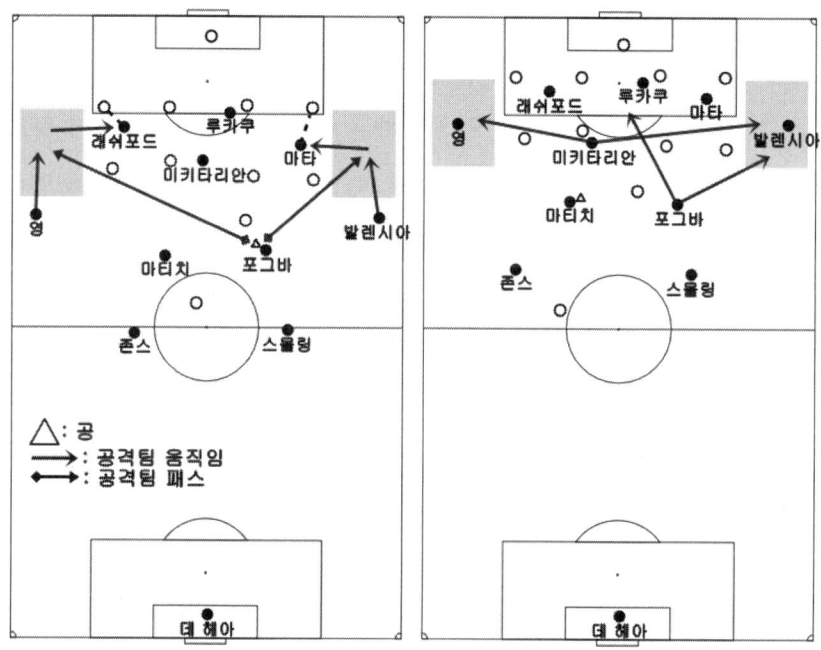

▲ 측면 공간을 적극적으로 활용하는 맨유의 공격 형태

맨유가 상대 진영에서 공격을 전개할 때면 공격 2선의 선수들이 모두 좁은 간격을 유지했다. 상대의 측면 수비를 끌어들여 양 윙백의 오버래핑 공간을 열어주고, 루카쿠를 집중적으로 지원하기 위함이었다.

이러한 요인 때문에, 맨유의 공격 체제에서 양 윙백은 굉장히 적극적인 오버래핑을 시도해야 했다. 윙어 출신인 영과 발렌시아가 윙백으로서 적극적인 선택을 받고 있는 까닭 중 하나도 이러한 요인 때문이라 할 수 있다.

공격시 2명의 중앙 미드필더는 후방 빌드업 단계와 같이 센터백 앞 지역을 커버하는 경우가 많았다. 양 윙백이 굉장히 공격적으로 움직이고, 공격 2선 선수들이 모두 파이널 서드 지역에서 루카쿠를 보좌하기 때문이었다. 마티치와 포그바는 6명의 모든 선수들이 공격 단계에만 집중할 수 있도록 주로 중원에 치중하는 경우가 많았다. 여기서 포그바가 보유한 최고 수준의 롱 패스 능력은 1선으로 전진한 양 윙백을 200% 활용할 수 있는 촉매제가 되어줬다. 맨유는 포그바의 롱 패스와 윙백의 오버래핑만으로 파이널 서드 지역에서 위협적인 공격을 전개할 수 있었다.

측면의 영과 발렌시아가 고전한다면 주로 미키타리안을 통해 이들을 지원했다. 상황에 따라서라면 각 측면의 윙어가 다시 터치라인 부근으로 벌릴 수도 있었으나, 이러한 임무는 주로 미키타리안이 수행하는 경우가 대부분이었다. 상술했듯 미키타리안은 측면과 중앙 지역을 가리지 않는 성향을 보유했기 때문에 이러한 전술 체계에 큰 어려움을 겪지 않았다. 미키타리안은 3선과 양 측면을 모두 유기적으로 오가며 맨유의 광범위한 연결 고리가 됐다. 미키타리안이 없을 때면 주로 린가드나 마타가 이러한 역할을 수행했다.

상대가 완전히 내려앉아 역습에 대한 위험성이 떨어졌을 때면, 중앙 미드필더 한 명을 추가적으로 공격 진영에 투입시킬 수 있었다. 이 중앙 미드필더는 주로 마티치와 짝을 이루는 한 명의 선수가 됐다. 포그바가 전진할 때면 상황에 따라 측면과 중앙 지역으로 모두 가담할 수 있었다. 측면으로 가담할 때면 뛰어난 킥 능력을 통해 박스 안으로 질 좋은 크로스를 제공했다. 이 경우에는 주로 미키타리안이 박스 근처 지역에 치중할 수 있었다. 반면 중앙 지역으로 이동할 때면 뛰어난 피지컬을 바탕으로 박스 안 크로스 경합을 도왔다.

> 포그바가 아닌 펠라이니가 마티치와 짝을 이룰 때면, 주로 중앙의 상대 박스 안으로만 전진하는 경우가 많았다. 헤더 능력에 있어서는 최고 수준이기 때문이다. 크로스 경합을 함께하는 상대 수비 입장에서는 루카쿠와 펠라이니를 모두 막아내기가 힘들었다. 펠라이니는 이러한 공격 형태를 통해 맨유의 여러 골들을 만들어냈다. 대표적으로 리그 4R 팰리스전과 리그 6R 사우스햄튼전이 그랬다(4R 팰리스전에서는 득점, 6R 사우스햄튼전에서는 루카쿠의 헤더 골에 관여).

상대 수비가 밑선으로 내려앉았을 때면 맨유는 양 윙백을 활용한 크로스 패턴을 빈도 높게 활용했다. 맨유가 공격 국면에서 가장 잘할 수 있는 요소가 '헤더'와 '크로스 경합'이기 때문이다. 맨유는 연계에 약하다는 루카쿠의 성향 때문에 유기적인 공격 형태를 쉽게 형성하지 못했다. 그렇다고 맨시티나 아스날처럼 리그 내 최고 수준의 콤비네이션 플레이 능력을 갖춘 것도 아니었다.

반면 크로스를 골로 연결시키는 데는 굉장히 좋은 옵션들을 보유하고 있었다. 기본적으로 스트라이커 루카쿠가 피지컬을 활용하여 박스 안에서 골을 넣는데 특화되어 있는 선수였다. 에버튼 시절에는 헤더에 자신이 없다는 뜻을 밝히기도 했으나, 맨유에서는 완전한 9번 스트라이커로 성장했다(에버튼의 윙백인 루크 가벗은 축구 팟캐스트 방송에서 "루카쿠는 자신이 헤더에 큰 강점을 갖고 있지 않다고 말했습다."라고 밝혔다). 상황에 따라서라면 펠라이니, 포그바, 린가드, 마타, 래쉬포드/마샬 등이 경합 상황에 가담할 수도 있었다. 린가드의 경우 피지컬적으로 훌륭하진 않지만, 크로스를 득점으로 연결시키는 데는 특출한 능력을 보여줬다. 그는 재빠른 반응 속도와 영리한 위치 선정, 그리고 빈 공간을 빠르게 탐지하는 능력을 통해 박스 안에서 상대 수비를 벗겨내 왔다. 리그 20R 번리전, 리그 28R 첼시전의 득점 장면이 대표적이라 할 수 있다.

문제점은 상대 수비가 완전히 내려앉은 상황이라면, 오픈 플레이 상황에서 4-2-3-1 체제의 맨유가 활용할 수 있는 공격 패턴이 단조로웠다. 맨유의 공격 체제 자체가 상당히 제한적이었기 때문이다. 10명의 모든 필드 플레이어들이 내려앉은 상대 수비 입장에서는 맨유의 공격 패턴에 비교적 쉽게 대비할 수 있었다.

맨유의 이러한 문제점은 리그 21R 사우스햄튼과의 경기에서 매우 두드러졌다. 당시 4-2-3-1 체제의 맨유는 전체적으로 내려앉은 사우스햄튼을 뚫어내기 위해 측면 지역을 적극적으로 공략했다. 늘 그랬듯, 공격 2선 선수들이 중앙으로 좁히고 왼쪽 윙어 미키타리안이 측면 지역을 적극적으로 지원하는 형태였다(당시의 공격형 미드필더는 린가드, 오른쪽 윙어는 마타였다). 루카쿠와 린가드가 중앙에서 공존한 맨유는 측면 크로스 루트를 통해 충분히 무언가를 만들어낼 수 있었다.

하지만 경기 시작 14분 만에 변수가 발생했다. 루카쿠가 호에트와의 경합 도중 머리 부상을 당해 래쉬포드와 교체된 것이다. 이 시점에서의 맨유는 전술 계획을 수정해야 할 필요가 있었다. 교체로 들어온 래쉬포드가 루카쿠와 같은 피지컬과 헤더 능력을 겸비하지 못했기 때문이다. 또한 중원 2미드필더 라인은 마티치와 포그바가 이루고 있는 상태였으며, 공중의 지배자 펠라이니는 부상으로 결장해있는 상황이었다. 맨유에겐 크로스를 골로 연결할 수 있는 확실한 자원이 없었다. 하지만 맨유는 공격 국면에 특별한 전술적 변화를 주지 않았다. 그들은 평소처럼 측면 지역에서 매우 적극적인 크로스를 시도했다.

선수단에 전혀 맞지 않은 옷을 입은 맨유는 결국 이날 단 한 번의 득점도 뽑아내지 못했다. 올드 트래포드에서 사우스햄튼을 상대로 승점 1점에 만족해야 했다. 이날 맨유가 전체 90분 동안 시도한 크로스 숫자는 무려 34개였다. 이에 반해 전체 슈팅 시도 숫자는 단 15개였으며, 이중 3개만을 유효 슈팅으로 연결시켰다. 사우스햄튼의 기록과 비교해보자면 매우 비효율적인 수치였다(사우스햄튼 21번의 크로스, 8번의 슈팅 시도, 3번의 유효 슈팅).

무리뉴는 루카쿠가 없으면 맨유의 주공격 전술이 제대로 이뤄지지 않는다는 사실을 그 누구보다 잘 알았을 것이다. 그렇기 때문에 루카쿠가 부상으로 결장한 에버튼과의 리그 22R 경기(사우스햄튼전 2일 후의 경기)에서는 마샬을 제로톱으로 둔 4-3-3 시스템을 가동했다. 무리뉴는 샘 앨러다이스 감독의 수비 형태에 맞춘 날카로운 공격 전술을 꺼내들며 에버튼을 2-0으로 완파했다.

에버튼과의 경기에서는 상당히 변칙적인 공격 전술을 구사했다. 에버튼은 1차적으로 지역 수비 체계를 유지하다가, 상대가 선수 개인의 담당 지역 안으로 들어올 경우 대인 마크 형태로 전환하는 수비 방식을 구사하기 때문이었다. 당시 무리뉴는 '쇼-로호-존스-린델로프'가 백4 라인을, '포그바-마티치-에레라'가 미드필더 라인을, '린가드-마샬-마타'가 3톱을 이루는 4-3-3 시스템을 가동했다(에버튼 라인업 : 4-3-3 / '마르티나-윌리엄스-킨-홀게이트' / '루니-슈나이덜린-데이비스' / '볼라시에-니아세-블라시치').

맨유가 공격을 전개할 때면 3톱이 에버튼의 라인 사이 지역에서 좁은 간격을 형성했다. 린가드와 마샬, 마타는 모두 자유롭게 2선을 오가며 연결 고리 역할을 수행했다. 그리고 오른쪽 측면은 린델로프가, 왼쪽 측면은 포그바가 담당하면서 꽤나 비대칭적인 공격 형태를 형성했다. 무리뉴는 이를 통해 전술상 포그바를 마킹하는 데이비스를 측면으로 끌어내려 했다. 이때 쇼는 고의적으로 오버래핑을 자제하면서 그를 전담하는 블라시치가 에버튼의 미드필더 라인으로 내려가지 않게끔 했다.

맨유는 이러한 공격 전술을 통해 루니와 슈나이덜린을 상대로 확실한 수적 우위를 이뤄낼 수 있었다. 에레라, 마티치, 린가드, 마샬, 마타가 유기적으로 움직이며 루니와 슈나이덜린을 괴롭힌 것이다. 이로써 무리뉴가 17/18 시즌에 꺼내든 '마샬 제로톱' 카드는 성공리에 마무리됐다.

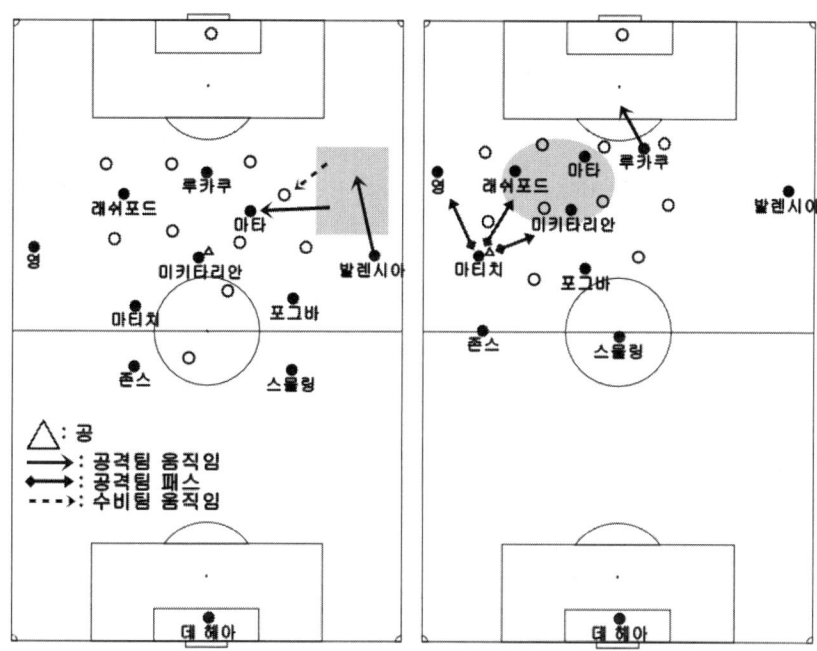

▲ 맨유의 공격 2선이 가져가는 움직임으로 만들어지는 공격 옵션들

다채롭진 않지만, 맨유의 4-2-3-1 체제는 공격 2선이 가져가는 움직임에 따라 여러 옵션들을 만들어내기도 했다. 상술했듯 공격시 4명의 선수들이 전방에서 좁은 간격을 형성하면서, 그들만이 가져가는 일정한 패턴을 통해 빈 공간을 창출해내려 했다. 맨유가 지난 경기들에서 보인 패턴은 크게 2가지였다.

첫째는 오른쪽의 마타에게 자유로운 역할을 부여한다는 것이었다. 마타는 본래 공격형 미드필더 성향이 매우 강한 선수이다. 빠른 주력과 1 대 1 돌파보단, 플레이 메이킹과 창의성에 강점을 가진 자원이다. 때문에 마타는 표면상 오른쪽 윙어일 뿐, 실제 경기에서는 굉장히 자유롭게 활동하는 경우가 많았다. 중앙과 왼쪽 측면까지 자유롭게 오가며 팀의 연결 고리 역할을 수행하고, 플레이 메이킹을 주도했다.

마타의 이러한 전술적 역할은 발렌시아의 공격적 능력을 가중시키는 촉매제가 됐다. 마타의 자유로운 움직임에 따라, 맨유가 왼쪽이나 중앙으로 공격을 전개할 때면 볼 주위 지역에 숫자를 확보할 수 있었다. 이는 상대 수비가 볼 주위 지역에 수비 밀도를 높이게 되는 계기가 됐다. 때문에 오른쪽의 발렌시아가 오버래핑을 시도할 경우에는 자유를 누릴 공산이 컸다. 쉽게 말해 '의도적 고립'의 효과를 누린 것이다. 공격 능력이 출중한 발렌시아는 이러한 전술 체제 아래에서 강점을 발휘할 수 있었다.

마타의 이러한 전술적 움직임은 지난 16/17 시즌 초반부터 이뤄져 온 것이었다. 리그 1R 경기인 본머스전부터 그랬다. 당시 무리뉴는 펠라이니와 에레라가 중앙 미드필더 자리에 서고, '마샬-루니-마타'가 공격 2선을, 이브라히모비치가 최전방 공격수 자리에 배치된 4-2-3-1 시스템을 꺼내들었다. 무리뉴는 마타를 통해 경기 중 4-3-3 포메이션을 수시로 오가려 했다. 마타는 공격 전개시 3선 지역으로 내려와 펠라이니와 에레라의 빌드업을 돕고, 발렌시아의 오버래핑 루트를 열어줬다. 때문에 중앙 지역으로 공격 전개가 안 될 때면 오른쪽 측면을 통해 볼을 전진시킬 수 있었다. 이때 최전방에는 '마샬-이브라히모비치-루니'로 이뤄지는 변형 3톱이 형성됐다.

이러한 오른쪽 윙어의 역할은 상황에 따라 린가드 역시 수행할 수 있었다. 지난 16/17 시즌이 주로 그랬다. 마타가 4-2-3-1의 공격형 미드필더로 출전하거나 경기에 나서지 못하는 상황이라면, 린가드가 무리뉴가 원하는 전술적 역할을 수행했다. 린가드는 마타와 같은 플레이 메이킹 능력을 지니진 못했다. 본질적으로 온 더 볼보단 오프 더 볼 상황에 강점을 가진 선수이기 때문이다. 그러나 린가드는 광범위한 활동량을 바탕으로 맨유의 충실한 연결 고리가 되어줬다. 같은 역할을 수행하더라도, 마타와는 또 다른 공격 옵션으로 작용한 것이다.

17/18 시즌을 준비하는 지난 프리시즌 때는, 무리뉴가 이 '오른쪽 윙어 역할'을 더욱 광범위하게 활용해보기도 했다. 린가드의 적극성과 활동량을 활용하여 말이다. 4-3-3 체제의 맨유가 빌드업을 전개할 때면 모든 선수들이 볼을 받기 위해 유기적으로 움직였다. 왼쪽의 마샬이 3선까지 내려오기도 했고, 좌우 미드필더인 펠라이니와 페레이라가 양 측면으로 벌릴 수도 있었다. 이때 오른쪽 윙어 린가드가 맡은 역할은 크게 2가지였다.

첫째는 다른 선수들의 포지셔닝을 커버해주는 것이었다. 가령 왼쪽의 마샬이 3선으로 내려갔을 때면, 린가드가 반대편으로 이동해 기존 마샬의 포지셔닝을 커버했다. 이때는 오른쪽 미드필더인 페레이라와 오른쪽 윙백인 포수-멘사가 린가드의 원 위치(오른쪽 윙어)를 유기적으로 담당해야 했다. 둘째는 후방 선수들의 전진 패스 옵션을 만들어주는 것이었다. 맨유가 후방 빌드업을 전개할 때면, 린가드는 상대 진영에서 자유롭게 움직이며 빈 공간을 찾아들어갔다. '마타 롤'보다 더욱 광범위한, 완전한 프리롤 역할을 수행한 것이었다.

'린가드 프리롤'은 레알 마드리드의 이스코와 같이 볼 컨트롤과 창의성에 중점을 둔 것이 아니다. 광범위한 활동량을 바탕으로 볼의 전진을 도우며, 공격의 연결 고리 역할을 수행하는데 중심이 맞춰진 전술적 역할이다.

다시 본론으로 돌아가, 맨유의 공격진들이 보인 2번째 패턴은 2선 선수들이 볼 주위에 좁은 간격을 형성하는 것이었다. 이는 맨유가 측면으로 공격을 전개할 때도 해당됐다. 스트라이커 루카쿠가 연계에 약하다는 문제점을 커버하기 위한 수였다. 맨유는 공격 지역에서, 볼 주위에 최대한 많은 숫자를 둠으로써 루카쿠의 연계에 대한 부담을 줄여주려 했다.

연계에 대한 부담이 없어진 루카쿠는 오직 득점을 위해서만 움직일 수 있었다. 루카쿠는 공격 방향의 반대편 센터백이 그와 볼을 같은 시야 안에 둘 수 없도록 했다. 가령 맨유가 왼쪽 방향으로 공격을 전개할 경우에는, 루카쿠가 상대의 왼쪽 센터백과 왼쪽 윙백 사이에서 움직였다.

2. 4-3-3 시스템 - 공격

▲ 17/18 시즌 맨유의 4-3-3 포메이션

2월 포그바의 경기력에 대한 논란이 불거진 이후, 무리뉴는 다시 4-3-3을 활용하기 시작했다. 미드필더 숫자를 늘림으로써 포그바가 경기 내에서 더욱 많은 자유를 누리게 했다. 무리뉴 역시 "당신들은 포그바가 가장 선호하는 시스템이 무엇인지 아시나요? 4-3-3입니다.

당신들은 포그바가 4-3-3 내에서 가장 선호하는 포지션이 어디인지 아시나요? 8번, 왼쪽 자리(왼쪽 미드필더)입니다."라고 언급하며 포그바가 4-3-3 대형을 가장 선호한다는 사실을 밝혔다.

17/18 시즌 맨유가 4-3-3으로 전환한 이후, 초기에는 주로 린가드가 오른쪽 미드필더 자리에 배치된 형태를 활용했다. 이에 대한 무리뉴의 의도로는 크게 3가지로 추측할 수 있다. (1)기존 4-2-3-1 체제의 공격 형태를 어느 정도 유지하기 위해 (2)포그바에게 보다 많은 공격적 자유를 부여하기 위해 (3)공격 형태에 유기성을 더하기 위해.

> 포그바, 마티치, 린가드가 중원을 이룰 경우, 실제 경기 내에서는 때때로 린가드가 공격 2선에 위치한 4-2-3-1 대형을 형성하기도 했다. 그러나 근본적으로는 4-3-3에 더욱 가까운 형태였다. 무리뉴는 "우리는 마티치를 6번 자리(수비형 미드필더)에 배치했고, 린가드와 포그바를 각각 마티치의 오른쪽, 왼쪽 지역에 뒀습니다."라고 언급하며 자신이 지난 뉴캐슬전에서 4-3-3을 활용했다고 밝혔다(포메이션 자체는 중요한 요소가 아니지만, 혹시나 맨유의 대형이 완전히 4-2-3-1이었다고 주장할 사람들을 위해).

린가드가 미드필더 라인으로 배치된 4-3-3을 활용할 경우에는 기존 4-2-3-1 체제의 공격 형태가 조금 남아있는 듯했다. 우선 오른쪽 공격수가 자유롭게 움직이는 경우가 많았다. 기존 4-2-3-1 체제에서 마타와 린가드가 오른쪽 측면에 배치될 시 맡는 역할이었다. 반면 반대편의 왼쪽 공격수는 비교적 고정적으로 움직이며 상대편의 오른쪽 수비를 깨뜨리려 했다. 마샬과 래쉬포드라는 옵션이 있긴 하지만, 겨울 이적시장에서 합류한 산체스가 주로 이러한 역할을 수행했다. 루카쿠는

4-3-3 체제에서 볼을 받기 위해 보다 더욱 적극적으로 움직였다.

무리뉴는 이러한 공격 형태에 린가드와 포그바를 더해 더욱 짙은 유기성을 추가하려 했다. 린가드와 포그바는 공격시 비교적 자유롭게 움직였다. 두 선수 모두 볼 주위 지역에 빈도 높게 가담하며, 좌우 공격수와 함께 루카쿠를 지원하려 했다. 때문에 포그바는 자신이 최고 강점을 발휘할 수 있는 '메짤라'(측면 지역을 유기적으로 오가는 중앙 미드필더의 역할) 형태와는 조금 다른 형태로 활동해야 했다.

하지만 이러한 형태의 4-3-3은 몇 가지 문제점을 노출했다. 우선 자유롭게 움직이는 포그바와 린가드가 공격 국면에서 그리 좋은 장면들을 만들어내지 못했다. 이들은 상대의 강한 압박 속에서 번뜩이는 공격 전개를 보여주지 못했다. 본질적으로 포그바와 린가드 모두 상대의 강한 압박 속에서 볼을 다루는데 강점을 발휘할 수 있는 선수들이 아니었기 때문이다. 그렇다고 원톱 루카쿠를 효율적으로 지원한 것도 아니었다.

수비 국면에서도 문제점을 노출했다. 맨유의 4-1-4-1 수비 대형에서 좌우 미드필더 자리를 담당하는 선수는 당연 포그바와 린가드가 됐다. 이들은 수비시 이 자리를 소화하는데 견고함이 부족해 보였다. 마티치의 앞 지역을 효과적으로 커버하지 못했다. 토트넘과의 리그 25R 경기가 대표적이었다. 당시 포그바와 린가드는 수비시 뎀벨레와 다이어, 베르통헨 등 토트넘의 후방 자원들을 공격적으로 압박하는 임무를 맡았다. 토트넘이 수비 라인 앞을 커버하는 마티치의 담당 지역 안으로 볼을 투입하지 못하도록 하기 위함이었다. 하지만 포그바와 린가드의 압박은 너무나도 부실했다. 토트넘은 몇 번의 패스 플레이를 통해 이들을 손쉽게 벗겨낼 수 있었다. 이 덕에 마티치는 알리와 에릭센을 상대로 수적 열세 상황에 처했으며, 이는 맨유의 2번째 실점이 발생하는 전술적 빌미가 됐다.

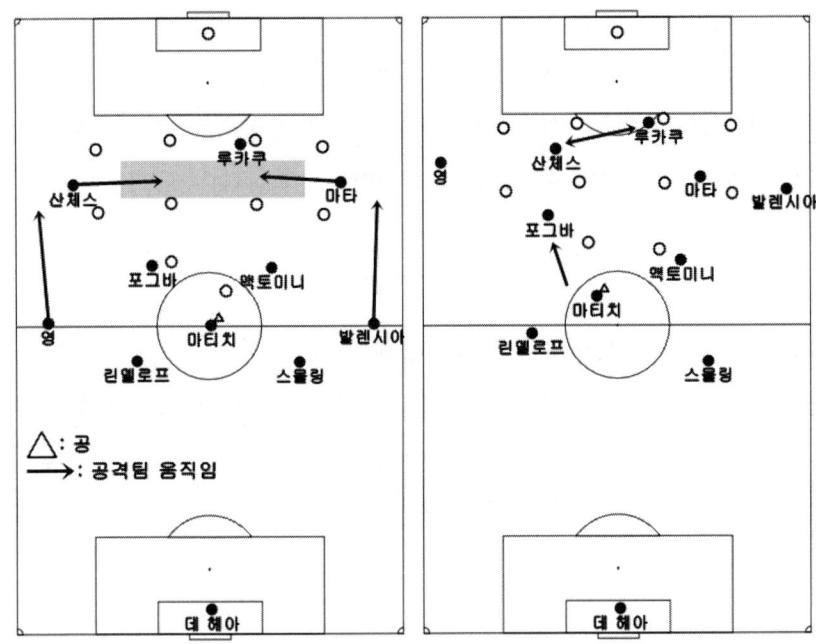

▲ 맨유의 4-3-3 체제가 형성하는 공격 형태

처참했던 뉴캐슬전 패배가 끝난 이후, 맨유의 4-3-3 체제에는 96년생의 유망주 스콧 맥토미니가 본격적으로 들어서기 시작했다. 상술했듯 10월에도 풀타임을 소화한 적이 있긴 하나, 맥토미니는 이 시점부터 연속적으로 선발 명단에 이름을 올리기 시작했다. '포그바-마티치-에레라' 중원 라인을 다시 적극적으로 활용하기 시작한 4월까지 말이다. 맥토미니가 차지한 포지션은 기존 린가드의 오른쪽 미드필더 자리였다.

맥토미니는 다양한 능력들을 두루 갖춘 육각형 미드필더다. 무리뉴 역시 "맥토미니는 환상적입니다. 저는 맥토미니를 현대적인 미드필더라고 부릅니다. 과거의 톱클래스 선수들이 펼쳤던 플레이를 조금씩 보여주고 있죠. 모든 것을 할 수 있습니다."라고 언급하며 맥토미니에 대한 칭찬을 아끼지 않았다. 맥토미니는 맨유의 중원에 굉장히 많은 옵션들을 제공해줬다. 마티치와 함께 견고한 2미드필더 체제를 이룰 수도 있었으며, 뛰어난 1 대 1 마크를 통해 상대 에이스를 봉쇄할 수도 있었다. 또한 공/수 양면으로 활발하게 움직이며 전체적인 밸런스를 가져다줄 수도 있었다.

맥토미니는 맨유의 4-3-3 체제에서 주로 마티치와 중원을 지키는 쪽으로 움직였다. 그렇기 때문에 반대편의 포그바가 보다 더욱 공격적으로 활동할 수 있었다. 포그바는 주로 왼쪽 측면을 유기적으로 오가는 메짤라 형태로 수행했다. 오른쪽의 맥토미니가 기존의 린가드에 비해 고정적으로 움직였기 때문이다. 맥토미니 역시 상황에 따라서라면 언제든지 전진할 수 있었다.

맥토미니의 고정적인 움직임에 따라, 공격 진영에도 전술 변화가 찾아왔다. 양 윙어인 산체스와 마타가 모두 자유롭게 활동하며 루카쿠를 적극적으로 지원한 것이다. 래쉬포드 정도를 제외한 대부분의 공격 2선 선수들은 이러한 전술적 역할을 충분히 수행해낼 수 있었다. 루카쿠 역시 볼을 받기 위해 보다 적극적으로 움직였다. 3명의 공격 라인은 좁은 간격을 바탕으로 상대의 라인 사이 지역에서 볼을 받아내려 했다. 그렇기 때문에 양 윙백이 굉장히 공격적으로 움직여야 했다.

마샬은 드리블과 1 대 1 돌파에 최고 강점을 보유한 선수이지만, 연결 고리 역할을 수행해내는 연계 능력에도 어느 정도 일가견을 갖고 있는 자원이라 할 수 있다. 17/18 시즌 무리뉴는 종종 마샬을 공격의 연결 고리로 활용했다. 대표적으로 상술한 22R 에버튼전과 25R 토트넘전이 그랬다. 토트넘전의 경우 4-3-3의 오른쪽 윙어 자리에 배치되면서, 반대편의 산체스에 비해 매우 큰 폭으로 움직였다. 마샬은 종종 왼쪽 측면까지 가담하면서 산체스를 보좌했다. 무리뉴는 이날 이러한 유기성을 활성화시키기 위해 포그바를 오른쪽 미드필더로 기용했다. 포그바에게 메짤라 롤을 맡김으로써, 마샬이 자리를 비울 경우 오른쪽 윙어 자리를 커버하도록 한 것이다.

자유를 얻은 포그바는 주로 왼쪽 하프 스페이스 지역을 점유했다. 포그바는 이 축을 중심으로 경기장을 누볐다. 영이 공격적으로 움직였기 때문에 터치라인 부근의 지역까지 감당할 필요는 적었다. 포그바의 공격적 움직임으로 인해 산체스와 마타가 루카쿠의 지원에 더욱 치중할 수 있었다.

보다 수비적인 경기 운영이 필요한 상황이라면, 공격시 3미드필더 라인의 전진을 최소화시킬 수도 있었다. 대표적으로 세비야와의 챔피언스리그 16강 1차전 경기가 그랬다. 후술하겠지만, 이날 좌우 미드필더로 출전한 포그바(에레라가 선발이지만, 경기 시작 17분 만에 부상을 당해 포그바와 교체당했다)와 맥토미니는 바네가와 은존지를 통제한다는 막대한 임무를 맡았다. 그렇기 때문에 공격시 높은 지점까지 전진할 경우, 전환 단계에서 바네가와 은종지에게 자유를 헌납할 우려가 있었다. 무리뉴는 이 리스크를 최소화시키기 위해 공격 단계에서 포그바와 맥토미니의 전진을 자제시켰다. 양 윙어 산체스와 마타는 볼을 받기 위해 더욱 적극적으로 움직였다. 맨유는 주로 후방에 숫자를 확보한 이후, 최전방의 루카쿠를 겨냥하는 롱 볼을 빈도 높게 시도했다.

3. 수비 시스템

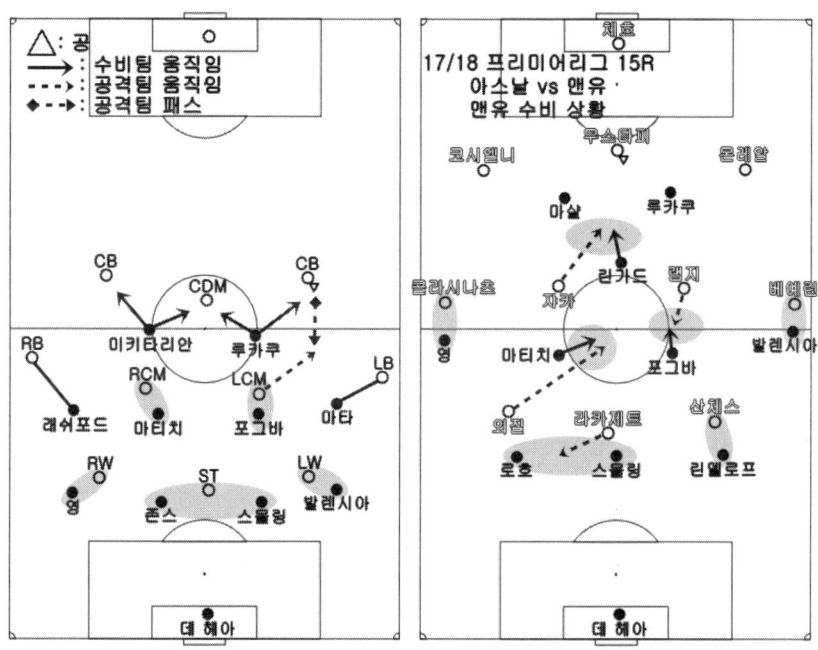

▲ 맨유의 전체적인 수비 시스템(좌)과 아스날전 수비 형태(우)

맨유가 수비를 진행할 때면 주로 '지역 수비를 기반으로 한 대인마크' 형태를 띠었다. 1차적으로는 견고한 지역 수비 체제를 유지하다가, 상대가 선수 개인의 담당 지역 안으로 들어올 경우 대인 마크 형태로 전환하는 방식이다. 샘 앨러다이스 감독 역시 17/18 시즌 에버튼에서 이러한 수비 형태를 즐겨 썼다.

수비팀 맨유가 4-4-2를, 공격팀인 상대가 4-3-3 대형을 활용한다고 가정해보자. 이러한 상황에서 맨유는 2톱을 활용해 상대팀의 센터백과 수비형 미드필더 3명을 견제했다. 전진한 양 윙백은 측면 미드필더 선수들이 전담했으며, 좌우 미드필더는 자연스레 맨유의 중앙 미드필더들이 수비했다. 마지막으로 3명의 공격수는 최후방 백4 수비 라인이 담당하면서 맨유의 마킹 체계가 구성됐다.

효율적인 '지역 수비를 기반으로 한 대인마크' 수비 형태를 활용하기 위해서라면 전체적인 수비 대형을 상대 선수들의 포지셔닝에 맞춰야 한다. 수비 대형이 상대 선수들의 전체적인 포지셔닝과 이질감이 클 경우, 지역 수비와 대인마크 체제를 혼용하는데 어려움을 겪을 수 있기 때문이다. 극단적인 예로 4-3-1-2의 맨유가 3-4-3 공격 대형의 팀을 수비한다고 가정해보자. 4명의 미드필더를 다이아몬드 형태로 배치한 맨유는 터치라인 부근에 위치한 상대팀의 윙백을 수비하는데 큰 어려움을 겪을 것이다.

그렇다고 무리뉴가 모든 경기에서 전체적인 수비 대형을 상대팀의 공격 포지셔닝에 맞춰 들고 나온 것은 아니었다. 매 경기마다 전체적인 대형에 변화를 줄 경우, 선수들이 전술적으로 혼란을 겪게 되기 때문이다. 중요한 일전이 아니라면 맨유의 수비 대형 자체는 일관적인 경우가 많았다. 주로 4-2-3-1로 나설 경우에는 수비시 4-4-2(4-2-3-1의 공격형 미드필더와 스트라이커가 2톱을 이루는 대형)를, 4-3-3을 활용할 경우에는 수비시 4-1-4-1 대형을 형성했다.

무리뉴 체제의 맨유가 간간이 백3 시스템을 활용한 까닭도 이러한 요인 때문이라 할 수 있었다. 백3 대형을 활용하는 상대팀과 포지셔닝적 이질감을 줄이기 위함이었다. 백3을 상대로 같은 백3을 꺼내들 경우, 궁극적으로 자유롭게 활동하는 양 윙백을 같은 윙백 선수를 통해 마킹할 수 있었다.

> 프리미어리그가 38R까지 진행된 현 시점에서, 축구 통계 사이트 'whoscored.com'은 17/18 시즌 맨유가 리그에서 백3 시스템을 5번 기용했다고 밝혔다. 이는 리그 10R 토트넘전, 리그 11R 첼시전, 리그 14R 왓포드전, 리그 15R 아스날전, 37R 웨스트 햄전이었다. 당시 맨유를 상대한 이 다섯 팀은 모두 백3 시스템을 꺼내들었다.

무리뉴는 3-4-3을 주 포메이션으로 활용했던 아스날을 상대하기 위해 3-4-1-2를 꺼내 들었다. 두 대형 자체에는 어느 정도의 이질감이 존재했다. 맨유 3명의 센터백이 아스날의 3톱을 1 대 1로 수비하기 때문이었다. 하지만 '아스날편'에서 소개했듯, 아스날이 공격을 전개할 때면 1선의 외질이 내려오고, 3선의 램지가 전진한다는 특징을 갖고 있었다. 때문에 '마티치-린가드-포그바'로 이뤄진 맨유의 중원 삼각 대형은 자연스레 '외질-쟈카-램지'의 역삼각형을 1 대 1로 수비할 수 있었다. 또한 1선에서 광범위하게 활동하는 산체스는 린델로프가 전문적으로 수비했다.

맨유가 상대의 공격 형태에 맞춰 수비 전술적으로 변화를 준 부분은 '지역 수비와 대인 마크 체제의 비율'이었다. 무리뉴는 상대팀의 전체적인 공격 형태에 맞춰 지역 수비와 대인마크 체제의 비율을 조절했다. 만약 맨유 중앙 미드필더의 견제를 받고 있는 상대 선수가 볼을 받기 위해 후방으로 내려갔다 가정해보자. 이 상태에서 맨유의 중앙 미드필더는 무리뉴가 주문한 전술에 따라 다양하게 활동할 수 있었다. 상대 선수를 직접적으로 쫓아 1선까지 전진할 수도 있었고, 그를 무시한 채 지역을 지킬 수도 있었다.

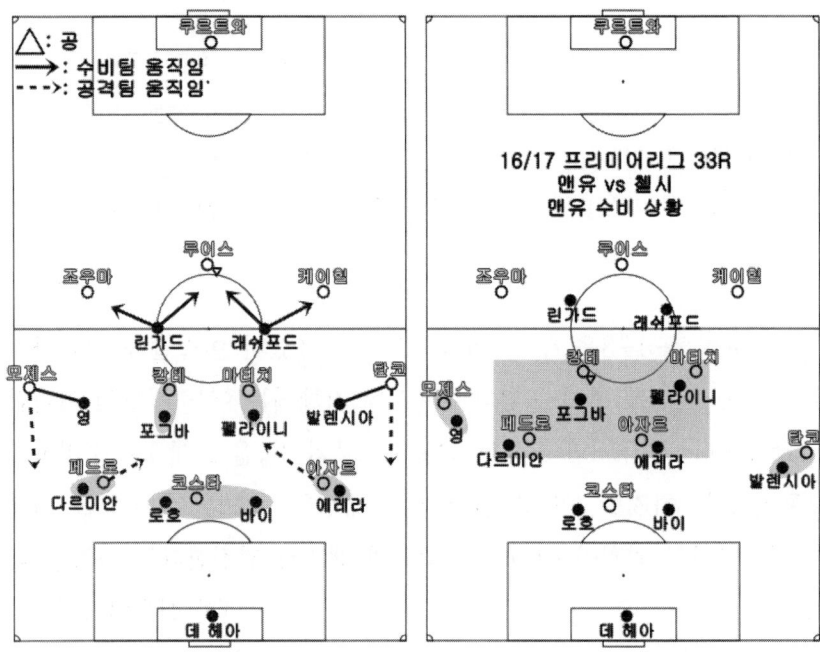

▲ 맨유의 첼시전 수비 형태

16/17 시즌의 첼시전에서는 수비시 대인마크의 비율을 매우 높게 끌어올렸다. 첼시의 유기적인 3-4-3 공격 형태를 통제하기 위함이었다. 앞 첼시편에서 소개했듯, 첼시의 3-4-3 체제는 양 윙어와 윙백 간의 유기적인 위치 변화를 통해 공격을 전개했다. 윙어는 끊임없이 중원으로 내려와 볼을 받아줬다. 구조적으로 중앙 미드필더가 단 둘뿐이기 때문이었다. 윙백은 활발하게 움직이며 터치라인 부근의 지역을

지배했다.

무리뉴는 이러한 첼시의 공격을 빈도 높은 대인마크 체제를 통해 막아내려 했다. 이날 맨유의 포메이션은 4-4-2였지만 상당히 변칙적으로 운용됐다. 양 윙백 자리에 다르미안과 에레라가 배치되고, 영과 발렌시아가 측면 미드필더를 담당했기 때문이었다.

윙백 자리에는 중앙 지향적인 선수들이, 측면 미드필더 자리에는 비교적 측면 지향적인 선수들이 배치됐다는 점이 핵심이었다. 다르미안은 센터백을, 에레라는 중앙 미드필더를 소화할 수 있는 자원이다. 때문에 중앙으로 빈도 높게 가담했던 페드로와 아자르를 포지션상 어렵지 않게 막아낼 수 있었다. 반면 17/18 시즌 맨유의 양 윙백 자리를 담당하고 있는 영과 발렌시아는 터치라인 부근에서 활동한 모제스와 아스필리쿠에타를 전담했다. 맨유가 대인 마크 비율을 높게 가져간 탓에, 영과 발렌시아는 공/수 양면으로 굉장히 활발하게 움직여야 했다.

무리뉴의 전술은 완벽했다. 에레라는 아자르를 환상적으로 봉쇄해냈으며, 첼시는 영과 발렌시아 탓에 터치라인 부근의 지역을 활용하지 못했다. 첼시의 유기적인 공격 형태를 완벽히 통제해낸 것이다. 맨유는 무리뉴의 수비 전술을 바탕으로 첼시에게 단 한 번의 유효 슈팅도 허용하지 않았다. 당시 첼시가 최고의 퍼포먼스를 보여주고 있었다는 점을 감안한다면, 이날 맨유의 수비력은 놀라움 그 자체였다.

물론 맨유가 여러 경기들에서 보인 몇 가지 공통적인 특징도 존재하긴 했다. 아무래도 이는 맨유 수비 전술의 기본적인 베이스일 것이다. 모든 경기에서 활용한 것은 아니지만, 무리뉴는 상황에 따라 특정 전술들을 빈도 높게 기용해왔다. 맨유는 이 베이스를 바탕으로 앞에서 소개한 여러 수비 전술들의 변화를 시도했다. 이 '베이스'는 크게 3가지로 정리할 수 있다.

첫째는 상대의 최후방 라인에 빌드업에 약한 선수가 존재한다면, 그 선수가 빌드업을 전개하도록 유도하는 것이었다. 이는 2~3/4선에서 상대 선수들을 1 대 1로 수비하고 있기 때문에 효율을 낼 수 있었다. 빌드업에 약한 선수가 공격을 전개한다면 자연스레 실수를 유발할 수 있었다. '빌드업에 약한 선수를 집중적으로 공략한다.'라는 명제를 다시 한 번 꼬아서 고안해낸 전술 요소였다.

둘째는 2선의 양 측면 선수들이 상대의 윙백을 전문적으로 전담한다는 것이었다. 양 측면 미드필더들은 기본적으로 지역을 지키다가, 상대 윙백이 오버래핑을 시도할 경우에 그들만을 전문적으로 수비했다. 상대가 양 윙백을 통해 터치라인 부근의 지역에서 공격을 전개하지 못하도록 하기 위함이었다. 때문에 상대 윙백이 공격적으로 움직일 경우에는, 맨유가 백6 대형을 형성하는 경우가 많았다.

셋째는 상대가 페너트레이션 단계에 돌입했을 때면, 마티치가 지역 수비 체제로 전환한다는 것이었다. 마티치는 비단 상대의 페너트레이션 단계뿐만이 아니라, 전체적으로 다른 선수들에 비해 짙은 지역 수비 성향을 나타냈다. 마티치는 주로 상대 선수들의 움직임에 맞춰 활동하는 맨유의 수비 진영에 밸런스를 가져다줬다. 주로 상대의 페너트레이션 단계에서 수비 라인 앞 지역을 고정적으로 지켰다. 볼이 골문 근처에서 도는 상황에서, 맨유의 모든 선수들이 대인마크 체제를 유지하기에는 불안정성이 따랐다. 마티치가 전담 선수를 수비할 경우에는 빠른 템포로 전개되는 상대의 콤비네이션 플레이에 벗겨질 공산이 존재했다.

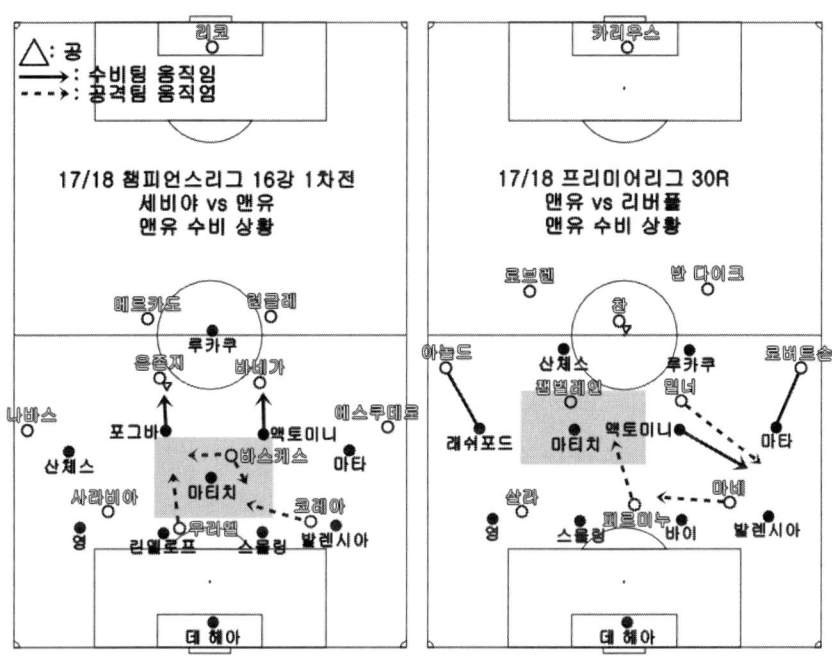

▲ 세비야(좌)와 리버풀(우)이 선보인 마티치의 지역 수비 성향 공략법

몇몇 팀들은 오히려 마티치가 보유하고 있는 지역 수비적 성향을 공략하기도 했다. 대체적으로 대인마크 성향을 띠는 맨유의 미드필더들을 다른 곳으로 끌어들여, 마티치를 고립시키는 식이었다. 마티치가 중원에 고립된다면 수적 우위 상황을 이뤄낼 수 있었다. 대표적으로 세비야와 리버풀이 그랬다.

세비야의 경우 3선 선수들을 전문적으로 수비한다는 포그바와 맥토미니의 성향을 역이용하려 했다. 맨유의 수비 체제에 적응한 세비야는 일정 시점 이후로부터 마티치의 담당 지역을 공략하기 시작했다. 은존지와 바네가를 통해 포그바와 맥토미니를 끌어들이고, 스트라이커 무리엘, 왼쪽 윙어 코레아, 공격형 미드필더 바스케스를 통해 마티치를 상대로 수적 우위를 이뤄내려 했다(세비야 라인업 : 리코 / 에스쿠데로, 런글레, 메르카도, 나바스 / 바네가, 은존지 / 코레아, 바스케스, 사라비아 / 무리엘).

맨유의 수비진들은 즉각적인 커뮤니케이션이 전혀 이뤄지지 않는 듯 보였다. 마티치가 수적 열세 상황에 처했다면, 전체적인 수비 라인을 끌어올리거나, 센터백이나 발렌시아 중 한 명이 중원으로 가담해야 할 필요가 있었다. 하지만 맨유의 수비 라인 선수들은 그 누구도 마티치를 지원하려 하지 않았다. 그렇기 때문에 마티치가 2, 3명의 선수들을 한 번에 상대해야 하는 경우가 많았다.

이날 세비야는 유기적인 움직임을 통해 좋은 공격 찬스를 여럿 만들어냈지만, 막상 '마티치를 상대로 한 수적 우위'라는 전술적 요소를 통해서는 맨유의 골문을 위협하지 못했다. 대부분의 상황에서 무리한 슈팅을 시도했기 때문이다. 이날 세비야는 무려 25번의 전체 슈팅 시도와 8번의 유효 슈팅을 만들어냈지만, 실질적으로 맨유의 골문을 위협한 슈팅은 2, 3개 정도에 지나치지 않았다(물론 이는 득점으로 연결될 수 있는 매우 결정적인 슈팅들이었다. 데 헤아의 신들린 선방이 존재하지 않았다면, 맨유는 이날 실점을 허용했을 것이다). 경기후 무리뉴는 '통계적 슈팅(statistic shots)'이라는 비유를 활용하며 세비야의 공격을 표현했다.

한편 리버풀은 '밀너 메짤라' 전술을 통해 맨유의 중원 공간을 열어내려 했다. 밀너가 측면으로 빠진다면 마네가 중앙으로 크게 좁히고, 이를 통해 피르미누가 더욱 깊은 지역까지 폴스 나인 롤을 가져갔다.

클럽의 의도는 명확했다. 마티치를 상대로 수적 우위를 이뤄내는 것이었다. 리버풀은 밀너의 메짤라 움직임을 통해 맥토미니를 측면으로 끌어내고, 깊은 지역까지 영향력을 발휘하는 피르미누의 폴스 나인 롤을 통해 마티치를 상대로 2:1 수적 우위 상황을 만들어내려 했다(챔벌레인, 피르미누 vs 마티치).

클럽의 전술적 의도는 좋았으나, 실제 경기 내에서는 그리 큰 효력을 발휘하지 못했다. 본질적으로 이날 리버풀의 공격진들이 맨유의 수비수들에 비해 좋지 못했기 때문이다. 영은 득점왕 유력 후보인 살라를 완벽하게 묶어냈으며, 바이와 스몰링은 센터백이 할 수 있는 거의 모든 것들을 해냈다.

전술적인 측면을 더해보자면, 이날 리버풀은 수적 우위 상황을 형성하고 있는 마티치의 담당 지역 안으로 볼을 투입하지 못했다. 맥토미니를 끌어내기 위해서라면 1차적으로 리버풀의 공격이 측면으로 전개되어야 했다. 맥토미니가 밀너의 단순한 움직임 하나로는 절대 흔들리지 않았기 때문이다. 리버풀은 이 측면 지역에서 맨유의 압박을 이겨내지 못했다. '압박 vs 패스 게임'의 구도에서 우위를 점하지 못한 것이다. 가령 리버풀이 압박을 이겨내 피르미누나 챔벌레인에게 볼을 배급한다고 하더라도, 맨유 수비 라인의 훌륭한 커버로 그다지 좋은 장면들을 만들어내지 못했다.

프리미어리그 전술 백배 즐기기

제3부
주요 경기 분석

01
토트넘 vs 도르트문트

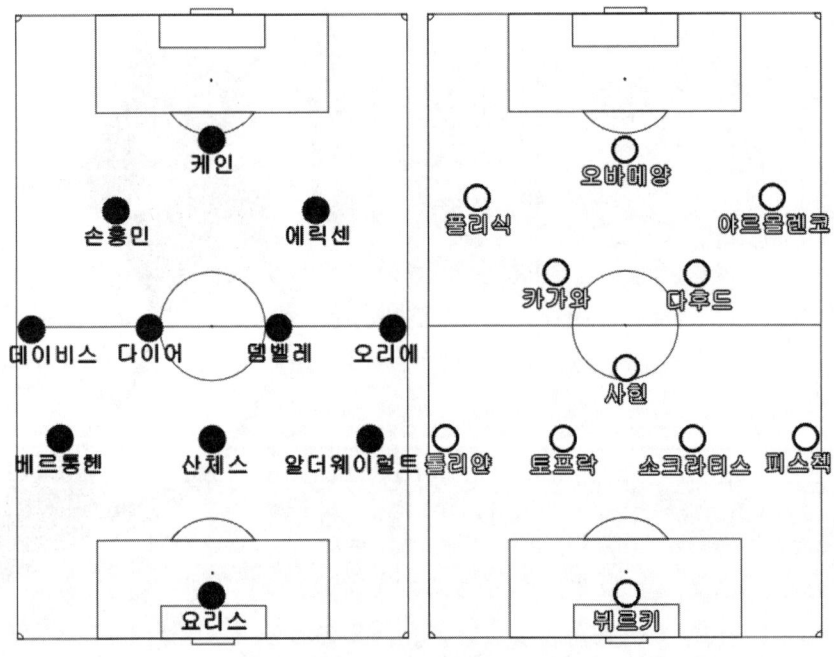

▲ 토트넘-도르트문트전 선발 라인업

경기 날짜	2017년 9월 13일 19시 45분 – 현지 시각 2017년 9월 14일 3시 45분 – 한국 시각
경기 결과	3 대 1, 토트넘 승
득점자	4 손흥민, 15 해리 케인, 60 해리 케인 11 안드레 야르몰렌코
경기 부류	17/18 챔피언스리그 H조 조별예선 1차전
경기 장소	웸블리 스타디움 (토트넘 홈, 도르트문트 원정)
후보 명단	토트넘 – 페르난도 요렌테, 무사 시소코, 후안 포이스, 미셸 보름, 카일 워커-피터스, 해리 윙크스, 키어런 트리피어 도르트문트 – 마리오 괴체, 곤잘로 카스트로, 단-악셀 자가두, 로만 바이덴펠러, 막시밀리안 필립, 네벤 수보티치, 알렉산데르 이삭
결장 명단	토트넘 – 대니 로즈, 조르지-케빈 은쿠두, 빅터 완야마(부상), 델리 알리(징계) 도르트문트 – 안드레 쉬를레, 마르셀 슈멜처, 마르크 바르트라, 율리안 바이글, 에릭 두름, 하파엘 가메이로, 세바스티안 로데(부상)

 토트넘의 선발 라인업에서 주목해야 할 부분은, 3-4-3 포메이션인데도 불구하고 손흥민이 공격 라인의 한 축을 담당했다는 사실이다. 앞 토트넘편에서 소개했듯 그간 손흥민은 전술적 성향상 토트넘의 3-4-3 시스템에서 포체티노 감독의 적극적인 선택을 받지 못했다. 만약 포체티노가 단순히 알리의 공백을 메우고, 손흥민을 효율적으로 활용하려 했다면 4-2-3-1 옵션을 꺼내들었을 것이다. 이러한 요인을 생각해본다면 포체티노의 3-4-3 대형 기용과 손흥민 선발은 도르트문트전에 맞춘 전술적 요소라 볼 수 있었다 (후술하겠지만, 이 전술적 요소의 핵심은 3-4-3과 3-5-2 형태를 혼용하는 것이었다).

한편 도르트문트의 피터 보츠 감독은 선수 기용적인 측면에서, 선발 라인업에 변화를 줬다. 측면 공격을 책임졌던 막시밀리안 필립과 4-3-3의 좌우 미드필더를 담당했던 곤잘로 카스트로, 마리오 괴체가 벤치에서 시작한 것이다. 이들의 자리는 각각 야르몰렌코와 다후드, 카가와가 책임졌다. 보츠로서는 도르트문트에서 처음으로 맞이하는 주중 경기였던 만큼 체력적인 요인을 고려한 듯싶다.

막시밀리안 필립은 2017년 겨울 무릎 부상의 여파로 도르트문트에서 풀 시즌을 소화하진 못했으나, 시즌 초반까지만 하더라도 핵심 자원으로 분류됐다. 필립은 토트넘전을 맞이하기 전에 펼쳐진 도르트문트의 리그 3경기에서 모두 선발 출전했다. 한편 이 3경기에서의 주전 3미드필더 라인은 '괴체-사힌-카스트로' 조합이었다.

경기의 전체적인 양상은 매우 타이트하게 이뤄졌다. 토트넘과 도르트문트 모두 높은 수비 라인을 구성했기 때문이다. 이 두 팀은 기존부터 높은 수비 라인을 지향해온 팀들이었다. 주로 볼이 중원 지역에서 돌거나 도르트문트가 공격을 전개할 때면, 양 팀 최종 수비 라인 간의 간격이 약 20m 정도로 형성됐다. 때문에 경기는 매우 역동적이고 빠른 템포로 전개됐다.

이러한 경기 양상은 70-80분대를 맞이하고 나서야 조금씩 수그러들기 시작했다. 우선 양 팀 모두가 체력적 한계를 맞이했다. 경기가 주중에 펼쳐지고, 그간 좁은 지역에서 역동적인 플레이가 전개됐기 때문에 선수들은 체력적으로 지칠 수밖에 없었다. 또한 이 시점에서는 양 팀의 스코어가 3 대 1로 벌어진 이후였다. 보츠가 60~80분 사이에 3장의 교체 카드를 모두 소진했기 때문에, 토트넘으로서는 수비 라인의 형성 지점을 낮춰 보수적인 운영을 하는 것이 합리적인 선택이었다(보츠는 66, 72, 80분에 교체 카드를 소진하고, 포체티노는 83분에 첫 교체 카드를 꺼내들었기 때문에, 65분대 이후로는 토트넘이 체력적으로 밀릴 수밖에 없었다).

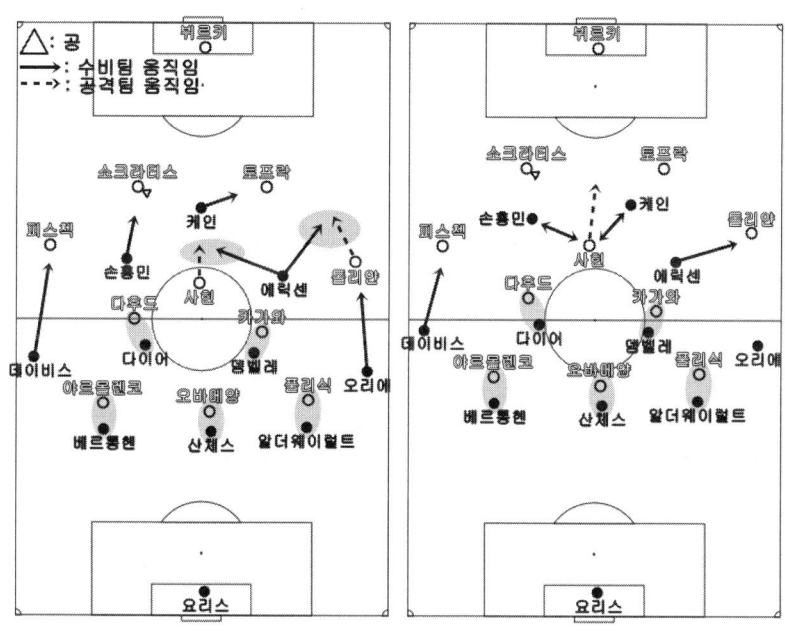

▲ 토트넘의 도르트문트 빌드업 통제 형태

토트넘과 도르트문트는 모두 높은 수비 라인을 기점으로 상대의 후방 빌드업을 통제하려 했다. 두 팀 모두 지난 경기들에서 높은 지점에서 강한 압박을 가하는 플레이를 즐겨 해왔기 때문이다. 주목해볼 만한 점은, 보츠는 이날 웸블리 스타디움 원정이었음에도 불구하고 그가 추구하는 '공격적인 축구'를 강하게 시도하려 했다는 것이다.

토트넘의 수비는 최전방 손흥민과 케인으로부터 시작됐다. 손흥민과 케인은 전방 수비시 도르트문트 2명의 센터백을 전담했다. 이들은 소크라티스와 토프락을 직접적으로 압박하기보단, 주로 일정한 거리를 유지한 채 패스 전진 패스 옵션을 제한하려 했다. 이에따라 데이비스가 피스첵을, '다이어-뎀벨레' 라인이 '다후드-카가와'를, 최후방 3명의 센터백이 도르트문트의 3톱을 전담하면서 토트넘의 전방 수비 체계가 형성됐다.

이중 핵심은 에릭센이었다. 이날 에릭센은 토트넘의 전체적인 전술 체계에 있어 3-4-3과 3-5-2의 전환점 역할을 수행했다. 전방 수비 체제에서도 중앙의 사힌과 측면의 톨리얀을 유기적으로 전담하며 토트넘의 전방 압박을 이끌었다. 이는 에릭센이 광범위한 활동량을 보유하고 있기 때문에 가능한 전술 구상이었다.

손흥민과 케인이 상대 센터백을 직접적으로 압박하지 않고, 일정한 거리를 유지하며 패스 옵션을 제한하려 했던 까닭도 이러한 요인 때문이라 할 수 있다. 토프락과 소크라티스는 손흥민과 케인의 견제 때문에 사힌에게 쉽사리 전진 패스를 건넬 수 없었다. 때문에 사힌이 볼을 받기 위해서라면 직접 수비 라인으로 내려와 라볼피아나 대형을 형성해야 했다. 이 경우 에릭센은 토프락과 소크라티스의 횡패스 옵션인 톨리얀만을 집중적으로 전담할 수 있었다. 만약 손흥민과 케인의 수비 형태가 흐트러져 도르트문트의 센터백 라인이 사힌에게 전진 패스를 건넨다면, 에릭센이 사힌을 직접 수비하여 중원 지역에서의 1 대 1 구도를 만들어냈다. 이때는 오리에가 전진하여 톨리얀을 전담해야 했다.

도르트문트는 토트넘의 전방 수비 체계를 벗겨내기 위해 변형을 추구했다. 상황에 따라 좌우 미드필더인 신지나 다후드가 3, 4선 지역까지 내려온 것이다. 미드필더 라인의 역할상 다후드가 이러한 움직임을 더욱 자주 보였다. 이 경우 다이어와 뎀벨레는 이들을 따라가지 않고 지역을 지키는 경우가 많았다. 본질적으로 신지와 다후드가 밑선으로 내려간다면 도르트문트의 빌드업 옵션은 대부분 1선으로 연결하는 롱볼로 제한됐기 때문이다. 오바메양이 라인 브레이킹에 주력했기 때문에, 다후드나 신지가 내려간다면 중앙에서 오바메양을 지원해줄 특별한 자원이 없어졌다. 양 측면의 피스첵과 톨리얀은 데이비스, 에릭센/오리에가 꽉 잡고 있었다.

도르트문트의 3톱과 1 대 1 구도를 형성하는 토트넘의 최후방 센터백 라인은 밸런스를 유지할 수 있었다. 베르통헨, 산체스, 알더웨이럴트가 모두 공중볼에 대해 큰 강점을 보유한 선수들일뿐더러, 스트라이커 오바메양이 볼을 받아주고 지켜주는 플레이에 능하지 않았기 때문이다. 도르트문트에게 1선에서 볼을 지켜줄 수 있는 자원으로는 야르몰렌코가 있었으나, 이날 야르몰렌코는 베르통헨을 상대로 우위를 점하지 못했다.

도르트문트는 1 대 1 구도를 형성하고 있는 최전방 지역으로 볼을 쉽게 투입하지 못했다. 우선, 1선에서부터 시작되는 손흥민과 케인의 견제에 막혀 빠른 템포로 빌드업을 전개할 수 없었다. 템포가 늦어질 경우 토트넘이 빠르게 5-4-1 수비 대형으로 전환하며 후방을 다졌다. 후술하겠지만, 이 경우 도르트문트가 최전방 지역에서 1 대 1 구도를 형성할 수 없었다. 도르트문트가 측면으로 풀어나가려 할 때면 토트넘의 수비 라인이 유기적으로 움직이며 3톱을 막아냈다. 만약 톨리얀이 볼을 잡았을 때면, 오리에가 전진, 데이비스가 중앙으로 좁히면서 '데이비스-베르통헨-산체스-알더웨이럴트' 라인이 도르트문트의 3톱을 상대로 숫자를 확보했다.

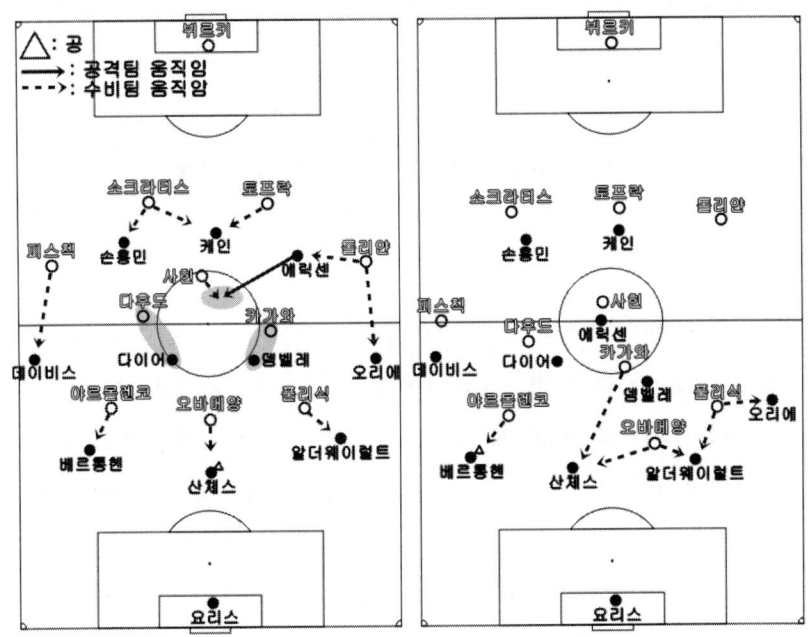

▲ 도르트문트의 토트넘 빌드업 통제 형태

한편 도르트문트 역시 토트넘의 후방 진영을 압박할 때면 공격 라인이 상대 센터백을 1 대 1로 수비하도록 했다. 야르몰렌코와 오바메양, 풀리식은 주로 토트넘의 3센터백을 직접적으로 압박했다. 이는 토트넘이 활용한 손흥민, 케인의 압박 형태와는 조금 다른 방식으로 이뤄졌다. 피스첵과 톨리얀은 데이비스와 오리에를 수비했으며, '다후드-카가와' 라인은 '다이어-뎀벨레' 조합을 전담했다. 톨리얀은 상황에 따라 에릭센도 수비해야 했지만, 대체적으로 에릭센은 3-4-3의 구조적 문제점을 해결하기 위해 중원으로 가담하는 경우가 많았다. 에릭센이 중앙으로 좁힐 경우에는 자연스레 사힌의 수비 범위 안에 들게 됐다.

도르트문트와 토트넘의 전방 수비 형태를 비교해보자면, 원정팀 도르트문트가 압박시 더욱 역동적이고 자유롭게 움직였다. 이는 주로 최전방 1선 선수들의 압박 형태에 따른 차이였다. 토트넘의 경우 상술했듯 토프락과 소크라티스의 패스 옵션을 제한하는 쪽으로 움직였기 때문에, 상황에 따라서라면 1선이 언제든지 내려설 수 있었다. 도르트문트의 1차적인 볼 점유는 허용한 것이다. 이러한 성향 탓에 토트넘의 전방 압박은 비교적 느린 템포로 전개되기도 했다.

반면 도르트문트의 경우에는 최전방 3톱이 베르통헨과 산체스, 알더웨이릴트를 직접적으로 수비하려 했다. 가능한 한 토트넘의 후방 빌드업을 앞선에서부터 강하게 통제하려 한 것이다. 그렇기 때문에 도르트문트가 전방 수비시 가하는 압박은 대개 빠른 템포로 전개됐다. 압박의 템포가 빨라질수록 선수들은 토트넘에 비해 더욱 역동적이고 자유롭게 움직였다.

이러한 탓에 도르트문트의 압박시 최전방 3톱의 간격이 흐트러졌을 때면, 주로 카가와가 순간적으로 전진하여 토트넘의 센터백을 압박하기도 했다. 이 경우에는 필연적으로 토트넘의 센터백이 뎀벨레나 다이어에게 전진 패스를 전개하지 못하도록 수비해야 했다. 당연하게도 카가와가 자신의 담당 선수를 비워두고 나온 것이기 때문이다.

포체티노는 양 팀의 이러한 압박 형태를 수긍하는 듯 했다. 아니, 오히려 이러한 압박 형태의 양상을 미리 예측한 듯 보였다. 토트넘과 도르트문트가 보인 압박 형태의 가장 큰 차이점은 '상대의 1차적인 볼 점유 허용'의 유무였다. 토트넘은 도르트문트의 1차적인 볼 점유를 허용했고, 자신의 축구 철학을 고수한 보츠는 그러지 않았다. 원정팀 도르트문트는 이날 무려 67.9%의 볼 점유율을 유지하며 토트넘을 몰아세웠다.

포체티노는 고의적으로 도르트문트에게 전체적인 볼 점유권을 내어줬다고 생각한다. 본질적으로 당시의 도르트문트는 점유율 싸움에 있어서 최강의 모습을 보여줬기 때문이다. 도르트문트는 토트넘과의 일전을 맞이하기 전에 치른 3번의 리그 경기에서 압도적인 볼 점유율을 기록했다. 리그 1R 불프스부르크전에서는 70.6%를, 2R 베를린전에서는 66.2%를, 3R 프라이부르크전에서는 82.8%의 볼 점유율을 기록했다. 이는 무려 73%에 달하는 평균 볼 점유율 수치였다.

이러한 팀을 상대로 점유율 싸움에서 승부를 거는 것은 분명 무리가 따르는 선택이었다. 더군다나 토트넘은 가라앉은 상태에서도 충분히 능숙한 경기를 치러낼 수 있는 팀이었다. 그렇기 때문에 경기 결과가 알려주듯, 웸블리 스타디움에서 주도권을 잡고 보수적인 경기를 펼친 포체티노의 선택은 성공적이었다.

상술했듯 경기가 좁은 공간 속에서 역동적으로 진행됐기 때문에 양 팀의 압박 형태는 언제든지 부분적으로 바뀔 수 있었다. 바로 앞에서 소개한 카가와가 토트넘의 센터백을 압박하는 작업도 이러한 구도의 일환이라 할 수 있다. 전체적으로 두 팀의 압박 강도가 차이 났을 뿐, '상대의 센터백 라인에서부터 통제를 시작한다.'라는 의도는 비슷했다.

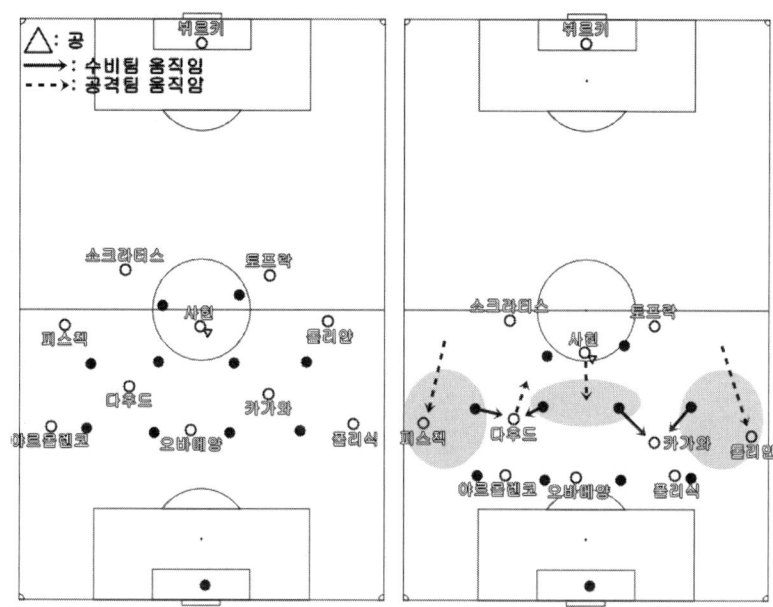

▲ 도르트문트의 토트넘전 전체적인 공격 형태

 도르트문트의 전체적인 공격 형태에 대해 잠깐 짚고 넘어가 보자. 도르트문트가 볼을 점유하며 공격을 전개하려 할 때면 전체적으로 2-3-2-3과 같은 대형을 형성하려 했다. 공격시 형성하는 포메이션 자체는 17/18 시즌 맨시티의 공격 대형과 꽤나 유사했다. 맨시티의 2-3-2-3 시스템과 두드러지는 차이점이라면, 빌드업시 양 윙백 피스첵과 톨리얀이 사힌을 지원하기 위해 적극적으로 좁히지 않았다는 사실이다.

 도르트문트의 빌드업 단계에서는 최전방 3톱이 굉장히 넓게 벌려 섰다. 양 윙백이 후방 진영에 위치했기 때문에, 측면 공격수 야르몰렌코와 풀리식이 넓게 벌려 터치라인 부근의 지역을 담당해줘야 했다.

또한 스트라이커 오바메양은 상대의 강한 압박으로부터 볼을 지켜주는데 능한 유형의 공격수가 아니다. 그는 주력을 통해 최전방에서 상대 수비 라인을 깨뜨리는데 최고 강점을 보유한 선수다. 그렇기 때문에 좌우 미드필더인 다후드와 카가와가 중앙 지역에서 행사하는 볼에 대한 영향력이 중요했다.

볼을 점유한 채로 높은 지점까지 공격을 전개하는데 성공했다면, 도르트문트는 상당히 공격적인 형태로 전환했다. 구조적으로 상대 진영에 많은 숫자를 투입하여 볼을 점유하기 위해서였다. 이 단계에서는 측면의 피스첵과 톨리얀이 높은 지점까지 전진함으로써 야르몰렌코와 풀리식이 중앙으로 좁힐 수 있도록 했다. 측면 지역에서의 밸런스를 유지하기 위해 중앙으로 좁힌 양 윙어는 언제든지 다시 사이드로 벌릴 수 있었다.

도르트문트는 좌우 미드필더인 다후드와 신지를 통해 상대의 전체적인 수비 대형을 좁히려 했다. 1선의 3톱이 상대의 백4를 잡아주고, 다후드와 신지가 라인 사이 지역에 위치한 형태였다. 좌우 미드필더인 다후드와 신지는 상대 미드필더 라인의 시야 밖(볼이 전체적으로 후방에서 돌고 있었기 때문에)에 위치했기 때문에, 수비팀의 미드필더들은 자연스레 이들을 인식하고, 최후방 라인과의 거리를 좁힐 수밖에 없었다.

이 단계에서의 다후드는 주로 전체적인 공격 형태의 밸런스를 위해 움직였다. 그는 상대의 라인 사이 지역에만 머무르지 않았다. 지속적으로 3선으로 내려와 볼을 받아주고, 팀의 전체적인 점유를 도왔다. 다후드의 이러한 성향 때문에 공격 성향을 지닌 반대편의 카가와가 상대의 라인 사이 지역에 고정적으로 머물 수 있었다. 당시 도르트문트의 주전 미드필더 라인이었던 '괴체-사힌-카스트로' 조합에서는 카스트로가 다후드의 역할을, 괴체가 카가와의 역할을 수행했다.

상대의 미드필더 라인이 다후드와 신지를 인식해 종/횡적으로 모두 움츠러들기 시작한다면, 도르트문트의 다른 선수들이 공간을 얻을 수 있었다. 이 선수들은 주로 후방의 사힌이나 측면의 톨리얀, 피스첵이 됐다. 그렇기 때문에 상황에 따라서라면 사힌 역시 자유롭게 높은 지점까지 전진할 수 있었다. 도르트문트는 공간을 얻은 이들을 통해 상대 진영에서 더욱 많은 볼을 점유하고, 수비를 흔들고, 공간을 만들어 내 득점을 성공시키려 했다.

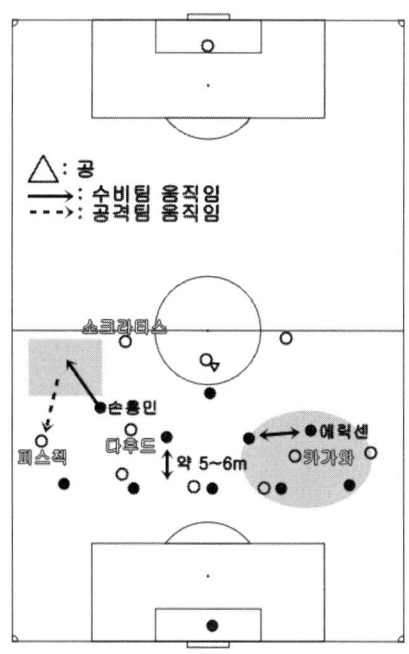

▲ 토트넘의 도르트문트전 수비 형태

포체티노의 전술적 선택 탓에, 토트넘은 경기 내 대부분의 시간을 후방 수비 단계의 상태로 보냈다. 토트넘이 후방에서 수비를 진행할 때면 비대칭적인 대형을 형성하는 경우가 많았다. 주로 오른쪽의 에릭센이 처지고, 왼쪽의 손흥민이 전진된 형태였다. 이는 토트넘에게 공격/수비 국면에서의 이점을 모두 가져다주는 계기가 됐다.

수비적인 관점에서 보자면 도르트문트가 공격시에 보이는 좌우 미드필더의 성향 차이에 대응할 수 있었다. 상술했듯 도르트문트의 왼쪽 미드필더인 카가와는 반대편의 다후드에 비해 공격적인 성향을 띠었다. 그렇기 때문에 오른쪽의 에릭센이 수비시 뎀벨레와 좁은 간격을 유지하여 라인 사이 지역에 위치한 카가와를 집중적으로 막아냈다. 반면 다후드를 상대하는 왼쪽의 손흥민은 비교적 수비로부터 자유로워질 수 있었다.

공격적인 관점에서 보자면 토트넘은 수비로부터 자유로운 손흥민을 통해 날카로운 역습을 전개할 수 있었다. 뛰어난 1 대 1 돌파 능력과 오프 더 볼 상황에서 빠른 주력을 보유한 손흥민은 역습시 피스첵의 뒷공간을 공략했다. 케인 역시 도르트문트의 수비 뒷공간을 직접적으로 공략할 수 있었으며, 상대 수비수들과 몸으로 싸워줄 수도 있었다. 이날 토트넘은 공격시 대개 손흥민과 케인을 활용하여 도르트문트의 수비 뒷공간을 공략하려 했다. 이는 포체티노가 3-4-3 대형을 활용하면서도 손흥민을 공격 라인의 일원으로 기용한 궁극적인 이유이기도 했다.

토트넘의 수비 형태에서 가장 중요한 점은 수비 라인의 형성 지점이 굉장히 높았다는 것이다. 베르통헨, 산체스, 알더웨이럴트는 유럽 축구계에서 가장 빠른 주력을 보유한 오바메양을 상대로 굉장히 높은 수비 라인을 유지해냈다. 토트넘은 이를 통해 라인 사이의 간격을 극도로 최소화시켰다. 이날 토트넘의 수비시 센터백과 중앙 미드필더 간의 간격은 단 5~6m 정도밖에 되지 않았다.

토트넘이 높은 수비 라인을 유지한 까닭은, 후방에서 자유를 얻는 사힌이 비교적 낮은 지역에 위치하도록 하기 위함이었다. 토트넘의 최후방 라인이 낮을 경우에는 전체적인 수비 대형이 밑선으로 처질 수밖에 없다(미드필더 라인과 굉장히 좁은 간격을 유지했기 때문에). 그렇기 때문에 이때는 후방의 자유로운 사힌이 토트넘 골문과의 거리가 비교적 가까워, 득점에 대한 직접적인 영향력을 발휘할 수 있었다.

또한 토트넘은 중앙에 밀집한 4~5명의 도르트문트 선수들을 한 번에 통제하려 했다. 야르몰렌코, 오바메양, 풀리식, 카가와, 다후드는 토트넘의 타이트한 간격 유지에 막혀 볼을 받아낼 수 없었다. 그렇기 때문에 라인 브레이킹에 능한 오바메양이 최전방에서 자연스레 고립됐다. 도르트문트는 후방에서 최전방으로 한 번에 연결되는 롱 패스를 통해 토트넘의 광범위한 수비 뒷공간을 공략할 수도 있었으나, 이들은 경기 내에서 이러한 공격을 전개하지 않으려는 듯 보였다. 도르트문트는 공격시 항상 짧은 패스를 통해 무언가를 만들어가려 했다.

토트넘의 이러한 수비 형태에 따라, 공격의 단초를 만들어가려 했던 도르트문트는 자연스레 중앙으로 공격을 전개할 수 없었다. 이날 도르트문트는 중앙 방향으로 전체 공격의 단 22%만을 담당했다(오른쪽 37%, 왼쪽 41%). 후방 선수들의 주 패스 목적지는 비교적 자유로운 양 측면의 톨리얀과 피스첵이 됐다. 상황에 따라서라면 야르몰렌코나 풀리식이 터치라인 부근으로 벌려 볼을 받아줄 수도 있었다. 토트넘은 측면의 오리에와 데이비스를 활용하여 도르트문트의 이러한 공격 형태를 쉽게 막아냈다.

보츠는 66분 카가와 대신 괴체를, 72분 다후드 대신 카스트로를 투입시킴으로써 미드필더 라인을 주전 조합으로 교체했다. 이때 주목해야 할 점은 괴체와 카스트로의 포지션이 바뀌었다는 사실이다. 보츠가 선수 기용적인 측면에서만 변화를 줬다면, 기존과 같이 괴체를 왼쪽에, 카스트로를 오른쪽에 배치했을 것이다. 하지만 72분 이후의 미드필더 라인은 '카스트로-사힌-괴체' 구성으로 이뤄졌다.

보츠의 의도는 명확한 듯 보였다. 공격적 성향을 가진 괴체를 오른쪽으로 이동시켜, 에릭센에 비해 수비적으로 취약한 손흥민 쪽을 공략하려 했을 것이다. 72분 이후의 도르트문트는 전체적으로 오른쪽 방향으로 공격을 집중시켰다. 괴체는 오른쪽 측면 지역으로 넓혀 뛰는 경우가 많았으며, 카스트로는 주로 중앙이나 오른쪽 하프 스페이스 지역을 담당했다.

하지만, 이 시점에서는 이미 스코어가 3 대 1로 벌어졌기 때문에 토트넘이 보수적인 운영을 펼치기 시작했다. 손흥민 역시 수비 상황에서 역습에 대한 영향력을 줄이고 미드필더 라인을 지키는데 치중했다. 이후 포체티노는 보츠의 교체 의도를 파악한 듯 보였다. 83분 팀에 수비적인 밸런스를 가져다줄 수 있는 시소코를 손흥민과 교체한 것이다. 토트넘은 시소코를 통해 도르트문트의 후반 공격 형태를 견고하게 막아낼 수 있었다.

02
리버풀 vs 첼시

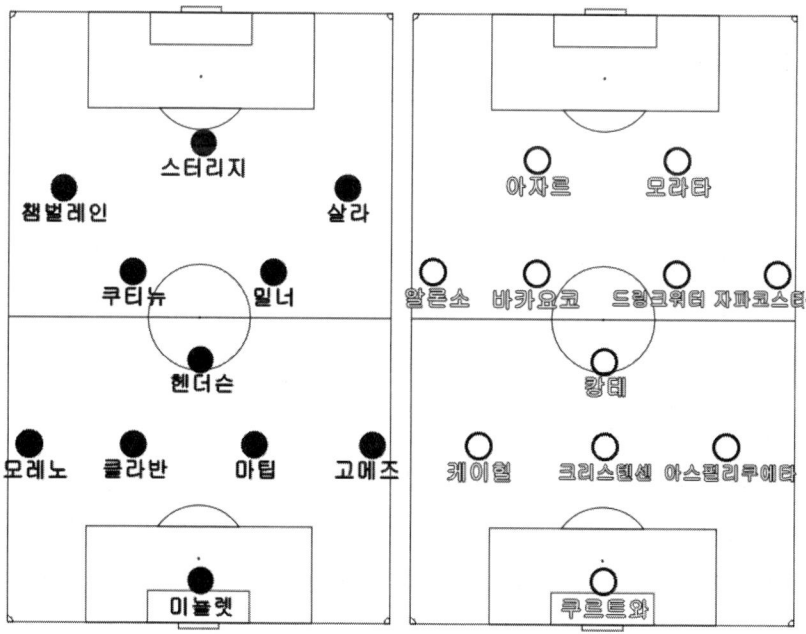

▲ 리버풀-첼시전 선발 라인업

경기 날짜	2017년 11월 25일 17시 30분 – 현지 시각 2017년 11월 26일 2시 30분 – 한국 시각
경기 결과	1 대 1, 무승부
득점자	65 살라 / 85 윌리안
경기 부류	17/18 프리미어리그 13R
경기 장소	안필드 (리버풀 홈, 첼시 원정)
후보 명단	리버풀 – 아담 랄라나, 사디오 마네, 조르지오 바이날둠, 호베르투 피르미누, 로리스 카리우스, 트렌트 알렉산더-아놀드, 앤드류 로버트슨 첼시 – 페드로 로드리게스, 세스크 파브레가스, 윌리안, 윌리 카바예로, 다비드 루이스, 안토니오 뤼디거, 빅터 모제스
결장 명단	리버풀 – 아담 보그단, 나다니엘 클라인(부상) 첼시 – 미키 바추아이(부상)

　이번 경기가 치러지기 전, 양 팀은 모두 주중에 챔피언스리그 조별 예선 5R 일전을 맞이했다. 리버풀은 스페인으로 세비야 원정을 다녀왔고, 첼시는 카라박과의 경기를 위해 아제르바이잔에 들렀다가 왔다. 양 팀 모두 원정 경기를 치른 상태이기 때문에 체력적으로 완벽하지 않은 상태였다.

　선발 라인업 부분에서 주목해야 할 팀은 첼시다. 이날 콩테 감독은 선발 라인업을 구성하는데 있어 한 가지 딜레마를 겪었을 것이다. 중앙 미드필더로 활용할 수 있는 파브레가스와 루이스가 체력적으로 완벽하지 않은 상태였기 때문이다. 파브레가스와 루이스는 주중 챔피언스리그 일전에서 풀타임을 소화했다. 리버풀전을 앞둔 첼시가 정상적으로 활용할 수 있는 중앙 미드필더 자원은 바카요코와 캉테, 드링크워터뿐이었다(캉테 역시 카라박과의 챔피언스리그 경기에 출전하긴 했지만, 그는 파브레가스에 비해 체력적으로 훨씬 뛰어난 선수다).

첼시가 이 3명의 미드필더를 모두 활용하기에는 약간의 부담이 따랐다. 드링크워터의 경기력이 완전하지 못했기 때문이다. 이날의 리버풀전은 드링크워터가 첼시에서 맞이하는 7번째 경기였지만, 그가 콩테 사단의 일원으로 선발 출전한 적은 단 한 번뿐이었다. 10월 25일(리버풀전으로부터 한 달 전) 에버튼과의 리그 컵 경기였다. 그렇기 때문에 이날 첼시가 꺼내든 '바카요코-캉테-드링크워터' 조합은 리그 경기에서 처음으로 활용해보는 중앙 미드필더 조합이었다.

콩테는 3-4-3과 3-5-2의 갈림길에서도 딜레마를 겪었을 것이다. 3-4-3을 활용한다면 경기력이 온전한 바카요코와 캉테 만을 선발로 활용할 수 있다. 그러나 시스템적으로 보자면 3-5-2에 비해 수비적으로 뒤떨어진다. 앞 첼시편에서 소개했듯, 첼시의 3-5-2는 수비적인 운영을 펼치기에 매우 적합한 전술적 옵션이다. 안필드 원정을 떠난 첼시 입장에서는 3-4-3보단 3-5-2를 꺼내들어 수비적인 운영을 펼치는 것이 더욱 합리적인 선택이었을 것이다.

> 또한, 첼시가 리버풀전에서 3-4-3을 활용했다면 또 다른 체력적 리스크가 따랐을 것이다. 주중 카라박과의 경기에서 아자르 제로톱을 둔 '페드로-아자르-윌리안' 3톱을 활용했기 때문이다. 3-4-3을 활용할 경우 공격 라인에 들어가야 할 페드로와 윌리안은 체력적으로 완전하지 못한 상태였다.

경기의 전체적인 양상은 리버풀이 일방적으로 상대 진영에서 볼을 점유하는 형태로 흘러갔다. 리버풀의 전체적인 스타일 자체가 공격적이고, 첼시 역시 이를 수긍하면서 아자르와 모라타를 2톱으로 둔

3-5-2 시스템을 꺼내들었기 때문이다. 전체 90분 평균으로 보자면 이날 리버풀은 단 53.5%만의 볼 점유율을 기록했지만, 65분 살라가 선제 득점을 터뜨리기 전까지는 무려 61.1%의 점유율을 유지했다(후술하겠지만, 실점 이후의 첼시가 교체 카드와 함께 굉장히 공격적으로 나섰기 때문).

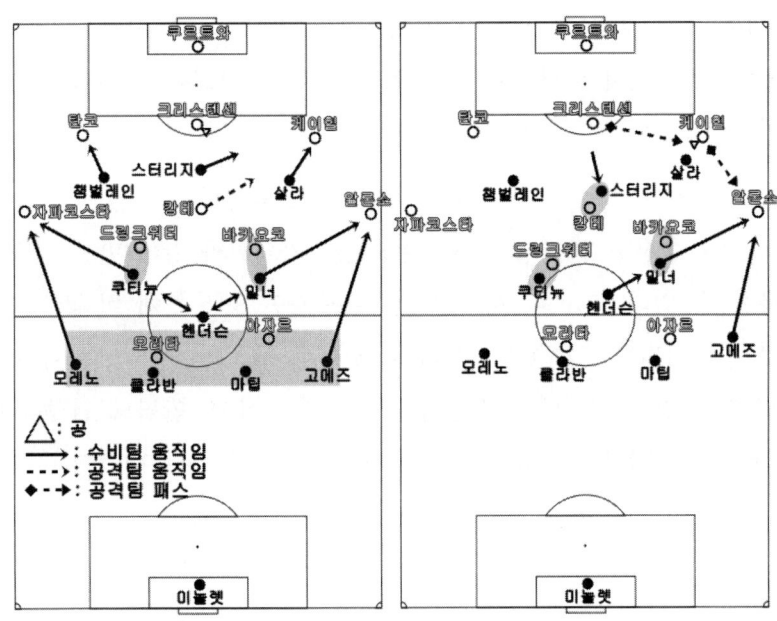

▲ 리버풀의 첼시전 전방 수비 형태

이러한 경기 양상에 따라, 리버풀은 높은 지점에서부터 첼시의 후방 빌드업을 통제하려 했다. 근본적으로 리버풀이 가장 잘하는 것이 전방 압박이기 때문이다. 첼시의 후방 빌드업을 강하게 통제한다면 1선의 아자르를 간접적으로 봉쇄할 수 있었다. 구조적으로 보자면 4-3-3의 리버풀은 3-5-2의 첼시를 통제해야 했다.

상술했듯 이날 첼시는 전체적으로 볼을 점유하려 하지 않았다. 그렇기 때문에 후방 빌드업 단계에서의 목적은 볼 순환을 통해 리버풀의 수비 대형을 흔들고, '모라타-아자르' 2톱에게 빠르게 볼을 전달하는 것이었다. 캉테만이 센터백의 앞 지역에서 볼을 받아내려 했다. 좌우 미드필더인 드링크워터와 바카요코는 좀처럼 후방 빌드업 단계에서 볼에 관여하려 하지 않았다.

리버풀이 높은 지점에서부터 수비를 시작할 때면 기본적으로 1선의 3톱이 첼시의 센터백들을 1 대 1로 막아섰다. 이를 통해 기본적인 빌드업을 강하게 통제하려 했다. 쿠티뉴와 밀너는 드링크워터와 바카요코를 막아섰으며, 헨더슨은 라인 사이의 지역을 커버했다. 그리고 백4 라인은 1차적으로 모라타와 아자르를 전담했다.

크리스텐센을 수비하는 중앙의 스터리지는 캉테까지 함께 통제해야 한다는 특명을 수행했다. 리버풀의 3미드필더가 드링크워터와 바카요코만을 전담했기 때문이다. 스터리지는 기본적으로 크리스텐센이 캉테에게 패스를 할 수 없도록 압박을 가했다. 항상 뒤쪽의 캉테를 인식하며 전방 수비에 임한 것이다. 만약 크리스텐센이 측면으로 볼을 전개할 경우에는, 스터리지가 한 칸 밑선으로 내려서 캉테를 수비 범위 안에 뒀다.

첼시가 터치라인 부근의 좌우 윙백에게 볼을 전개할 때면 주로 쿠티뉴와 밀너가 수비하기 위해 움직였다. 이유는 크게 3가지였다. 첫째는 라인 사이 지역에 헨더슨이 존재했기 때문이다. 쿠티뉴와 밀너가 첼시의 윙백을 통제하는데 실패했다고 하더라도, 후방에는 헨더슨이 존재했기 때문에 뒷공간에 대한 부담을 줄일 수 있었다.

헨더슨의 존재 때문에, 쿠티뉴와 밀너는 상황에 따라 전방 수비 상황에서 자유롭게 움직일 수 있었다. 이들은 주로 캉테와 첼시의 센터백을 추가적으로 수비하기 위해 전진했다.

둘째는 수비 라인에 4명의 숫자를 유지하려 했기 때문이다. 구조적으로 보자면, 첼시의 윙백을 통제하기 위해 모레노와 고메즈가 나선다 해도 최후방 지역에서 3 대 2의 수적 우위를 이뤄낼 수 있었다. 그렇기 때문에 전술적으로는 큰 문제가 없다 할 수 있었으나, 1선의 아자르는 자유롭게 움직이며 볼을 받아주려는 성향을 보였다. 또한 상황에 따라서라면 수비 뒷공간으로 쇄도할 수도 있었다. 그렇기 때문에 수비 라인에 3명만을 남겨놓을 경우에는, 아자르에게 어느 정도의 공간을 허용할 가능성이 존재했다. 리버풀은 가능한 백4 형태를 유지하여 첼시의 2톱을 더욱 견고하게 수비하려 했다. 양 팀의 2미드필더가 중앙에 밀집해있거나(리버풀의 수비 형태에 따라), 첼시의 윙백이 높은 지점에 위치할 때면, 모레노와 고메즈가 나서 자파코스타와 알론소를 수비했다.

셋째는 리버풀의 전방 수비 형태가 그간 이러한 방식으로 이뤄졌기 때문이다. 리버풀은 이러한 방식의 전방 수비 형태에 매우 익숙했다. 앞장에서 소개했듯 4-3-3 체제의 리버풀이 전방 수비를 시도할 때면, 후방의 밸런스를 유지하면서 강한 압박을 가하려 했다. 주로 최전방 3톱이 상대 수비 라인을 통제했으며, 최후방 백4 라인은 후방에 고정적으로 머물렀다. 그렇기 때문에 중원의 3미드필더가 굉장히 넓은 지역을 담당해야 했다. 리버풀은 백3 체제를 활용한 호펜하임과의 챔피언스리그 플레이오프 경기에서도 이와 상당히 유사한 전방 수비 형태를 꺼내들었다.

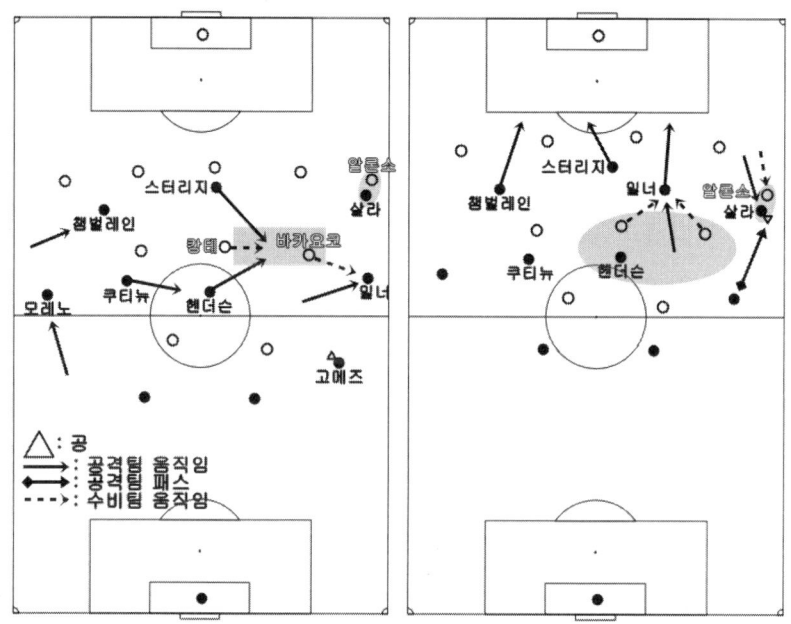

▲ 리버풀의 전체적인 공격 형태

리버풀이 본격적인 공격을 전개할 때면 첼시는 5-3-2 수비 대형을 형성했다. 꽤나 높은 지점에서부터 수비 형태를 구축했지만, 리버풀의 백4 라인을 강하게 압박하진 않았다. 2톱 모라타와 아자르가 수비에 적극적으로 임하지 않았기 때문이다. 첼시는 전체적으로 5-3-2 대형을 기반으로 한 지역 수비 체계를 구축했다. 단, 구조적으로 중앙 미드필더의 숫자가 같았기 때문에 상황에 따라서라면 드링크워터, 캉테, 바카요코가 1 대 1 마킹 체계를 선보이기도 했다.

전반전 리버풀은 이러한 수비 형태를 깨기 위해 후방 빌드업의 시작점을 주로 오른쪽으로 설정했다. 리버풀의 빌드업 특징상, 왼쪽의 모레노가 전진하는 경우가 많았기 때문에 오른쪽으로 후방 빌드업을 시작하기에 용이했다. 고메즈가 후방에 남아있었기 때문이다. 리버풀이 오른쪽으로 빌드업을 전개할 때면 '고메즈-밀너-살라' 트리오가 주를 이뤘다.

이날 리버풀의 공격적 노림수는 첼시의 3미드필더를 흔들어 라인 사이 지역을 위협하는 것이었다. 상황에 따라서라면 첼시의 수비 뒷공간을 공략하기도 했다. 리버풀은 이 때문에 주 빌드업 방향을 오른쪽으로 설정한 것이었다. 첼시의 왼쪽 미드필더인 바카요코는 상대 공격에 크게 흔들리는 성향을 갖고 있다. 수비시 주로 볼을 향해 큰 폭으로 움직인다. 그렇기 때문에 바카요코의 주변 지역에서 패스 게임을 펼쳐나간다면, 바카요코를 끌어들여 첼시의 3미드필더 라인을 보다 쉽게 흔들 수 있었다. 비단 리버풀뿐만이 아니라 아틀레티코 마드리드, 아스날 등의 팀들도 공격시 바카요코의 이러한 성향을 공략했다.

리버풀이 오른쪽으로 공격을 전개할 때면 살라가 터치라인 부근으로 넓게 벌려 알론소와 1대1 구도를 형성했다. 살라가 측면 지향적으로 움직인 이유로는 크게 3가지로 생각해볼 수 있다. 첫째는 후방의 고메즈가 자유롭게 볼을 전개하도록 하기 위함이다. 살라가 중앙으로 좁혀 케이힐의 견제를 받을 경우에는, 자유로운 알론소가 후방의 고메즈를 언제든지 통제할 수 있었다(밀너는 바카요코와 캉테의 수비 범위 안에 있기 때문). 볼 플레잉에 능하지 않은 고메즈가 알론소의 집중적인 압박을 받는다면 리버풀은 오른쪽 방향으로 공격을 전개하는데 큰 어려움을 겪었을 것이다.

둘째는 살라가 알론소와의 1 대 1 구도에서 우위를 점할 수 있기 때문이다. 알론소는 윙백이지만 비교적 발이 느린 선수다. 그는 활동량과 킥력, 피지컬에 강점을 보유한 자원이다. 그렇기 때문에 유럽 내 최고 주력을 보유한 살라가 알론소와 1 대 1 구도를 형성할 경우에는, 속도 면에서 확실한 우위를 점할 수 있었다.

셋째는 살라가 알론소를 끌고 밑선으로 내려올 때, 순간적으로 첼시 수비 라인의 간격을 벌릴 수 있었다는 점이다. 첼시의 수비 라인이 벌어질 경우에는 밀너(후술할 밀너의 전술적 움직임에 따라)와 스터리지, 챔벌레인 등이 동시다발적으로 쇄도하여 뒷공간을 효율적으로 공략할 수 있었다. 상술했듯 이날 리버풀은 그들의 최고 강점인 '주력'을 활용하여 첼시의 수비 뒷공간을 파고들려 했다.

후반전 초반 20분간은 살라와 챔벌레인이 위치를 바꿔 움직였다. 전체적인 전술 변화가 아닌, 단순한 포지션 스위칭에 가까운 형태였다. 이 경우에도 오른쪽의 챔벌레인은 굉장히 측면 지향적으로 활동하며 알론소와의 1 대 1 구도를 형성했다.

한편 리버풀의 공격 단계에서 밀너의 역할은 바카요코를 흔드는 것이었다. 이날 밀너는 이 역할을 수행하기 위해 크게 2가지 형태의 움직임을 보였다. 첫째는 밀너 역시 터치라인 부근으로 넓게 벌려 볼을 받는 것이었다. 이 경우 바카요코를 측면으로 끌어내 첼시의 미드필더 라인에 공간을 만들어낼 수 있었다. 벌어진 캉테와 바카요코 간의 사이 지역은 주로 헨더슨이나 스터리지가 활용했다. 첼시는 중원의 캉테를 통해 이를 방지했다. 캉테는 이날 광범위한 지역을 커버하며 바카요코의 순간적 공백을 훌륭하게 메웠다.

둘째는 의도적으로 첼시의 라인 사이 지역으로 들어가는 것이었다. 밀너가 1.5선으로 전진할 경우에는 캉테와 바카요코를 간접적으로 가라앉힐 수 있었다. 리버풀은 이를 통해 후방의 헨더슨과 쿠티뉴, 고메즈에게 공간을 열어줬다. 또한 상술한 살라의 움직임(알론소를 끌어들여 첼시 수비 라인의 간격을 넓히는 것)이 이뤄질 경우에는 1.5선에서부터 직접 수비 뒷공간으로 쇄도할 수도 있었다.

밀너의 이러한 움직임에 따라, 전반전의 쿠티뉴는 주로 헨더슨과 함께 3선 지역을 담당했다. 밀너를 통해 간접적으로 공간을 얻은 쿠티뉴는 후방 지역에서 볼을 배급하는데 주력했다. 쉽게 말하자면 전반전의 '전환 미드필더'는 밀너가, 이에 따라 밑선으로 내려오는 역할은 쿠티뉴가 수행한 셈이었다.

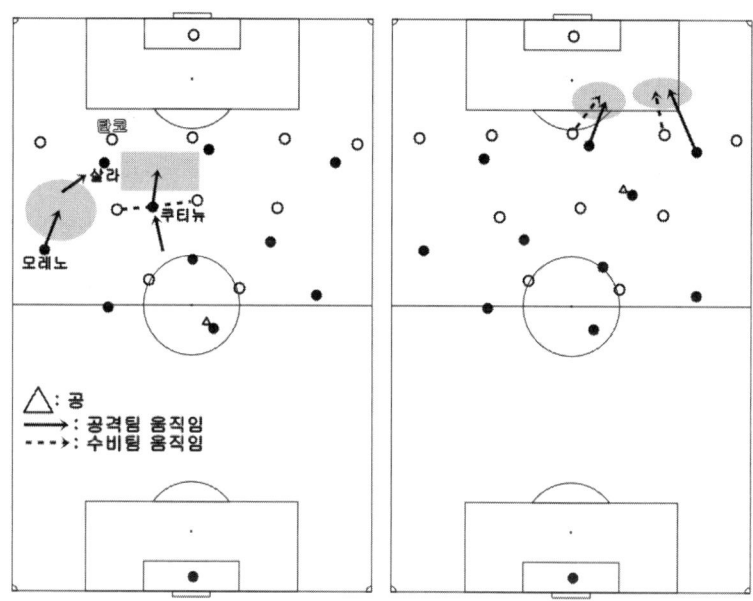

▲ 리버풀의 후반전 공격 형태 변화(좌)와 첼시의 수비법(우)

전반전 결과가 알려주듯, 리버풀의 오른쪽 측면 공략은 결론적으로 효과적이지 못했다. 궁극적으로 득점을 만들어내지 못했기 때문이다. 40분 살라가 개인 능력으로 만들어낸 아찔한 슈팅 장면을 제외하자면, 리버풀은 좋은 공격 찬스를 만들어내지 못했다.

그렇기 때문에 리버풀은 후반전 들어 공격 형태에 조금의 변화를 줬다. 전반전처럼 오른쪽만을 집중적으로 파고든 것이 아닌, 왼쪽으로도 공격 전개를 시도하기 시작한 것이다. 리버풀은 왼쪽으로의 공격 전개를 위해 크게 2가지 변화를 줬다. 첫째는 쿠티뉴의 위치를 전진시키는 것이었고, 둘째는 상술했듯 살라와 챔벌레인의 위치를 바꾸는 것이었다.

후반전의 쿠티뉴는 2선으로 보다 적극적으로 전진하기 시작했다. 쿠티뉴의 역할은 첼시의 미드필더 라인과 직접적으로 맞붙으면서 무언가를 만들어내는 것이었다. 대표적으로 드링크워터와 캉테의 사이 공간에 끼어들어 모레노의 오버래핑 공간을 만들어줄 수 있었다(반대로 왼쪽 측면으로 벌려 드링크워터를 끌어들인 뒤, 모레노의 언더래핑 공간을 만들어줄 수도 있었다). 또한 빈도 높게 첼시의 라인 사이 지역으로 들어가며 그들의 수비 뒷공간으로 질 좋은 패스를 공급하기도 했다.

리버풀이 왼쪽으로 공격을 전개하는 빈도가 높아지자, 이들의 '중앙으로 좁힌 왼쪽 윙어'가 볼에 대해 관여하는 영향력도 증가하기 시작했다. 클롭은 이 때문에 후반전 들어 살라와 챔벌레인의 위치를 바꾼 것이라고 추측된다. 살라가 중앙 지향적으로 활동할 경우에는 최고 수준의 골 결정력을 빈도 높게 발휘할 수 있다. 본질적으로 측면에 비해 골문과의 거리가 좁아졌기 때문이다. 클롭은 살라를 보다 중앙 지향적으로 활용함으로써 그의 직접적인 득점을 원했을 것이다. 그리고 이는 그대로 적중했다. 살라가 터뜨린 리버풀의 선제골은 오른쪽 지역에서 성공됐지만, 1차적으로 보자면 왼쪽에서부터 파생된 것이었다.

물론 이를 상대한 첼시의 수비도 매우 훌륭했다. 그들은 65분간 미드필더 라인을 끊임없이 흔들었던 리버풀의 공격을 매우 견고하게 막아냈다. 이날 첼시 수비가 가장 잘한 부분은 수비 뒷공간을 노리는 리버풀의 공격을 훌륭하게 통제했다는 것이었다. 리버풀의 공격 형태상, 그들은 빈도 높게 첼시의 수비 뒷공간을 공략하려 했다(첼시의 3미드필더를 흔들어 라인 사이 지역으로 공격을 전개할 경우, 대부분 공격수들의 빠른 주력을 활용하여 첼시의 수비 뒷공간을 노렸음).

첼시의 센터백들은 절대 무리하지 않았다. 고의적으로 오프사이드 트랩을 설정하여 리버풀의 수비 뒷공간 공략을 막아내려 하지 않았다. 이날 첼시는 철저하게 리버풀의 공격수들을 끝까지 따라가는 선택을 했다. 첼시의 센터백들은 리버풀 3톱과의 주력 싸움에서 쉽게 밀리지 않았다. 이러한 수비 형태를 굉장히 훌륭하게 실현해낸 첼시는 이날 13번의 블록 중 6번을 박스 안에서, 2번을 박스 아크 부근 지역에서 해냈다. 또한 단 한 번의 오프사이드를 성공시키지 못했다.

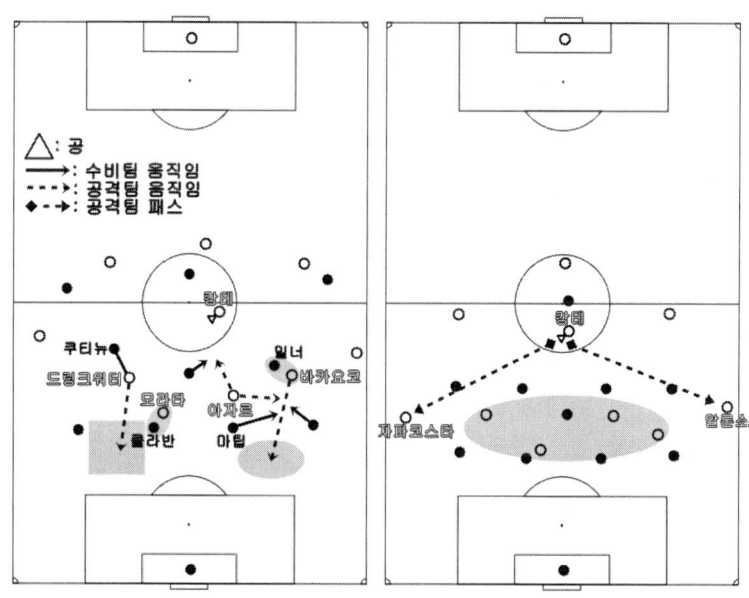

▲ 첼시의 리버풀전 공격 형태

이날 첼시는 가능한 한 역습 상황에서 리버풀의 골문을 열어내려 했다. 당시에는 모라타와 아자르를 2톱으로 한 역습 조합이 꽤나 위협적이었고, 리버풀 역시 '공격-수비 전환 단계'에서 약점을 노출해왔기 때문이다. 첼시는 5-3-2 대형으로 웅크린 이후 즉각적으로 리버풀의 배후 공간을 공략하려 했다.

만약 첼시가 볼을 점유한 채로 하프라인 윗선에서 공격을 전개할 때면 전방에 상당히 많은 숫자를 뒀다. 후방 3명의 센터백 윗선에 캉테 하나가 존재하고, 좌우 미드필더인 드링크워터와 바카요코가 2톱 모라타와 아자르 선까지 전진한 대형이었다. 이때 드링크워터, 바카요코와 캉테 간의 거리가 꽤나 넓게 형성됐다.

첼시의 의도는 간결한 공격 전개를 통해 리버풀의 수비 뒷공간을 공략하는 것이었다. 선수들의 조합상 이날 첼시는 상대 진영에서 볼을 점유하는 플레이를 펼치기 힘들었다. 기존의 3-5-2 체제에서 상대 미드필더 라인을 흔들고, 빈도 높게 3선으로 내려와 볼을 받아주는 파브레가스가 존재하지 않기 때문이었다. 파브레가스의 자리를 메운 드링크워터는 온 더 볼 상황보다는 수비와 활동량에 특화되어 있는 자원이다.

첼시는 드링크워터와 바카요코를 통해 리버풀의 수비 뒷공간을 공략하려 했다. 쉽게 말하자면, 드링크워터 역시 기존의 3-5-2 체제에서 바카요코가 수행하던 롤(오프 더 볼 상황에 주력하며 아자르의 프리롤을 도모하고, 모라타의 고립을 막아주는 역할)을 맡은 것이다. 그렇기 때문에 이날만큼은 캉테의 볼에 대한 영향력이 굉장히 중요했다.

2톱 모라타와 아자르는 바카요코와 드링크워터의 쇄도 공간을 만들어주기 위해 움직였다. 모라타는 주로 상대 센터백과 직접적으로 경합했다. 상대 센터백을 밑선으로 끌어들인 상태에서, 피지컬을 통해 볼을 지켜내고, 빈 공간으로 쇄도하는 좌우 미드필더에게 패스를 넣어줄 수 있는 기점이 되어줬다. 이날 모라타는 첼시의 완벽한 타깃맨이었다. 한편 아자르는 굉장히 자유롭게 활동하며 경기장의 곳곳에서 볼을 받아줬다. 리버풀의 수비 진영에 혼란을 야기시키고, 바카요코와 드링크워터가 오프 더 볼 상황에 치중할 수 있도록 만들어주기 위함이었다.

이날 첼시는 드링크워터의 쇄도를 통해 꽤나 많은 찬스들을 만들어 냈다. 이에 대한 요인으로는 크게 2가지로 생각해볼 수 있을 것이다. 우선 기존의 전술 체제에 대한 요인이다. 바카요코는 기존부터 이러한 역할을 수행했지만, 오른쪽 미드필더인 파브레가스는 주로 볼을 점유하는데 치중했다. 그렇기 때문에 리버풀 입장에서는, 오프 더 볼 상황에 치중한 드링크워터에 대한 준비가 되지 않았을 것이다.

둘째는 리버풀의 왼쪽 미드필더인 쿠티뉴가 드링크워터를 효과적으로 잡아내지 못했기 때문이다. 이날 수비 상황에서의 쿠티뉴는 드링크워터를 놓치는 경우가 많았다. 드링크워터는 1선 쇄도 상황에서 매우 자유로웠다. 리버풀의 센터백들은 모라타와 아자르를 수비하는데 치중했기 때문에, 배후로 들어오는 드링크워터를 잡아내지 못했다.

드링크워터와 바카요코의 1선 쇄도가 이뤄지지 않았을 경우에는 주로 양 윙백을 활용했다. 특히나 킥력이 뛰어난 자파코스타 쪽을 활발하게 이용하려 했다. 4명의 첼시 선수들이 중앙으로 밀집해 있고, 리버풀의 수비 특성상 윙어의 복귀가 늦었기 때문에 자파코스타와 알론소는 공격 상황에서 자유를 누빌 수 있었다. 이날 첼시가 시도한 26번의 크로스 중 10번이 자파코스타의 몫이었다(리버풀 크로스 18번).

65분 살라의 선제골이 성공된 직후 클롭은 스트라이커 스터리지를 빼고 미드필더 바이날둠을 투입시켰다. 같은 4-3-3 시스템을 유지하되, 더욱 수비적으로 나서기 위함이었다. 이 시점에서의 리버풀은 '쿠티뉴-살라-챔벌레인'이 1선을, '바이날둠-헨더슨-밀너'가 미드필더 라인을 이루는 4-3-3 형태로 전환했다. 그간 수비 상황에서 드링크워터를 놓쳤던 쿠티뉴 자리에 바이날둠을 투입한 것이었다.

이후 74분, 콩테는 드링크워터를 빼고 파브레가스를 투입시켰다. 득점이 필요한 상황에서 파브레가스의 날카로운 공격력을 활용할 셈이었다. 또한 드링크워터의 경우 완전한 경기 체력이 올라오지 않은 상태였다(상술했듯 한 달 전의 에버튼전이 마지막 선발 경기였기 때문), 파브레가스의 투입은 첼시가 상대 진영에서 볼을 점유할 수 있도록 만들어줬다. 파브레가스는 74분 이후 경기 내에서 가장 많은 패스를 기록하며 첼시 공격의 핵심부 역할을 수행했다.

콩테는 파브레가스에 이어 77분, 바카요코 대신 페드로를 투입시켰다. 이 시점에서의 첼시는 3-4-3이 아닌 3-5-2에 가까운 대형을 유지하고 있었다. '페드로-캉테-파브레가스'가 중원 3미드필더를 이루는 형태였다. 페드로는 공격시 1.5선에서 모라타를 직접적으로 보좌하는 역할을 수행했다. 체력적으로 지친 아자르의 담당 지역을 좁혀주기 위함이었다. 페드로가 투입된 이후 아자르는 공격시 왼쪽 지역에만 치중할 수 있었다.

마지막 83분, 콩테는 득점을 위한 마지막 교체 카드를 꺼내들었다. 오른쪽 윙백인 자파코스타를 빼고 윙어 윌리안을 투입시킨 것이었다. 첼시는 그제야 매우 공격적인 3-4-3으로 전환했다. '아자르-모라타-윌리안'이 3톱을, '알론소-캉테-파브레가스-페드로'가 미드필더 라인을 이루는 3-4-3이었다. 콩테는 최대한 많은 공격 자원을 투입시켜 득점을 뽑아내려 했다.

　결론적으로 콩테의 이러한 교체 카드는 성공적이었다. 마지막 교체가 이뤄진 직후인 85분 윌리안이 천금 같은 동점골을 뽑아냈기 때문이다. 윌리안의 개인 능력으로 만들어진 득점이긴 하지만, 전개 장면에서는 첼시의 3톱이 모두 관여되어 있었다.

03
맨체스터 유나이티드 vs 맨체스터 시티

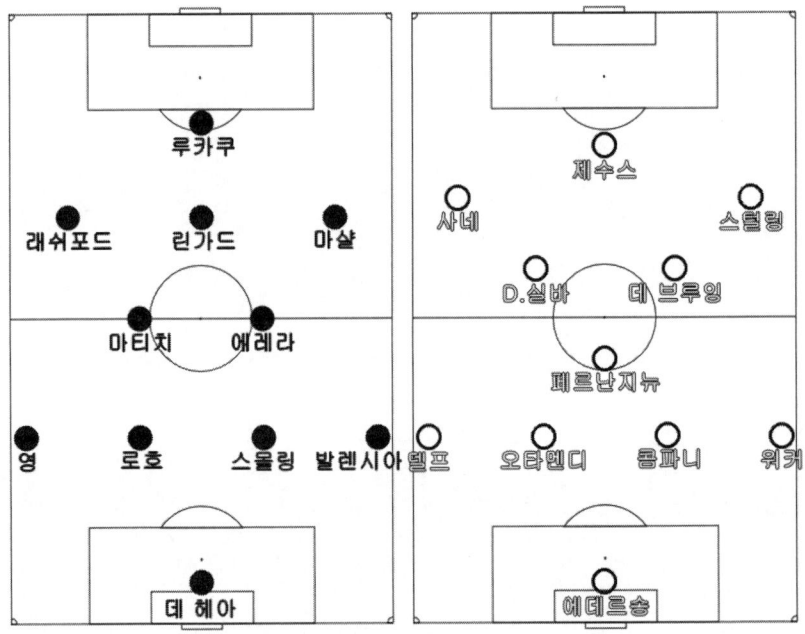

▲ 맨유-맨시티전 선발 라인업

경기 날짜	2017년 12월 10일 16시 30분 - 현지 시각 2017년 12월 11일 1시 30분 - 한국 시각
경기 결과	1 대 2, 맨체스터 시티 승
득점자	45+1 래쉬포드 / 43 D.실바, 54 오타멘디
경기 부류	17/18 프리미어리그 16R
경기 장소	올드 트래포드 (맨체스터 유나이티드 홈, 맨체스터 시티 원정)
후보 명단	맨유 - 즐라탄 이브라히모비치, 빅토르 린델로프, 후안 마타, 세르히오 로메로, 스콧 맥토미니, 루크 쇼, 필 존스 맨시티 - 베르나르도 실바, 일카이 귄도안, 엘리아큄 망갈라, 세르히오 아구에로, 다닐루, 클라우디오 브라보, 알렉산드르 진첸코
결장 명단	맨유 - 마이클 캐릭, 에릭 바이(부상) / 폴 포그바(징계) 맨시티 - 벤자민 멘디, 존 스톤즈(부상)

양 팀 모두 맨체스터 더비를 맞이하기 전 주중 챔피언스리그 조별예선 6R 경기를 치렀다. 맨유는 올드 트래포드에서 CSKA 모스크바를 맞이했고, 맨시티는 샤흐타르를 상대하기 위해 우크라이나 원정길을 떠났다. 환경적으로만 보자면 맨유가 맨시티에 비해 유리한 조건이었다. 맨체스터 더비까지 포함하여 맨유는 홈 2연전을, 맨시티는 원정 2연전을 치르는 일정이었기 때문이다. 그러나 체력적인 면에서는 맨시티가 우위를 점했다 할 수 있었다. 주중 샤흐타르와의 원정 경기에서 토신 아다라비요, 야야 투레, 필 포덴 등의 후보 선수들을 대거 기용하며 주전 자원에게 휴식을 부여했기 때문이다.

선발 라인업 부분에서 주목해야 할 팀은 맨시티다. 이날 과르디올라 감독은 주전 스트라이커 선수로 아구에로가 아닌 제수스를 선택했다. 제수스가 샤흐타르와의 챔피언스리그 경기에서 선발 출전했다는 점을

감안한다면, 이는 전술적 요인에 의한 결정인 것이 유력했다(제수스는 샤흐타르와의 경기에서 풀타임을 소화했고, 아구에로는 70분에 교체 출전했다).

맨유의 선발 라인업 역시 무리뉴의 전술적 의도를 잘 함축해 놓은 듯 보였다. 맨시티처럼 과감한 용병술을 선보이진 않았지만, 이날 맨유의 선발 라인업은 분명 이례적이었다. 공격 진영의 조합이 그 일환이라 할 수 있다. 이날 맨유의 공격 진영은 루카쿠, 래쉬포드, 린가드, 마샬 조합으로 이뤄졌다. 무리뉴는 본래 왼쪽 측면에 익숙한 마샬을 오른쪽 윙어로 기용하면서까지 래쉬포드와 린가드, 루카쿠를 마샬과 함께 공존시키려 했다.

양 팀 모두 완전한 베스트 라인업으로 경기를 맞이하진 못했다. 맨유에는 핵심 미드필더 폴 포그바가 아스날전에서 받은 레드카드 징계로 결장했고, 맨시티는 스톤즈가 햄스트링 부상을 당한 상태였기 때문이다. 맨유와 맨시티는 이들의 공백을 각각 에레라, 콤파니를 통해 메웠다(물론, 스톤즈는 한 달 전인 11월부터 부상을 당했기 때문에 당시 맨시티는 큰 공백을 느끼지 못했을 것이다).

전체적인 경기 양상은 54분 오타멘디의 득점으로 2:0이 되기 전까지, 맨시티가 높은 볼 점유율을 유지하는 형태로 흘러갔다. 54분 이전까지 양 팀의 볼 점유율은 28.6 : 71.4%였다. 상반된 축구 철학을 가진 무리뉴와 과르디올라가 맞붙은 경기이기 때문에, 어찌 보면 당연한 양상이라 할 수 있었다.

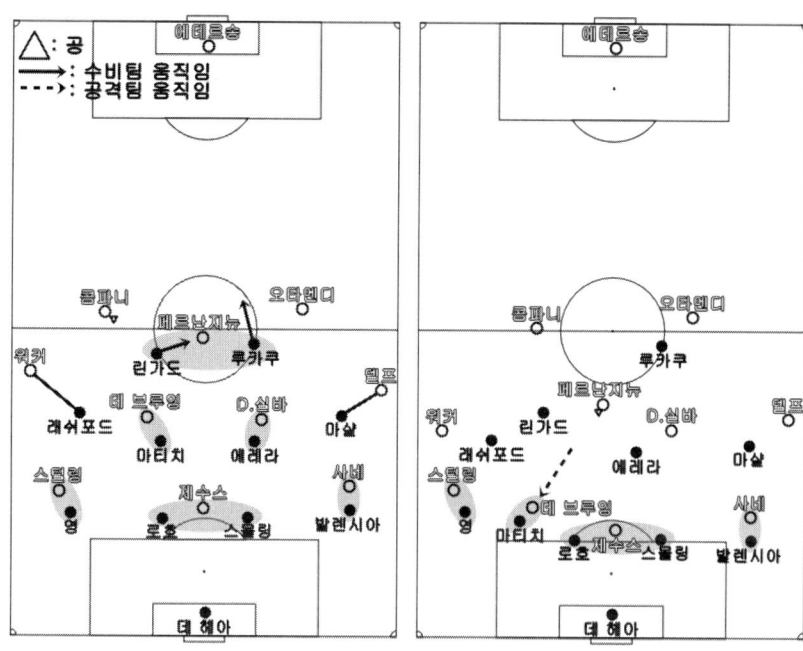

▲ 양 팀이 보인 전반 5분간의 경기 양상

이날 과르디올라는 '지역 수비를 기반으로 한 대인마크'라는 맨유의 수비 전술을 뚫어내기 위해 상당히 기발한 방법을 들고 나온 듯 했다. 큰 폭의 전술 변화를 시도하되, 전반 5분간은 기본적인 형태로 움직이는 것이었다. 과르디올라는 맨유의 수비 블록에 큰 혼란을 야기하려 했을 것이다. 맨유의 수비 형태가 '지역 수비를 기반으로 한 대인마크'였기 때문이다. 맨시티는 전반 5분을 활용하여 맨유가 사전에 준비한 마킹 체계로 움직이도록 유도했다. 쉽게 말해 '미끼 전술'을 꺼내든 것이다.

수비팀 맨유는 분명 맨시티의 공격 전술을 알고 있었을 것이다. 1선의 3톱은 굉장히 넓은 간격을 유지하고, 좌우 미드필더인 데 브루잉과 D.

실바는 자유롭게 움직이며 상대의 수비를 파괴한다. 맨유는 이러한 맨시티를 상대로 '지역 수비를 기반으로 한 대인 마크'의 수비 형태를 선보이기 위해 린가드와 루카쿠를 2톱으로 둔 4-4-2 대형을 들고 나왔다.

최전방 2톱이 맨시티의 최후방 선수들을 통제하고, 양 측면 미드필더가 윙백 워커와 델프를, 그리고 중앙의 마티치와 에레라가 상대의 좌우 미드필더를 전담하면서 맨유의 마킹 체계가 형성됐다. 주로 하프라인 부근에서부터 수비를 시작했다. 상황에 따라서라면 10명의 모든 필드 플레이어들이 전진하여 강한 전방 압박을 가할 수도 있었다.

린가드와 루카쿠는 3명의 선수들을 효율적으로 통제하기 위해 움직였다. 이들은 대개 맨시티 공격의 시발점이 콤파니가 되도록 유도했다. 콤파니는 오타멘디와 페르난지뉴에 비해 볼을 다루는 능력이 비교적 떨어졌기 때문이다(리그 전체로 놓고 보자면 콤파니는 분명 높은 수준의 빌드업 능력을 보유한 센터백이지만, 스톤즈, 페르난지뉴와 비교하면 그렇지 못했다). 맨유는 전방 7명의 맨시티 선수들을 마킹하고 있었다. 이날 콤파니는 맨시티의 공격을 이끌어가는 것에 대해 어려움을 느끼는 듯 보였다.

맨시티가 최후방 진영에서 볼을 소유할 때면, 린가드와 루카쿠가 1차적으로 페르난지뉴를 수비 범위 안에 뒀다. 이로써 오타멘디와 콤파니의 패스 루트를 크게 제한했다. 이후 콤파니가 볼을 잡았을 때면 린가드가 페르난지뉴를 마킹하고, 루카쿠가 오타멘디에게 향할 수 있는 횡 패스 루트를 차단하는 쪽으로 움직였다. 맨유의 이러한 수비 작업은 전반전 내내 빡빡하게 이뤄지진 않았다. 상황에 따라서라면 루카쿠가 오타멘디의 볼 소유를 자유롭게 둘 수도 있었다. 그러나 이러한 작업은 맨시티의 전체적인 공격을 1차적으로 통제하기에 충분했다.

> 이날 콤파니와 오타멘디는 전반 45분간 각각 47, 51번의 패스를 시도했다. 숫자만 따져본다면 오타멘디가 더욱 많은 패스를 시도한 수치였다. 그러나 이 51번의 패스는 경기장의 넓은 지역에 걸쳐 분포된 것이었다. 오타멘디는 전반전 동안 디펜시브 서드, 미들 서드, 파이널 서드 지역을 가리지 않고 패스를 시도했다. 반면 콤파니가 시도한 47번의 패스는 전체적으로 하프라인 부근의 지역에 밀집 분포되어 있었다. 상술했듯 맨유의 주 수비 시작 지점이 하프라인 부근이었기 때문이었다.

전반 5분간 이뤄진 맨시티의 기본적인 공격 형태에 따라, 중앙 미드필더인 마티치와 에레라가 맨유의 수비 라인으로 내려오는 빈도가 높았다. 측면의 사네와 스털링이 터치라인 부근의 지역에서 활동하고, 데 브루잉과 D.실바가 공격 라인의 사이 지역으로 전진했기 때문이다. 영과 발렌시아는 맨시티의 윙어를 타이트하게 수비하기 위해 센터백과의 거리를 벌릴 수밖에 없었다.

경기 시작 5분 동안은 맨유가 완벽하게 경기를 통제했다. 맨시티는 무리뉴가 원하는 대로 움직였다. 필드 위의 맨유 선수들은 상대의 동선을 완벽히 파악하고 있는 듯 보였다. 특히나 중앙의 마티치와 에레라는 지역 수비 빈도가 꽤나 높았다. 데 브루잉과 D.실바가 3, 4선 지역으로 내려갔을 때면, 이들은 무리하게 따라가지 않고 중원을 지켰다. 마티치와 에레라가 자리를 비울 경우, 유기적으로 움직이는 제수스나 페르난지뉴 등이 그 공간을 얼마든지 활용할 수 있었기 때문이다.

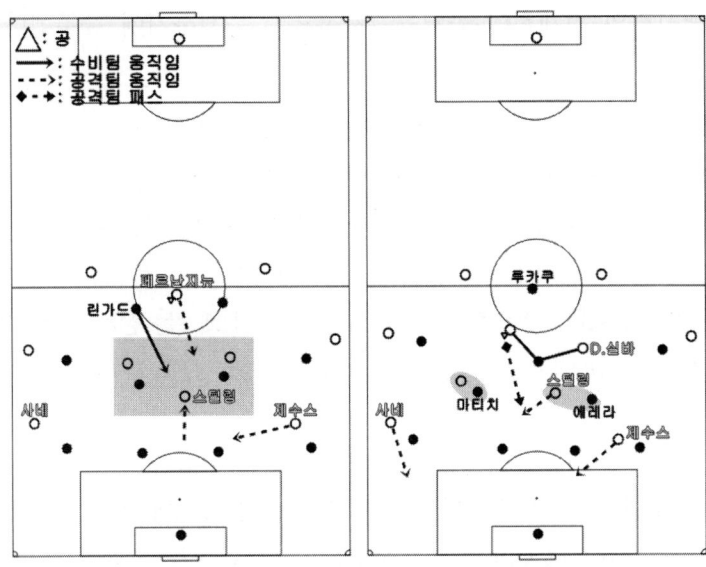

▲ 경기 시작 5분 이후의 맨시티 전술 변화

경기 시작 5분이 지나자 맨시티는 공격 형태에 변화를 주기 시작했다. 기존에 '사네-제수스-스털링'으로 구성된 1선 조합이 '제수스-스털링-사네' 라인으로 바뀐 것이다. 전술 변화를 준 과르디올라의 의도는 명확한 듯 보였다. 중앙의 스털링이 폴스 나인 롤을 수행하는 것이었다. 이날 스털링은 굉장히 광범위하게 움직이며 중원의 'D.실바-데 브루잉' 진영으로 빈도 높게 가담했다.

이에 맞선 맨유의 수비수들은 혼란을 겪을 수밖에 없었다. 지난 5분 간 맨유의 수비 라인은 맨시티 3톱의 일정한 움직임에 대응했으며, 마티치와 에레라는 D.실바와 데 브루잉을 1 대 1로 막아왔기 때문이다. 하지만 맨시티의 전술 변화가 일어나자 모든 것이 달라졌다. 어느 순간부터 영과 발렌시아는 사네와 제수스를 막아내야 했으며, 중앙의 센터백들은 폴스 나인의 스털링을 어떻게 막아내야 하는지에 대해 혼란을 겪었을 것이다. 또한 마티치와 에레라는 이 시점부터 확실한 수적 열세 상황에 처하게 됐다.

로호와 스몰링은 이날 스털링의 폴스 나인 롤에 대한 딜레마를 겪었을 것이다. 맨유의 센터백이 중원으로 가담하는 스털링을 따라가기에는 2가지 불안 요소가 존재했다. 첫째는 스털링의 활동 폭이 굉장히 넓었다는 것이다. 상술했듯 스털링은 D.실바와 데 브루잉의 진영까지 가담했기 때문에, 로호와 스몰링이 이에 따라 움직일 경우 한 명의 센터백만이 중앙을 담당하게 됐다.

둘째는 맨시티의 공격 라인 구성이다. 이날 맨시티의 전술 변화에서 주목해야 할 부분은 제수스가 아닌 스털링을 폴스 나인 롤로 배치했다는 점이다. 이는 맨유의 센터백이 스털링을 따라 중원으로 가담할 경우, 공백의 중앙 지역을 제수스를 통해 공략하기 위함이었다. 그간 스털링과 사네는 맨시티의 전술 체제에서 측면 지향적인 성격을 띠어왔다. 그렇기 때문에 제수스를 폴스 나인으로 배치할 경우에는 공백의 중앙 공간으로 파고들 자원이 마땅치 않았다. 하지만 오른발의 제수스가 왼쪽 측면으로 들어온다면 얘기가 달라진다. 제수스는 맨시티의 확실한 '반댓발 윙어'가 되어줬다. 이날 제수스는 굉장히 중앙 지향적으로 움직인 반면, 사네는 터치라인 부근의 지역에서 빈도 높게 활동했다. 빠른 발을 보유한 사네의 존재는 맨유가 높은 지점까지 수비 라인을 끌어올리는 것을 간접적으로 막아줬다.

이는 과르디올라가 아구에로가 아닌 스털링을 기용한 전술적 요인이었을 것이다. 아구에로는 맨체스터 더비가 펼쳐질 당시 폴스 나인 롤에 완벽히 적응하지 못하는 듯 보였다. 그 전의 경기에서도 볼을 받기 위해 적극적으로 움직이는 모습을 보이긴 했지만, 이날의 스털링처럼 깊은 지역까지 영향력을 발휘하진 못했다.

스털링의 폴스 나인 롤에 따라 1선의 린가드가 중원 지역으로 내려오는 경우가 잦아졌다. 중원 지역에서의 수적 열세를 극복하기 위함이었다. 린가드는 광범위한 활동량을 보유하고 있기 때문에 수비 가담 측면에서 굉장히 활발했다. 린가드가 내려올 때면 맨유는 자연스레 4-5-1과 같은 대형을 형성했다. 맨시티는 린가드의 이러한 수비 가담 요소를 파악한 듯 보였다. 린가드가 3선으로 내려올 때면, 페르난지뉴가 추가적으로 전진하여 중원 지역에서의 수적 우위를 유지했다.

중원의 페르난지뉴, D.실바, 데 브루잉, 스털링은 일정 포지션에 일관되지 않고 자유롭게 움직였다. 수적 우위를 형성한 상태에서 맨유의 미드필더 진영에 혼란을 주기 위해서였다. 맨시티의 수적 우위는 주로 스털링으로부터 시작됐다. 스털링이 고의적으로 마티치나 에레라의 마킹을 받아, 데 브루잉이나 D.실바가 자유로워질 수 있도록 만들어줬다.

이에 더해 오타멘디의 추가적인 오버래핑도 활발하게 이뤄졌다. 루카쿠를 제외한 9명의 모든 필드 플레이어들이 각각의 맨시티 선수들을 전담했기 때문이다(중원 제외). 맨시티는 이날 델프와 워커의 오버래핑을 자제시켰다. 마샬, 래쉬포드, 린가드, 루카쿠가 진행하는 맨유의 빠른 역습을 견제하기 위함이었다. 대신 오타멘디의 적극적인 전진을 통해 간헐적으로 공격 숫자를 확보하려 했다. 오타멘디가 전진했을 때면 주로 왼쪽 하프 스페이스 지역을 담당했다.

맨시티의 공격은 1차적으로 중원에서 자유로운 한 선수를 통해 시작됐다. 중원 지역에서의 수적 우위를 통해 맨유의 미드필더를 흔들고, 그들의 수비 라인과 정면으로 맞붙으려 했다. 이후 2차적으로는 제수스와 사네를 통해 맨유의 수비 라인을 깨뜨리려 했다. 상술했듯 제수스는 중앙으로 잘라 들어오는 옵션을 제공해줬고, 사네는 터치라인 부근의 지역에서 영을 상대했다. 상황에 따라서라면 스털링이나 D.실바가 수비 라인의 빈 공간으로 쇄도하는 루트도 가능했다. 이날 맨시티는 전체적으로 공격수들의 적극적인 드리블 돌파를 주문했다(총 27번의 드리블 돌파 시도. 워커, 오타멘디 1번 / 데 브루잉 2번 / D.실바 4번 / 제수스 5번 / 스털링 6번 / 사네 7번).

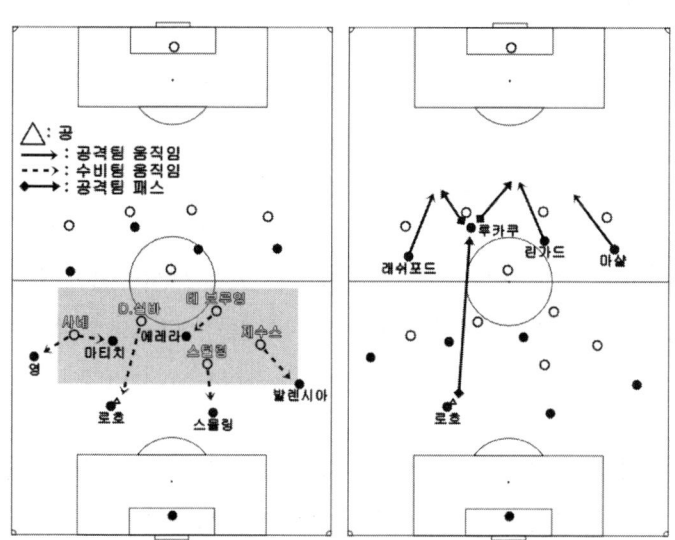

▲ 맨시티의 전방 압박 형태와 맨유의 공격적 노림수

맨시티는 이번 경기에서도 높은 지점에서부터 상대를 강하게 통제하려 했다. 과르디올라는 전방 압박 형태에 큰 변화를 주진 않은 것처럼 보였다. 늘 그랬듯 좌우 미드필더는 스트라이커와 함께 센터백을 압박하기 위해 적극적으로 전진했으며, 양 윙어는 전체적인 공간을 제한했다. 그리고 역동적이고 빠르게 이뤄지는 압박을 통해 맨유를 압도하려 했다.

무리뉴는 이러한 압박을 깨뜨리기 위해 최후방에서 1선으로 연결되는 빈도 높은 롱 볼을 주문했다. 이유는 명확했다. 맨시티의 강한 압박이 전개되는 진영, 즉 중원 지역에 볼이 존재하지 않도록 하기 위함이었다. 공격 진영에 상당히 이례적인 '래쉬포드-루카쿠-린가드-마샬' 조합을 꺼내든 이유도 이 때문이라 할 수 있다. 루카쿠는 맨유의 확실한 타깃맨이 되어줬으며, 래쉬포드, 린가드, 마샬은 모두 맨시티의 높은 수비 라인을 공략할 수 있는 자원들이었다.

무리뉴가 강한 압박을 시도하는 팀을 상대로 빈도 높은 롱 볼을 사용하는 것은 비단 맨시티뿐만이 아니었다. 16/17 시즌 아약스와의 유로파리그 결승전에서도 그랬고, 17/18 시즌 리버풀과의 리그 경기에서도 그랬다. 책의 앞 장에서 이미 한 번 언급했듯, '상대의 강한 압박 진영에 볼이 존재하지 않도록 하기 위해 롱 볼을 활용한다.'라는 구절은 무리뉴가 아약스전 전술을 소개하면서 언급한 말이었다.

이날 맨유의 주 롱 볼 배급원은 패스 능력이 뛰어난 로호였다. 로호는 빌드업시 중앙과 왼쪽 측면을 유기적으로 오가며 롱 패스를 전문적으로 담당했다. 이날 로호는 부상으로 45분 만에 교체되어야 했지만,

전반전에만 무려 11번의 롱 패스를 시도했다. 이는 전체 90분을 기준으로 볼 때, 경기에 출전한 모든 필드 플레이어 중 2번째로 높은 수치였다(1위 영, 12번). 무리뉴가 후반전 로호의 교체 대상으로 존스가 아닌 린델로프를 선택한 이유도 이 때문이라 할 수 있었다. 존스는 로호, 린델로프에 비해 패스 능력이 월등히 떨어지는 센터백 자원이었다.

후반전을 맞이하면서 과르디올라는 과감한 교체 카드를 꺼내 들었다. 센터백 콤파니를 빼고 미드필더 귄도안을 투입한 것이었다. 경기 장소가 올드 트래포드고, 당시의 상황이 1 대 1 동점이라는 점을 감안한다면 매우 과감한 교체 선택이었다. 과르디올라는 맨유전을 앞둔 컨퍼런스에서 "콤파니의 출전은 불투명합니다. 그는 수요일(12월6일) 이전부터 경기에 나서는 것에 불편함을 느꼈습니다."라고 언급하기도 했지만, 교체 요인으로는 전술적인 측면이 지배적이었을 것이다. 이날 맨시티의 벤치에는 또 다른 센터백 자원인 망갈라가 존재했기 때문이다.

과르디올라가 콤파니를 뺀 이유는 전반전의 전술적 약점은 보완하고, 강점을 살리기 위함이었다. 교체 이후의 맨시티는 '델프-오타멘디-페르난지뉴-워커'가 수비 라인을, 'D.실바-귄도안-데 브루잉'이 미드필더 라인을 이루는 4-3-3 대형으로 전환했다.

맨시티는 페르난지뉴의 센터백 배치를 통해 맨유가 1선에서 시도하는 수비 작업(콤파니가 빌드업을 시작하도록 유도하는 것)을 무효화시키려 했다. 자유를 얻은 페르난지뉴는 무엇이든 만들어낼 수 있는 날카로운 패스 능력을 보유한 자원이다. 그렇기 때문에 맨유가 페르난지뉴를 자유롭게 풀어둘 경우에는 치명타를 맞을 수 있었다. 또한 더욱 공격적인 귄도안을 수비형 미드필더 자리에 배치시킴으로써, 수적 우위를 누리는 중원 지역을 더욱 공격적으로 운영하려 했다.

이후 54분, 오타멘디가 추가골을 득점하는데 성공하자 맨시티는 다시 밸런스를 갖추기 시작했다. 과르디올라가 59분 측면의 제수스를 빼고 센터백 자원인 망갈라를 투입시킨 것이다. 이 시점부터 D.실바가 맨시티의 폴스 나인 롤을 수행하기 시작했다. D.실바는 스털링보다 뛰어난 볼 소유 능력을 보여줬으며, 공/수 양면에 걸쳐 보다 안정적이었다. 맨시티는 중앙 지역에서의 볼 점유권은 늘리되 1선 쇄도의 빈도를 낮췄다. D.실바는 스페인 대표팀에서 폴스 나인 역할을 수행한 경험이 있기 때문에 이러한 전술 체제에 이질감을 느끼지 않았을 것이다.

맨시티의 4-3-3은 '사네-D.실바-스털링'이 3톱을, '귄도안-페르난지뉴-데 브루잉'이 미드필더 라인을, '델프-오타멘디-망갈라-워커'가 최후방을 이루는 형태였다. 사네와 스털링이 기존의 전술 체제에서 담당했던 자리로 돌아갔다. 그렇기 때문에 이 시점부터는 맨시티의 양 윙어가 측면 지향적으로 움직이기 시작했다. 맨시티는 D.실바의 폴스 나인 롤을 통해 중앙 지역에서 볼을 점유하고, 맨유의 전체적인 수비 대형을 밀집시키려 했다. 그리고 이를 통해 측면 지향적으로 활동하는 사네와 스털링에게 자유를 부여하려 했다.

오타멘디가 득점을 성공시킨 이후의 경기 양상은 당연하게도 맨유가 보다 높은 볼 점유율을 가져가는 형태로 흘러갔다. 특히나 이는 과르디올라가 망갈라를 투입시키며 안정적인 밸런스를 갖춘 이후에 더욱 심해졌다. 시간이 흐를수록 맨유가 볼을 점유하는 시간은 더욱 길어졌다.

맨유가 볼 점유권을 완전히 가져오며 '맨유 공격 vs 맨시티 수비'의 양상으로 접어들자, 무리뉴는 두 번째 교체 카드를 꺼내 들었다. 76분 공격형 미드필더 자리에 린가드를 빼고 이브라히모비치를 투입시킨 것이었다. 맨유는 이브라히모비치의 투입을 통해 크게 2가지 이점을 얻어갈 수 있었다.

우선 맨유의 지공 상황이 더욱 위력적으로 전개될 수 있었다. 린가드와 이브라히모비치는 서로 상반된 성향을 보유한 자원이다. 린가드는 오프 더 볼 상황에 강점을 보이는 반면, 이브라히모비치는 온 더 볼 상태를 굉장히 즐기는 선수다. 스트라이커로 출전할 때면 빈도 높게 2선 지역으로 가담하여 미드필더들의 볼을 받아주는 플레이를 굉장히 선호했다. 그렇기 때문에 맨유가 완전한 볼 점유권을 가져온 상태에서는, 린가드보단 볼을 받아주고 지켜줄 수 있는 이브라히모비치가 더욱 합리적인 선택이었다. 또한 최전방 지역에서 펼쳐지는 높이 싸움에서도 큰 메리트를 가져다줬다. 맨유에게는 펠라이니 카드가 존재하지 않았기 때문에, 높이 싸움을 위한 옵션으로써는 이브라히모비치가 최선이었다.

이후 무리뉴는 지공 상황에 더욱 큰 힘을 싣기 위해 82분 중앙 미드필더인 에레라를 빼고 마타를 투입시켰다. 대형적으로 큰 변화를 시도한 교체는 아니었다. 마타는 포지션 상으로 마티치와 함께 중앙 미드필더 라인을 이루고 있었다. 하지만 공격시에는 매우 자유롭게 활동하며 맨유의 연결 고리 역할을 수행했다. 전체적으로 양 측면은 마샬과 래쉬포드가 담당하고, 중앙은 이브라히모비치와 마타가 전담하되, 마타가 포지션에 구애받지 않고 자유롭게 움직이는 형태였다.

맨유는 온 더 볼 상황에 강점을 가진 2명의 선수들을 모두 투입시키면서 맨시티의 골문을 열어보려 했다. 그리고 83분, 맨유는 굵직한 콤비네이션 플레이를 통해 결정적인 득점 찬스를 만들어내기도 했다. 하지만 루카쿠의 골 결정력이 빛을 발하지 못하면서 에데르송의 선방에 막혀버리고 말았다.

후반전에 펼쳐진 경기 양상은 맨유와 맨시티에게 모두 익숙한 상황이 아니었다. 맨유는 강팀을 상대로 간결한 공격 전개와 수비 상황을 즐겨하는 팀이며, 맨시티는 리그 내에서 압도적인 볼 점유율 수치를 기록하고 있다. 결국 최종적인 승자는 맨시티였다. 맨시티는 80~85분대부터 다시 볼 점유율을 회복하는데 성공하여 맨유의 공격 기회를 원천적으로 차단해냈다.

04
맨체스터 시티 vs 토트넘 핫스퍼

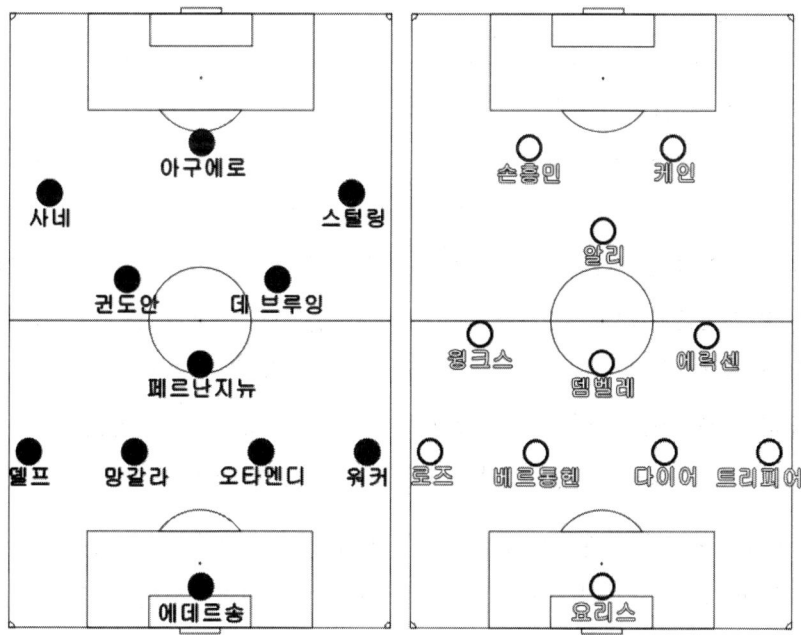

▲ 맨시티-토트넘전 선발 라인업

프리미어리그 전술 백배 즐기기

경기 날짜	2017년 12월 16일 17시 30분 - 현지 시각 2017년 12월 17일 2시 30분 - 한국 시각
경기 결과	4 대 1, 맨체스터 시티 승
득점자	14 일카이 귄도안, 70 케빈 데 브루잉, 80 라힘 스털링, 90 라힘 스털링 / 90+2 크리스티안 에릭센
경기 부류	17/18 프리미어리그 18R
경기 장소	이티하드 스타디움 (맨시티 홈, 토트넘 원정)
후보 명단	맨시티 - 벤자민 멘디, 존 스톤스, 빈센트 콤파니 (부상) 토트넘 - 빅터 완야마, 토비 알더웨이럴트 (부상) / 다빈손 산체스 (징계)
결장 명단	리버풀 - 아담 보그단, 나다니엘 클라인(부상) 첼시 - 미키 바추아이(부상)

홈 팀 맨시티는 크게 2개의 포지션에 전력 누수를 겪었다. 센터백과 좌우 미드필더 자리였다. 중앙 수비수 자리에는 맨시티의 1, 2번째 옵션이 될 수 있는 스톤스와 콤파니가 모두 부상으로 결장했다. 그렇기 때문에 망갈라가 오타멘디와 짝을 이뤄야 했다. 맨시티는 주중 스완지전(리그 17R)에서도 '망갈라-오타멘디' 센터백 조합을 들고 나왔다. 한편 좌우 미드필더 자리에는 D.실바가 개인적인 사정으로 결장했다. 그의 여자 친구가 미숙아를 출산했다는 사연이었다. D.실바는 자신의 사정으로 인해 12~1월에 펼쳐진 몇몇 경기들에 결장했다.

한편 토트넘은 맨시티에 비해 전력 누수가 비교적 적은 편이었다. 그들이 겪은 포지션 공백은 센터백 다빈손 산체스 단 한 자리뿐이었다. 알더웨이럴트 역시 결장이긴 하나, 그는 경기로부터 45일 전인 11월 2일에 부상을 당한 상태였다. 토트넘에겐 알더웨이럴트 없는 선수단이 익숙한 상태였다. 단, 문제점이라면 산체스가 부상으로 결장함으로써 토트넘이 백3 옵션을 선택할 수 없었다는 점이었다.

전술적 승부수를 건 팀은 토트넘이었다. 포체티노 감독은 맨시티전을 맞이하여 큰 폭의 전술 변화를 시도했다. 중원에 무려 4명의 선수를 배치한 4-3-1-2 대형을 꺼내든 것이다. 토트넘의 의도는 명확했다. 4-3-1-2 대형을 통해 중원 지역에서 확실한 수적 우위를 점하는 것이었다. 이때 포체티노는 양 측면 미드필더 자리에 윙크스와 에릭센을 배치하여 측면 지역을 유기적으로 커버하려 했을 것이다. 에릭센과 윙크스는 광범위한 활동량을 보유한 자원이기 때문이다.

포체티노가 이러한 전술 변화를 시도한 이유는 당연하게도 맨시티의 3미드필더를 통제하기 위함이었다. 맨시티의 미드필더는 개인 기량이 굉장히 뛰어난 선수들로 구성되어 있다. 수비팀이 맨시티의 3미드필더를 1 대 1로(수적 동률) 수비한다고 하더라도, 이들을 정상적으로 통제하기란 불가능에 가까웠다. 그렇기 때문에 토트넘은 중원 지역에 고의적으로 많은 숫자를 배치하여 맨시티의 미드필더를 묶어내고, 중원을 장악하려 했다. 상술했듯 이는 활동량이 광범위한 미드필더인 에릭센과 윙크스가 존재하기 때문에 가능한 전술 구상이었다.

하지만 경기 결과가 말해주듯 포체티노의 이러한 전술 변화는 유효하지 않았다. 과르디올라가 포체티노의 이러한 전술 계획을 경기 전부터 완벽히 예측했기 때문이다. 과르디올라는 경기 후 인터뷰에서 선수들의 전술 이해도에 대해 다음과 같이 언급했다. "우리는 서로를 신뢰합니다. 제가 뭔가를 하라하면 다들 제 의견을 따르죠. 오늘 경기 전에, 저는 상대가 중앙에 한 명의 선수를 더 배치할 것이라고 예상했습니다. 손흥민과 케인이 2톱을 형성한 다이아몬드 형태로요(다이아몬드형

4-4-2. 즉, 토트넘이 실제 경기에서 꺼내든 4-3-1-2 시스템). 우리는 이 전술에 대응했고, 선수들은 그것을 훌륭하게 잘 따라줬습니다."

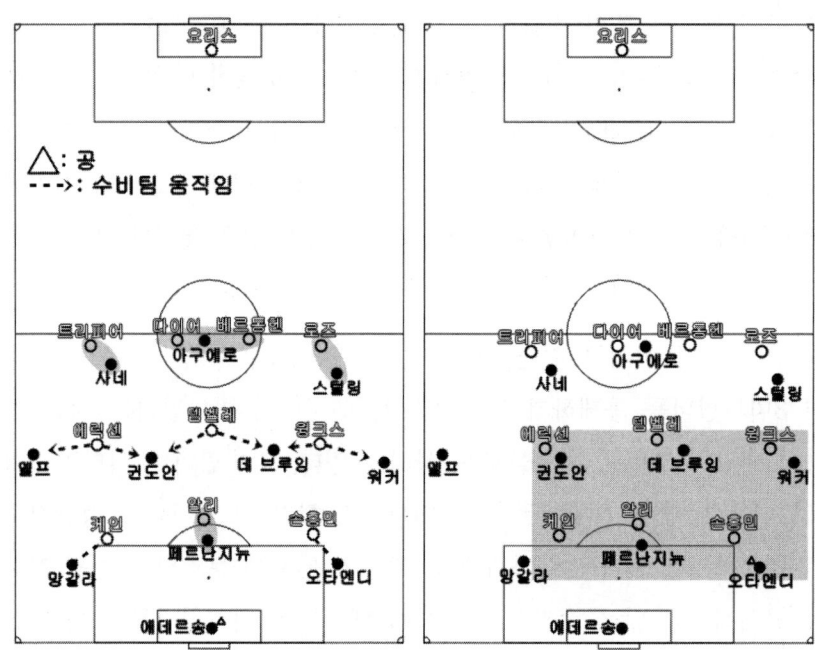

▲ 토트넘의 전방 압박 형태

　토트넘은 굉장히 높은 지점에서부터 맨시티의 후방 빌드업을 통제하려 했다. 상술했듯 중원 지역에서 수적 우위를 이뤄냈기 때문이다. 토트넘은 에데르송을 비교적 자유롭게 풀어주되, 맨시티의 박스 안에서부터 모든 필드 플레이어들을 강하게 수비하는 형태를 띠었다.

　토트넘은 조직적인 4-3-1-2 대형을 바탕으로 전방 압박을 시도했다. 최전방의 역삼각형 대형은 맨시티의 '망갈라-페르난지뉴-오타멘디' 라인을 1 대 1로 수비했다. 이로써 에데르송의 1차적인 패스 옵션을 완벽히 제한할 수 있었다. 최후방의 백4 라인은 맨시티의 3톱을 전담했다. 그렇기 때문에 백4 라인 중 어느 한 명이 압박을 위해 윗선으로 전진하는 일은 찾아보기 힘들었다.

토트넘은 3명의 미드필더를 통해 '델프-귄도안-데 브루잉-워커' 라인을 강하게 통제하려 했다. 상술했듯 에릭센과 윙크스의 활동량이 광범위하기 때문이었다(중앙의 뎀벨레 역시 광범위한 활동량을 보유한 선수였다). 맨시티의 최후방 필드 플레이어들은 직접적인 전진 패스를 전개하기가 힘들었다. 케인과 알리, 손흥민이 이들을 1 대 1로 수비했기 때문이다. 이들의 주 패스 선택지는 터치라인 부근으로 벌린 델프와 워커가 됐다. 맨시티가 양 윙백에게 볼을 전개했을 때면(또는 1차적으로 좌우 센터백이 볼을 잡았을 때면), 토트넘의 미드필더 라인이 일정한 간격을 형성한 채 볼 주위 지역으로 좁혀왔다. 만약 오타멘디가 볼을 잡을 경우에는 에릭센이 귄도안을, 뎀벨레가 데 브루잉을, 윙크스가 워커를 전담한 것이다.

토트넘의 이러한 전방 압박 형태는 경기 초반까지 꽤나 성공적으로 이뤄졌다. 이때까지는 맨시티가 토트넘의 전술적 의도를 파악하지 못했기 때문이다. 하지만 얼마 지나지 않아 과르디올라는 토트넘의 4-3-1-2 시스템을 완벽히 간파했고, 그 이후부터 사전에 준비했던 카드를 꺼내들기 시작했다.

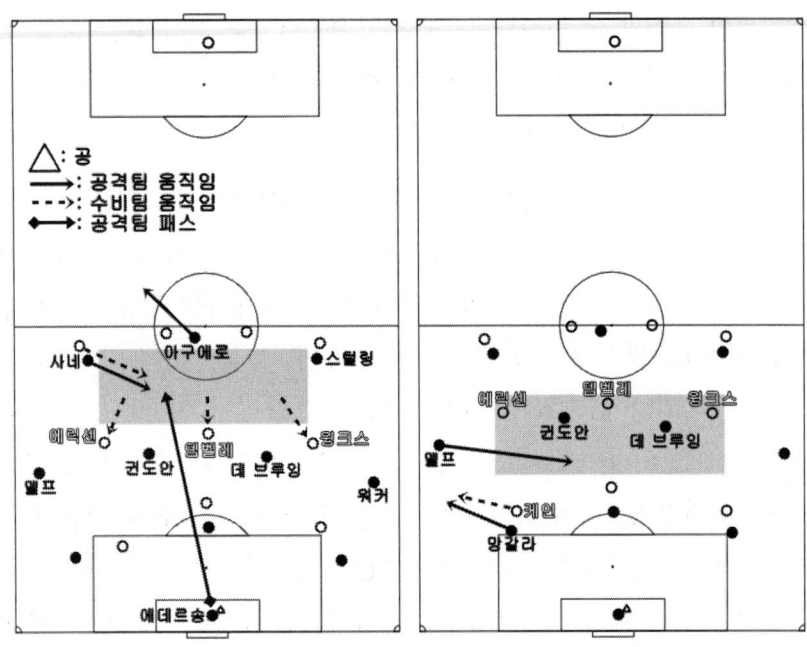

▲ 맨시티의 토트넘 전방 압박 대처법 2가지

과르디올라가 토트넘의 전술 계획을 깨뜨리기 위해 준비한 카드는 '델프 변형 기용'이었다. 이날 델프는 어느 때와 다름없이 맨시티의 왼쪽 윙백으로 출전했지만, 토트넘이 4-3-1-2 체제로 움직이는 동안에는 중앙 지역을 유기적으로 오갔다. 토트넘이 의도한 '중원 지역에서의 수적 우위'를 방지하기 위함이었다. 본 포지션이 중앙 미드필더인 델프는 이러한 전술 체제에서 전혀 어색함을 보이지 않았다.

맨시티는 토트넘의 이러한 전방 압박 형태를 크게 2가지 방법으로 풀어나갔다. 하나는 기존의 후방 빌드업 패턴을 활용한 것이었다. 상술했듯 토트넘은 에데르송을 자유롭게 풀어주되, 맨시티의 모든 필드 플레이어들을 강하게 수비하는 압박 형태를 보였다. 맨시티는 이러한 압박 조직을 비교적 쉽게 벗겨낼 수 있었다. 에데르송이 자유로웠기 때문이다.

이날 토트넘의 견제를 받지 않은 에데르송은 뛰어난 패스 능력을 활용하여 어느 지역으로든 볼을 보낼 수 있었다. 에데르송의 주요 공략 지점은 토트넘의 수비 라인과 미드필더 라인 사이 지역이었다. 데 브루잉과 귄도안이 상대의 전방 압박을 벗겨내기 위해 깊은 위치까지 내려온 탓이었다. 맨시티는 데 브루잉과 귄도안을 통해 '윙크스-뎀벨레-에릭센' 라인을 끌어들이고, 최전방 3톱이 토트넘의 백4 앞에서 볼을 받을 수 있는 공간을 창출했다.

이날 토트넘의 백4 라인은 전방 압박 단계에서 맨시티의 3톱을 통제하지 못했다. 맨시티의 3톱이 에데르송의 패스를 받기 위해 움직일 때, 그들을 전혀 잡아내지 못한 것이다. 맨시티의 3톱은 상대 수비보다 한 두 템포씩 빠르게 움직여 토트넘의 라인 사이 지역에서 볼을 받아냈다. 이들은 자유로운 공간 속에서 공격을 전개했으며, 곧바로 토트넘의 수비 라인과 정면으로 맞붙는 구도를 만들어냈다. 포체티노가 에데르송을 간과한 결과였다.

맨시티가 토트넘의 전방 압박 형태에 대응한 또 다른 방법은 상술한 '델프 변형 기용'을 활용하는 것이었다. 맨시티가 빌드업을 시작할 때면, 종종 왼쪽 센터백인 망갈라가 터치라인 부근으로 벌려 섰다. 이 경우 케인을 끌어들여 토트넘의 압박 간격을 넓힐 수 있었다. 망갈라의 움직임과 맞물려 왼쪽 윙백인 델프는 중앙으로 크게 좁혀 들어갔다. 토트넘의 3미드필더를 상대로 수적 열세를 겪고 있는 귄도안과 데 브루잉을 지원하기 위함이었다. 델프가 중앙으로 가담할 경우 맨시티는 수적 동률 상황을 이뤄낼 수 있었다(상술했듯, 맨시티의 전체적인 개인 기량이 뛰어났기 때문에 수적 동률 상황에서는 우위를 점했다).

과르디올라는 경기 후 인터뷰에서 이에 대한 전술을 언급하기도 했다. 그는 다음과 같이 말했다. "상대는 다이아몬드 4-4-2로 경기를 시작했고, 우리는 곧바로 거기에 맞춰서 3명으로 빌드업을 전개했습니다(이들은 델프, 데 브루잉, 귄도안일 것으로 추측됨). 중앙에 한 명이 부족한 것은 원하지 않았습니다. 토트넘은 그 위치에서 정말로 잘하는 팀이니까요. 조금의 변화를 줬습니다."

맨시티는 이 두 가지 방법을 통해 토트넘의 전방 압박을 쉽게 풀어나갔다. 이날 토트넘은 강했던 전방 압박의 강도만큼 맨시티의 후방 빌드업을 통제하지 못했다. '토트넘이 무리했다.'라는 표현이 알맞을 것이다. 이날 맨시티는 경기 내내 토트넘의 허점을 치명적으로 파고들었다.

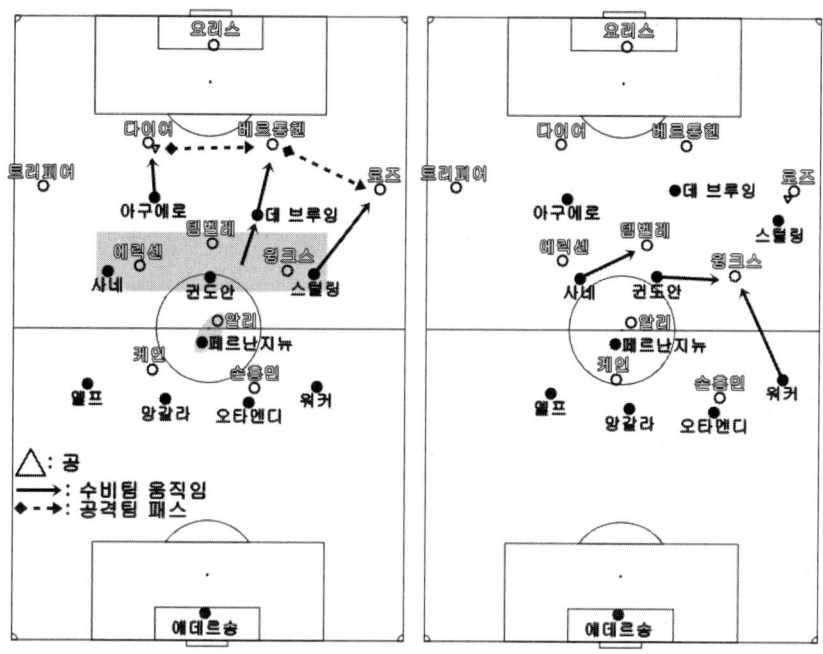

▲ 맨시티의 전방 압박 형태

한편 맨시티 역시 늘 그래왔듯 높은 지점에서부터 토트넘의 후방 빌드업을 통제하려 했다. 이들은 토트넘의 센터백 라인에서부터 직접적인 압박을 가하기 시작했다. 맨시티는 이번 경기에서도 기본적인 전방 압박 체계를 유지했지만, 토트넘의 4-3-1-2 시스템을 어느 정도 인식한 듯 보였다.

맨시티는 좌우 미드필더 중 한 명을 유기적으로 전진시켜, 아구에로와 함께 다이어와 베르통헨을 모두 압박했다. 이를 통해 토트넘의 센터백 라인이 가져갈 수 있는 전진 패스 옵션을 완전히 차단했다. 측면의 사네와 스털링은 한 명의 좌우 미드필더가 전진할 때 중앙으로 좁혀왔다. 후방에 남은 한 명의 미드필더와 함께 윙크스, 뎀벨레, 에릭센을 통제하기 위함이었다.

아구에로와 미드필더의 압박 작업에 따라, 토트넘이 양 윙백에게 빌드업을 전개했을 때면 사네와 스털링이 즉각적으로 움직여 트리피어와 로즈를 수비했다. 이때 2명의 미드필더 라인은 볼 주위로 좁혀 토트넘 선수들을 마킹하는 것이 최선의 선택이었다. 하지만 토트넘의 횡 패스 작업이 빠르게 이뤄져 볼 주위로 좁히지 못할 경우에는 윙백이 언제든지 빠르게 전진했다. 페르난지뉴가 알리를 마킹하고 있고, 최후방 지역에 4 대 2의 수적 우위 상황이 펼쳐졌기 때문에 가능한 일이었다.

토트넘은 빠른 발을 보유한 손흥민을 케인의 짝으로 배치하여 맨시티의 광범위한 수비 뒷공간을 공략하려 했다. 4-3-1-2 체제에서의 손흥민은 연계보다는 라인 브레이킹에 치중한 모습을 보였다. 그렇기 때문에 에릭센, 윙크스의 활동량과 알리의 영향력이 중요했다. 하지만 토트넘은 맨시티의 전방 압박을 쉽게 벗어나지 못했다. 수비 라인에서부터 기본적인 볼의 전진이 쉽게 이뤄지지 않았다. 토트넘은 4미드필더를 통해 원활한 빌드업을 전개하려 했으나, 맨시티 윙어의 중앙 지향적 위치 선정과 윙백의 빠른 커버링으로 이점을 누리지 못했다. 또한 알리는 경기 내내 페르난지뉴의 그림자 속에서 벗어나지 못했다.

경기 내에서 많이 연출된 구도는 아니지만, 맨시티가 4-3-1-2의 토트넘을 상대로 후방 수비를 진행할 때면 굉장히 좁은 횡 간격을 유지했다. 토트넘이 4미드필더 체제를 통해 볼 주위 지역에서 수적 우위를 이뤄내는 것을 막아내기 위함이었다. 그렇기 때문에 오른쪽의 워커

또한 수비시에는 굉장히 중앙 지향적으로 활동해야 했다. 맨시티는 4-1-4-1 대형을 바탕으로 토트넘의 공격을 통제했다.

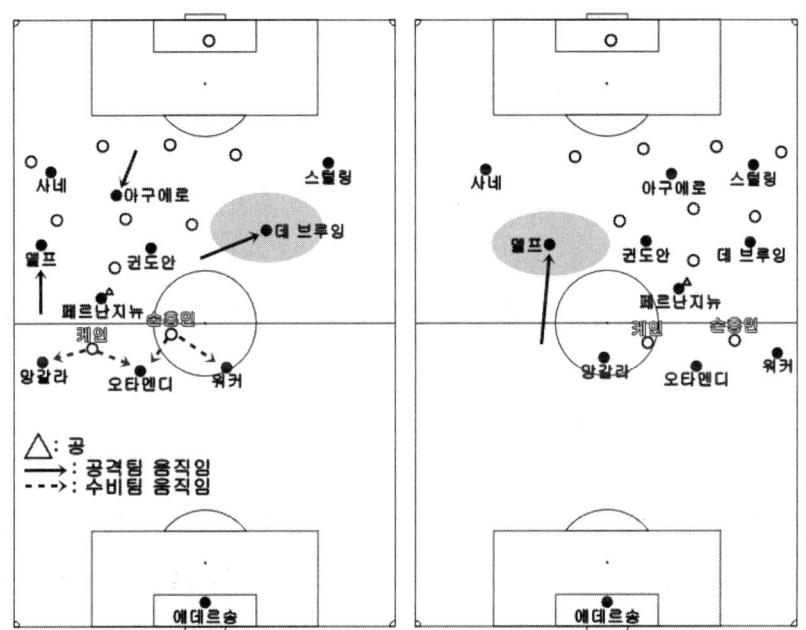

▲ 맨시티의 좌우 공격 형태와 의도

토트넘은 맨시티의 공격에 대응하기 위해 굉장히 높은 밀도의 수비 형태를 형성했다. 이들은 4-3-1-2 대형을 바탕으로 볼 주위 지역에 수적 우위를 형성하려 했다. 4명의 미드필더 라인과 2명의 공격수가 모두 직접적인 압박을 가하는 형태였다. 토트넘은 최후방 백4 라인까지 좁은 간격을 형성함으로써 맨시티의 패스 게임을 막아내려 했다.

상술했듯 과르디올라가 이를 깨뜨리기 위해 준비한 카드는 델프였다. 이날 델프는 워커에 비해 공격 상황에 적극적으로 가담했다. 맨시티의 공격-수비 전환 단계에서 빠른 발을 보유한 토트넘의 2톱을 효율적으로 통제하기 위함이었다. 워커는 비교적 후방에 머무르며 케인, 손흥민과의 주력 싸움을 담당했다.

맨시티의 공격적 노림수는 폭 좁은 토트넘의 미드필더 라인을 공략하는 것이었다. 구조적으로 토트넘은 3명만으로 이뤄진 미드필더 라인을 활용했기 때문이다. 맨시티는 상대 미드필더 라인의 반대편 지역에 한 명의 선수를 배치하여 자유를 누릴 수 있게끔 했다.

토트넘의 폭 좁은 미드필더 라인을 공략하기 위해서라면, 1차적으로 가해지는 상대의 높은 압박 밀도를 벗겨내야 했다. 토트넘의 4-3-1-2 대형에서는 4명의 미드필더가 맨시티의 중원 선수들을 적극적으로 압박했다. 특히나 포지션상 알리는 페르난지뉴를 수비하는 경우가 많았다. 2톱 케인과 손흥민은 맨시티의 미드필더를 직접적으로 통제하기 보단 주로 1선에 머물렀다. 이들은 이후의 역습 상황에 치중하면서도, 수비 라인으로 향하는 맨시티의 백 패스 옵션을 차단하기 위해 움직였다. 맨시티의 최후방 라인(주로 망갈라, 오타멘디, 워커)이 볼을 잡을 때면 적극적인 압박을 가했다. 그렇기 때문에 이날 맨시티는 높은 지점에서 볼을 순환시키는데 어려움을 겪었다.

맨시티는 토트넘의 높은 압박 밀도에 대응하기 위해 아구에로와 페르난지뉴, 귄도안을 광범위하게 활용했다. 중앙의 세 선수가 볼 주위 지역에 적극적으로 가담했다. 상술했듯 델프가 중앙으로 좁혔기 때문에, 전체적인 대형상 2선에서는 귄도안이 중앙을 맡게 됐다. 맨시티는 이들을 주축으로 각 측면으로 공격을 전개할 때, 볼 주위 지역에 5명 정도의 선수들을 배치할 수 있었다. 왼쪽으로 공격을 전개할 때는 '사네, 아구에로, 델프, 페르난지뉴, 귄도안'이, 오른쪽일 때는 '아구에로, 스털링, 데 브루잉, 귄도안, 페르난지뉴'가 패스 게임에 직접적으로 참여했다.

토트넘의 미드필더 라인으로부터 자유를 얻은 선수는 델프와 데 브루잉이었다. 델프는 맨시티가 오른쪽으로 공격을 전개할 때, 데 브루잉은 왼쪽으로 공격을 전개할 때 주로 볼 주위로부터 벗어나 활동했다. 다시 말하자면, 이날 델프는 공격시 전술적으로 데 브루잉과 비슷한 역할을 수행한 것이었다.

자유를 얻은 델프와 데 브루잉은 볼과 반대편 윙어 간의 연결 고리가 돼주었다. 상술했듯 이날 토트넘은 굉장히 좁은 간격의 수비 라인을 형성했기 때문에, 반대편으로 넓게 벌린 윙어가 의도적 고립의 영향을 받을 수 있었다. 이날 맨시티는 데 브루잉과 델프를 활용하여 반대편 윙어의 의도적 고립을 더욱 효율적으로 활용했다.

야심찼던 4-3-1-2 시스템은 완전히 읽혀버리고, 14분 코너킥 상황에서 귄도안에게 실점을 허용하자 토트넘은 전술 계획을 수정했다. 그들의 4-3-1-2 시스템은 토트넘에게 익숙한 전술이 아니었기 때문이다. 토트넘은 35~40분 즈음 자신들이 기존에 활용하던 4-2-3-1 시스템으로 전환했다. 케인이 원톱을 이루고, '에릭센-알리-손흥민'이 공격 2선을 구성하는 형태였다.

토트넘은 4-2-3-1 체제로 전환한 이후에도 높은 지점에서부터 강한 압박을 시도했다. 이 시점부터는 수적 우위를 통해 맨시티의 미드필더를 통제하려 하지 않았다. 4-2-3-1 대형이기 때문에, 기본적으로

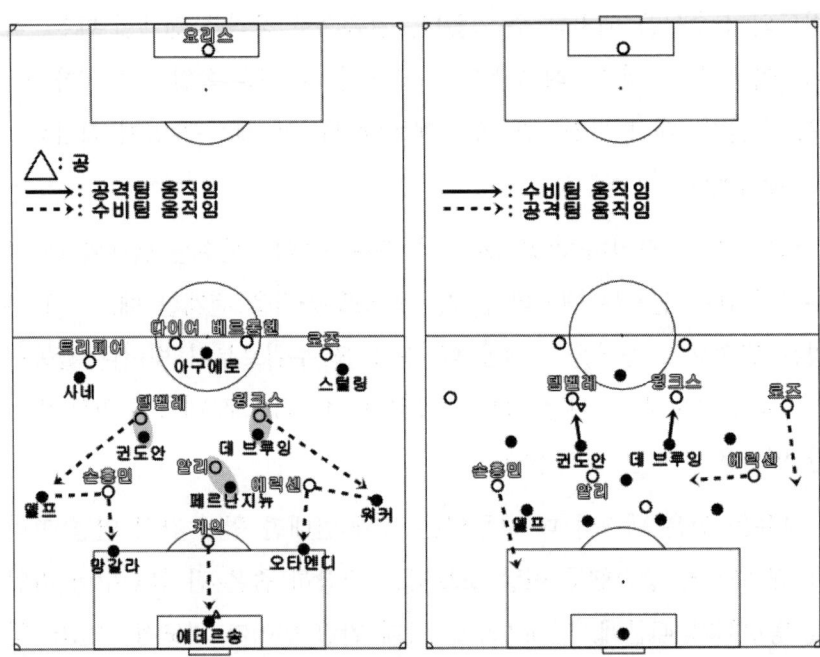

▲ 토트넘 전술 변화 이후의 전방 압박 형태(좌)와 공격 형태(우)

4-3-3의 맨시티와 1 대 1 구도가 형성됐기 때문이다. 토트넘은 전체적인 1 대 1 구도 속에서 활동량과 역동성을 통해 우위를 점하려 했다.

1 대 1 구도 속에서, 토트넘이 강한 압박으로 밀어붙이려고 한다면 케인이 에데르송을 적극적으로 수비했다. 이후 좌우 센터백에게 패스를 유도했다면 양 윙어들이 즉각적으로 압박했다. 이를 통해 그들의 전진 패스 옵션을 제한하고, 윙백으로 횡 패스를 유도한다면 중앙 미드필더들이 측면으로 가담하여 맨시티의 빌드업을 통제했다.

토트넘의 전방 압박 자체는 성공적으로 이뤄졌다. 중앙 미드필더와 양 윙어는 넓은 지역을 훌륭하게 커버했다. 문제점이라면, 이 경우에도 기존부터 발휘되던 에데르송의 영향력을 통제하지 못한다는 것이었다. 상술했듯 중앙 미드필더인 뎀벨레와 윙크스는 기본적으로 귄도안과 데 브루잉을 수비하되, 상황에 따라 측면 지역으로 전진했기 때문에 최후방 라인과의 간격을 유지하지 못했다.

한편 공격 국면에서는 손흥민과 에릭센의 위치를 바꿔 배치했다는 점을 찾아볼 수 있을 것이다. 기존의 4-2-3-1 시스템에서는 손흥민이 왼쪽을, 에릭센이 오른쪽을 담당했으나, 이번 경기에서는 두 선수가 위치를 바꿔 활동했다. 측면 지향적으로 활동하는 손흥민을 통해 그간 중앙 지향적으로 움직인 델프를 공략하기 위함이었을 것이다.

토트넘은 뎀벨레와 윙크스를 통해 맨시티의 귄도안과 데 브루잉을 끌어내려 했다. 그리고 에릭센이 자유롭게 움직임으로써 알리와 함께 페르난지뉴의 담당 지역을 공략했다. 토트넘은 이들을 통해 맨시티의 진영에서 볼을 점유하고, 라인 브레이킹을 시도하는 손흥민과 케인을 지원했다.

토트넘은 4-2-3-1 체제로 전환한 이후 맨시티 진영에서 볼 점유율을 늘려갔다. 근본적으로 1 대 0으로 끌려가고 있는 상황이었기 때문이다. 상황에 따라서라면 손흥민과 케인 역시 맨시티의 라인 사이 지역으로 가담하여 볼 점유를 도왔다. 이날 토트넘은 무려 47.1%의 볼 점유율 기록했다(수치상으로는 적은 기록이지만, 상대가 맨시티라는 점을 감안한다면 높은 볼 점유율이라 할 수 있었다). 이날 맨시티가 기록한 52.9%의 볼 점유율은 30번의 리그 경기 중 최저 볼 점유율 수치였다.

토트넘은 1 대 0의 스코어를 뒤집기 위해 시간이 흐를수록 더욱 공격적으로 치고 나왔다. 그들의 수비 라인 형성 지점은 더욱 높아졌으며, 모든 선수들이 더욱 공격적으로 움직였다. 하지만 토트넘의 이러한 변화는 결국 결정적인 패인으로 작용하고 말았다.

2명의 중앙 미드필더만으로 맨시티의 역습을 통제하기에는 분명 한계가 존재했다. 그간 강한 압박을 시도해왔던 토트넘은 경기가 흐를수록 체력적으로 지쳐갔다. 포체티노는 77분 라멜라를 투입시키기 전까지(손흥민 아웃) 단 한 장의 교체카드를 활용하지 않았다. 체력적으로 지치고, 조직적으로 와해되기 시작한 토트넘은 '공-수 전환 단계'에서 허름한 모습을 보여줬다.

이는 맨시티가 70분 이후로 3골을 몰아넣는데 결정적인 요인으로 작용했다. 맨시티는 역습 단계에서 2명의 중앙 미드필더만을 상대했기 때문에 큰 어려움을 겪지 않았다. 토트넘은 그들의 라인 사이 지역을 너무나도 쉽게 허용했다. 데 브루잉과 귄도안은 이 드넓은 공간을 완벽하게 통제했으며, 58분에 교체 투입된 제수스는 토트넘의 수비 라인을 마음껏 휘젓고 다녔다

05
맨체스터 유나이티드 vs 첼시

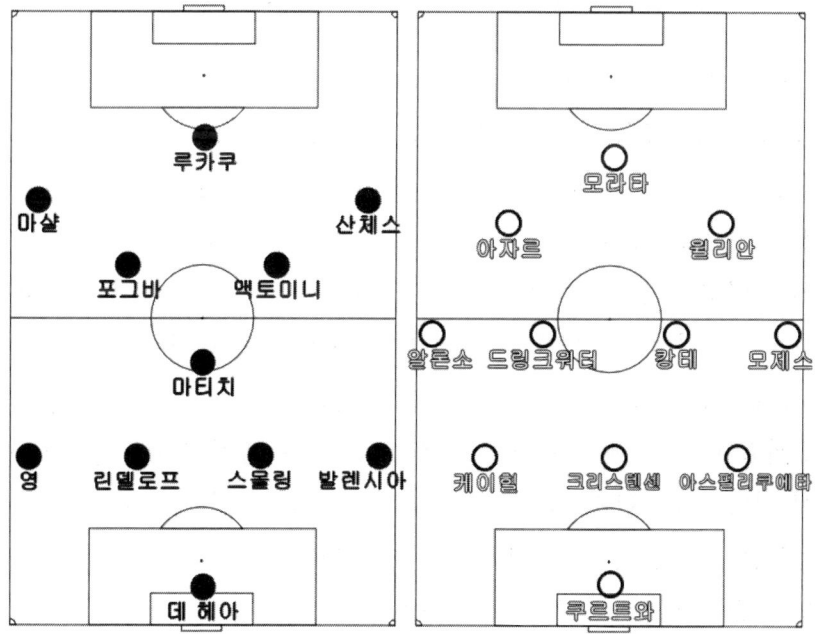

▲ 맨유-첼시전 선발 라인업

경기 날짜	2018년 2월 25일 14시 5분 - 현지 시각 2018년 2월 25일 23시 5분 - 한국 시각
경기 결과	2 대 1, 맨체스터 유나이티드 승
득점자	39 로멜루 루카쿠, 75 제시 린가드 / 32 윌리안
경기 부류	17/18 프리미어리그 28R
경기 장소	올드 트래포드 (맨체스터 유나이티드 홈, 첼시 원정)
후보 명단	맨유 - 에릭 바이, 제시 린가드, 조엘 페레이라, 후안 마타, 마커스 래쉬포드, 루크 쇼, 마이클 캐릭 첼시 - 세스크 파브레가스, 페드로, 올리비에 지루, 윌리 카바예로, 에메르손 팔미에리, 다비드 자파코스타, 개리 케이힐
결장 명단	맨유 - 안데르 에레라, 달레이 블린트, 마루앙 펠라이니, 필 존스(부상) 첼시 - 티에무에 바카요코(부상)

양 팀 모두 주중에 치러지는 챔피언스리그 16강 1차전 경기를 소화했다. 맨유는 세비야 원정을 떠나 데 헤아의 천금 같은 슈퍼세이브 끝에 0 대 0 무승부를 거뒀다. 이로써 맨유는 올드 트래포드에서 펼쳐지는 다음 2차전 경기에서 우위를 점하게 됐다. 세비야가 원정 최약체이고, 첼시전을 앞둔 경기라는 사실을 감안한다면, 맨유로서는 성공적인 결과였다(물론, 맨유는 다음 2차전에서 2-1로 패하며 챔피언스리그에서 탈락했다). 한편 첼시는 바르셀로나를 홈으로 불러들여 1 대 1 무승부를 기록했다. 골포스트를 2번이나 맞춘 윌리안에게 조금의 운만 더 따랐더라면 충분히 승리할 수 있는 경기였다.

두 팀 모두 체력적으로 완전한 상태는 아니었다. 그러나 17/18 시즌 챔피언스리그 진출권의 행방을 결정하는 중요한 경기인 만큼, 무리뉴와 콩테는 꺼내들 수 있는 모든 카드를 꺼내든 듯싶었다(첼시의 경우

한 자리에 변화를 주긴 했다. 파브레가스에게 휴식을 부여하며 드링크워터를 선발로 내보냈다).

무리뉴는 첼시전을 준비하면서 전술적 딜레마를 겪었을 것이다. '지역 수비를 기반으로 한 대인마크' 수비 형태를 어떻게 실현하는가에 대한 고민이었을 것이다. 무리뉴는 그간 첼시를 상대로 이 수비 형태를 효율적으로 발휘하기 위해, 맨유의 전체적인 대형을 첼시에게 맞춰 왔다. 16/17 시즌에 펼쳐진 FA컵 8강전 경기와 리그 33R 일전에서는 4-4-2 포메이션을 활용했다. 3-4-3 대형을 기용하는 첼시의 미드필더 라인과 1선 선수들을 1 대 1로 마킹할 수 있기 때문이었다. 또한 17/18 시즌에 치른 첼시와의 리그 11R 경기에서는 3-5-2 포메이션을 들고 나왔다. 첼시 역시 3-5-2 대형을 활용했기 때문이다. 이때 무리뉴는 중앙 미드필더 라인을 삼각 대형으로 구성하며 효율적인 1 대 1 마킹 체계를 구성해냈다(첼시의 3-5-2는 중앙 미드필더 라인이 역삼각 대형이었기 때문).

> 맨유는 16/17 시즌에 치른 첼시와의 FA컵 8강전 경기에서 3-4-3과 4-4-2 대형을 혼용했다. 무리뉴는 당시 3-4-3의 왼쪽 윙백에 다르미안을, 왼쪽 윙어에 영을 배치했다. 공격시 첼시의 오른쪽 측면을 집중적으로 공략하기 위함이었다. 맨유는 수비를 진행할 때 4-4-2 포메이션으로 전환했다. 이 4-4-2 대형은 다르미안이 왼쪽 윙백으로, 영이 왼쪽 측면 미드필더로 배치된 형태였다.

무리뉴는 첼시가 3-4-3 시스템으로 나올 것을 예상했을 것이다. 첼시 3-5-2의 전술적 핵심인 바카요코가 부상으로 결장해 있고(부상이 아니었더라도, 폼이 좋지 않아 기용하지 않았을 것이다), 캉테와 드링크워터, 파브레가스를 모두 기용하기에는 체력적 부담이 따르기 때문이다. 또한 첼시는 직전에 펼쳐진 바르셀로나와의 챔피언스리그 16강 1차전 경기에서도 3-4-3 시스템을 꺼내 들었다. 다시 말하자면, 맨유전 근래의 첼시는 수비적인 운영이 필요한 경기에서도 3-4-3 시스템을 활용했다는 뜻이다.

그간 무리뉴는 3-4-3의 첼시를 효율적으로 수비하기 위해 4-4-2 대형을 활용해왔다. 하지만 이번 첼시전에서 4-4-2를 활용할 경우 2미드필더 체제에서 포그바의 자율성이 제한된다는 문제점이 존재했다. 물론 16/17 시즌에는 포그바가 첼시전의 4-4-2에 출전하긴 했지만, 당시에는 2톱 선수들의 빠른 발을 바탕으로 첼시의 수비 뒷공간을 공략하려 했다(FA컵 '미키타리안-래쉬포드', 리그 33R '린가드-래쉬포드'). 그렇기 때문에 포그바가 수비 국면에만 치중해도 큰 문제가 되지 않았다.

하지만 이번 경기에서는 달랐다. 후술하겠지만, 이날 무리뉴는 역습 단계를 통해서만 골을 넣으려 하지 않았다. 만약 그랬다면 콩테가 이에 대한 대비책을 들고 나왔을 것이다(무리뉴가 첼시전에서 계속 그래 왔기 때문에). 무리뉴는 확실한 의도를 가진 공격 전술을 들고 나왔다. 그리고 이 공격 전술에서는 포그바가 필요했다. 그렇기 때문에 포그바가 3미드필더 체제에서 자유롭게 활동해야 할 필요가 있었다.

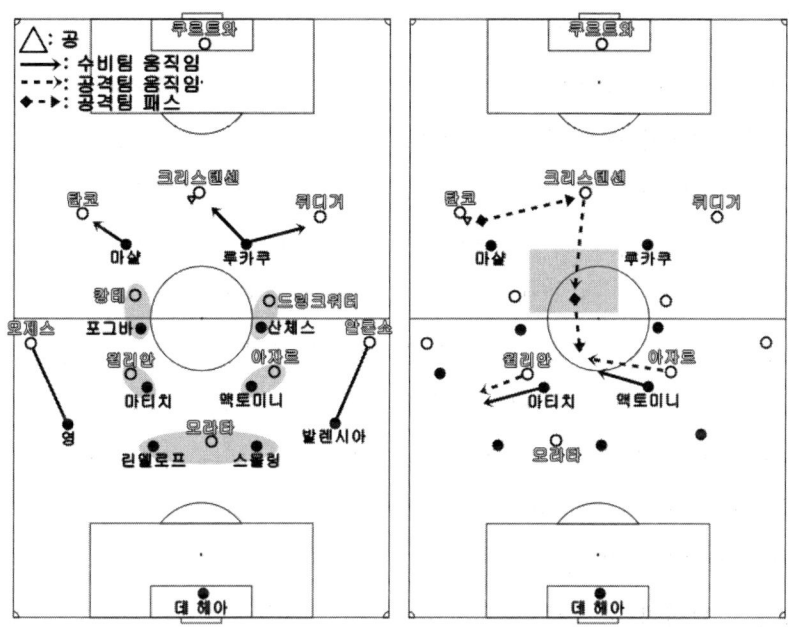

▲ 맨유의 첼시전 수비 형태와(좌) 첼시의 대응(우)

무리뉴가 내놓은 전술적 딜레마의 해결책은 수비시 변형 4-2-2-2 대형을 형성하는 것이었다. 맨유의 4-2-2-2 대형은 마티치와 맥토미니가 3선을, 포그바와 산체스가 2선을, 마샬과 루카쿠가 1선을 이루면서 형성됐다. 마티치와 맥토미니가 윌리안과 아자르를 전담했으며, 측면의 영과 발렌시아가 첼시의 양 윙백을 수비했다.

맨유의 수비 체제에서, 전술적으로 핵심 역할을 맡은 선수는 3선의 마티치와 맥토미니였다. 무리뉴는 경기 후 인터뷰에서 다음과 같이 언급하며 이날 마티치와 맥토미니의 전술적 중요성을 강조했다. "저는 첼시를 상대로 백5가 아닌 백4를 사용하기로 결정했습니다. 백4 체제에서는 마티치와 맥토미니의 역할이 매우 중요합니다. 윌리안과 아자르의 포지션을 컨트롤하기 때문이죠"

　무리뉴의 인터뷰대로 이날 마티치와 맥토미니가 전술적으로 중요한 이유는 맨유가 백4 체제를 활용했기 때문이었다. 아니, 조금 더 정확히 말하자면 4-4-2 대형을 활용하지 않았기 때문이었다. 백3 시스템과 4-4-2 대형에서는 포지셔닝적으로 첼시의 양 윙백을 전문적으로 전담할 선수들이 존재했다. 백3에서는 양 윙백이, 4-4-2에서는 양 측면 미드필더들이 그랬다. 하지만 이날 맨유가 활용한 4-2-2-2 대형에서는 측면을 전문적으로 전담할 선수가 존재하지 않았다. 그렇기 때문에 영과 발렌시아가 알론소와 모제스를, 마티치와 맥토미니가 윌리안과 아자르를 수비하는 구도가 펼쳐졌다. 이때 윌리안과 아자르가 측면으로 빠질 경우, 맨유의 3선 선수들이 끌려나가 중원이 헐거워진다는 문제점이 발생할 수 있었다. 그렇기 때문에 이날 마티치와 맥토미니는 수비시 측면과 중앙의 밸런스를 유지해야 했다.

　마티치와 맥토미니가 중앙 지역에 머무르는 빈도를 높이기 위해서라면, 아자르와 윌리안이 중앙에서 활동하는 시간을 늘리면 됐다. 무리뉴는 이를 위한 수비 체계를 준비한 듯 보였다. 맨유는 첼시가 센터백 라인에서 빌드업을 시작할 때부터 4-2-2-2의 마킹 체계를 형성했다. 지역 수비가 아닌 대인마크의 빈도를 높게 가져간 것이다. 포그바와 산체스는 꽤나 높은 지점에서부터 캉테와 드링크워터를 1 대 1로 통제했다. 첼시의 센터백들은 미드필더 라인으로 패스를 배급하는데 어려움을 겪었다. 그렇기 때문에 아자르와 윌리안이 볼을 받아주기 위해 중앙에서 움직이는 시간이 늘어났다. 마티치와 맥토미니는 1, 2선에서 이뤄지는 사전 작업으로 인해 아자르와 윌리안을 비교적 쉽게 통제할 수 있었다.

첼시 역시 맨유의 수비 형태에 대한 몇 가지 대응책을 들고 나왔다. 상술했듯, 그간 무리뉴가 첼시를 상대로 '지역 수비를 기반으로 한 대인 마크' 수비 형태를 적극적으로 활용해왔기 때문이다. 콩테는 16/17 시즌 리그 33R 경기에서 맨유의 이러한 수비 형태에 완벽히 봉쇄당해 2-0 완패를 당한 기억이 있었다.

> 이후 콩테는 맨유와의 리그 11R 경기에서 무리뉴의 수비 형태를 완벽히 공략해냈다. 중앙 3미드필더에 '바카요코-캉테-파브레가스' 조합을 꺼내들되, 이들에게 맨유의 미드필더를 크게 흔들도록 한 것이다. 바카요코는 늘 그랬듯 1선으로 빈도 높은 쇄도를 감행했다. 이를 통해 그를 전담하고 있는 에레라를 중원에서부터 끌어냈다. 파브레가스는 평소보다 더욱 낮은 지점에서 활동했다. 그는 이를 통해 마티치를 끌어내고, 볼을 받을 공간을 확보하려 했다. 파브레가스의 공간 확보는 전방 바카요코와 모라타에게 향하는 롱 패스를 전개하는데 큰 도움이 됐다. 첼시는 이러한 방식으로 맨유의 3미드필더를 크게 흔들었다. 그리고 이로 인해 창출된 공간은 1선의 아자르가 자유롭게 움직이면서 활용했다. (첼시 : 쿠르트와 / 케이힐, 크리스텐센, 아스필리쿠에타 / 캉테 / 알론소, 바카요코, 파브레가스, 자파코스타 / 아자르, 모라타. 맨유 : 데 헤아 / 존스, 스몰링, 바이 / 영, 마티치, 에레라, 발렌시아 / 미키타리안 / 래쉬포드, 루카쿠.)

콩테가 이번 경기에 꺼내든 공략법은 크게 2가지였다. 첫째는 첼시의 센터백이 빌드업 단계에서부터 적극적으로 볼을 몰고 전진하는 것이었다. 첼시의 센터백을 통제하는 마샬과 루카쿠는 수비 영향력이 약한 선수들이다. 린가드가 존재했다면 1선에서부터 강한 압박을 가할 수 있었겠지만, 그러기엔 맨유가 상대 진영에서 볼을 점유하는데 어려움을 겪었을 것이다. 첼시의 센터백들은 쉽게 볼을 몰고 전진할 수 있었다. 그리고 이 경우에는 맨유의 마킹 체계에 순간적인 혼란을 야기할 수 있었다. 첼시의 이러한 작업은 맨유가 수비적으로 불안정했던 경기 초반에 자주 이뤄졌다.

둘째는 아자르와 윌리안에게 굉장히 광범위한 활동 범위를 주문한 것이었다. 이날 아자르와 윌리안은 평소보다 더욱 광범위한 활동 범위를 소화했다. 콩테는 역동성과 개인 능력을 갖춘 이들을 통해 맨유의 수비를 크게 흔들고, 모라타와 양 윙백에게 공간을 열어주려 했다. 상술한 맨유의 1, 2선 작업이 존재하지 않았다면 마티치와 맥토미니는 수비시 큰 어려움을 겪었을 것이다.

이는 콩테가 아자르를 첫 번째 교체 카드의 선택지로 결정한 이유라고도 생각한다. 콩테는 73분 1 대 1 무승부의 상황에서 첫 번째 교체 카드로 페드로를 꺼내 들었다. 페드로는 아자르와 교체되며 윙어 자리를 소화했다. 콩테는 경기 후 인터뷰에서 아자르의 교체 이유에 대해 "저는 아자르가 체력을 다했다고 생각했습니다. 전반전에 너무나도 많이 뛰었죠."라고 밝혔다. 아자르가 주중 챔피언스리그 경기에서 풀타임을 소화했다는 점과, 맨유전의 개인 전술을 생각해본다면, 콩테의 교체 의도를 어느 정도 이해할 수 있을 것이다(물론 윌리안 역시 주중 챔피언스리그 경기에서 풀타임을 소화했으나, 그는 아자르에 비해 체력적으로 월등히 뛰어난 선수다. 콩테는 맨유전에서 윌리안의 강인한 체력을 신뢰했을 것이다).

경기 초반까지만 하더라도 맨유는 경기에 잘 녹아들지 못하는 듯 보였다. 본질적으로 맨유 선수들에게는 이러한 전술 체계가 거의 처음이었기 때문이다. 이들은 첼시 선수들을 놓치는 경우가 번번했다. 경기 초반, 첼시의 3톱은 항상 상대 수비수보다 한 템포씩 빠르게 움직이며 공간을 점유하고, 볼을 받아냈다.

무리뉴 역시 경기 후 인터뷰에서 이에 대한 내용을 언급했다. 그는 다음과 같이 말했다. "경기의 시작은 좋지 못했습니다. 우리는 첼시에게 익숙해지는데 약간의 시간이 필요했습니다. 새로운 포지션에 선 선수들도 몇몇 존재했죠. 미드필더 선수들은 압박 타이밍을 찾는데 시간이 걸렸습니다."

맨유의 이러한 수비 형태에 따라, 첼시의 센터백들은 주로 1선으로 바로 향하는 패스를 전개했다. 미드필더 라인을 한 칸 건너뛴 채 3톱의 발밑에 볼을 붙여준 것이다. 캉테와 드링크워터는 후방 빌드업 단계에서 많은 영향력을 행사하지 못했다. 아자르와 윌리안은 뛰어난 역동성을 바탕으로 공간을 점유했으며, 모라타는 우직한 피지컬을 활용하여 맨유의 센터백으로부터 볼을 지켜냈다.

▲ 맨유의 후방 수비시 윌리안 통제법

이후 맨유는 30분대를 맞이하자 그들의 수비 전술에 완벽히 익숙해지기 시작했다. 6명의 중원 선수들은 압박 타이밍에 적응했으며, 마샬과 루카쿠 역시 첼시의 센터백들을 상대하는 방법을 알아갔다. 맨유는 주눅 들지 않았다. 심리적으로도 자신감을 찾은 것처럼 보였다. 맨유는 이 시점부터 점유율을 점차 회복하기 시작했다.

마티치는 맨유의 후방 수비 단계에서 윌리안을 마킹하기보다는 수비 라인 앞 지역을 지키는 빈도를 높이기 시작했다. 본질적으로 마티치가 최고 강점을 발휘할 수 있는 지역이기 때문이다. 또한 마티치가 첼시의 페너트레이션 단계에서 윌리안을 마킹할 경우, 역동성과 순간

속도 싸움에서 뒤질 공산이 컸다. 윌리안을 놓칠 경우 맨유는 곧 바로 치명적인 공격 전개를 허용했을 것이다. 후방 수비시 마티치가 최후방 라인을 커버하는 것은 4-3-3 체제의 맨유가 띠는 기본적인 수비 형태이기도 했다.

마티치의 존재로 맥토미니는 포지셔닝에 대한 부담을 받지 않았다. 자유롭게 움직이는 아자르를 미드필드 지역의 담당에 대한 부담 없이 수비할 수 있었다. 이날 맥토미니는 볼을 받기 위해 움직이는 아자르를 어디든지 따라가 끈질기게 통제했다. 16/17 시즌 리그 33R 일전에서 아자르를 통제했던 에레라와는 조금 다른 롤이었다. 이날 맨유는 맥토미니의 끈끈한 수비력을 통해 아자르의 영향력을 최소화시킬 수 있었다.

한편 마티치의 지역 수비 체제 전환에 따라, 광범위하게 움직이는 윌리안이 페너트레이션 단계에서 자유를 얻는 빈도가 높아졌다. 윌리안이 맨유의 위험 지역에서 빠져나올 경우 자유롭게 볼을 받을 수 있는 환경이 마련됐다. 맨유는 윌리안을 통제하기 위해 포그바와 산체스에게 활발한 수비 가담을 주문했다. 윌리안이 마티치의 수비 범위로부터 벗어날 경우, 산체스와 포그바가 순간적으로 내려와 윌리안을 전담한 것이다. 포지셔닝상 마티치가 왼쪽에 위치하는 경우가 많았기 때문에, 산체스가 내려오는 빈도가 높았다.

한편 윌리안이 측면으로 빠질 경우에는 양 윙백이 수적 열세 상황에 처하게 됐다. 이 경우 산체스와 포그바가 측면으로 가담하진 않았지만, 윙백이 윌리안을 우선순위로 둠으로써 수적 열세 상황을 최대한 극복해보려 했다. 또한 영과 발렌시아가 실질적으로 수적 열세 상황에 처하는 경우도 그리 많지 않았다. 윌리안이 맨유의 왼쪽 진영으로 이동할 경우에는 마티치가 포지셔닝 상으로 커버할 수 있었고, 오른쪽을 공략할 때에는 대개 알론소와 포지션 스위칭을 이뤄냈다. 중앙으로 좁혀 들어오는 알론소는 스몰링의 커버링을 통해 통제했다.

맨유가 무리뉴의 수비 체계에 익숙해지자 첼시는 공격을 전개하는 데 큰 어려움을 겪었다. 특히나 첼시의 센터백들이 누릴 수 있는 전진 패스 옵션이 극도로 제한됐다. 아자르와 윌리안은 마티치와 맥토미니의 통제를 벗어나지 못했으며, 압박 타이밍을 찾은 스몰링과 린델로프는 모라타와의 피지컬 싸움에서 밀리지 않았다.

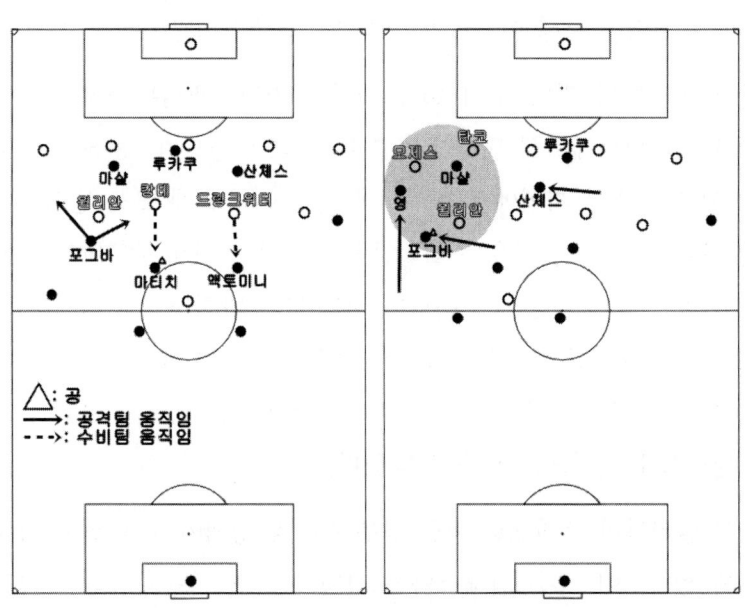

▲ 맨유의 이번 경기 공격 형태. 중앙으로 공격을 전개할 때(좌)와 왼쪽 측면으로 공격을 전개할 때 (우)

한편 맨유가 공격을 전개할 때면 상당히 비대칭적인 형태를 구성했다. 비교적 왼쪽 지역으로 선수들이 밀집된 구조였다. 이날 맨유의 공격적 의도는 첼시의 오른쪽 측면을 집중적으로 공략하는 것이었다. 본질적으로, 첼시의 모제스가 알론소에 비해 수비적으로 불안하기 때문이었다. 맨유는 모제스 쪽을 집중적으로 공략하여 무언가를 만들어가려 했다. 이날 맨유는 왼쪽 방향으로만 전체 공격의 50%를 담당했다.

비단 첼시전 뿐만이 아니라, 맨유는 수비적인 운영을 펼치는 다른 경기들에서도 공격시 상대의 한 쪽 측면만을 집중적으로 공략하는 전술을 종종 활용해왔다. 대표적으로 17/18 시즌 리버풀과 치른 2번의 경기를 예로 들 수 있다. 안필드에서 펼쳐진 리그 8R 경기에서는 오른쪽 방향으로 이뤄지는 공격 전개에 치중했다. 당시 리버풀의 왼쪽 윙백이 수비적으로 불안한 모레노였기 때문이다. 이날 맨유는 오른쪽 방향으로만 전체 공격의 58%를 담당했다. 한편 올드 트래포드에서 치른 리그 30R 일전에서는 오른쪽 윙백인 아놀드가 주 타깃이 됐다. 당시 무리뉴는 래쉬포드와 루카쿠를 통해 리버풀의 오른쪽 측면을 깨뜨리려 했고, 이는 매우 성공적이었다. 이날 맨유는 왼쪽 방향으로만 전체 공격의 55%를 담당했다.

맨유의 비대칭적인 공격 형태에 따라 양 측면의 마샬과 산체스는 각각 다른 역할을 부여받았다. 이들은 1차적으로 각 측면의 하프 스페이스를 점유했지만, 2차적으로는 다른 형태로 움직였다. 마샬은 측면 지향적으로 활동했다. 맨유가 왼쪽으로 공격을 전개할 때면 볼 주위 지역으로 합류했다. 무리뉴는 마샬의 번뜩임을 통해 무언가를 만들어내려 했을 것이다. 이날 마샬은 주로 아스필리쿠에타와 1 대 1 구도를 형성했다. 한편 오른쪽의 산체스는 굉장히 중앙 지향적으로 움직이며 루카쿠를 직접적으로 보좌했다. 산체스의 포지셔닝에 따라 맨유가 왼쪽 진영에 많은 공격 숫자를 두게 된 것이다. 이날 산체스는 65분 이전까지 - 무리뉴가 역할 변화를 주기 전까지 - 오른쪽 하프 스페이스와 중앙 지역을 유기적으로 오갔다.

맨유 3명의 미드필더 중 포그바는 메짤라 롤을 수행했다. 이날 포그바는 마티치, 맥토미니에 비해 자유롭게 움직이며 왼쪽 하프 스페이스 지역을 담당했다. 후방 빌드업 단계에서는 3선으로 내려와 플레이 메이킹을 이끌었지만, 공격 단계에서는 측면으로 넓게 벌려서기도 했다. 이날 맨유의 왼쪽 지역 공격을 담당한 선수는 영과 마샬, 포그바였다. 이들은 자유롭게 움직였지만, 대체적으로 영이 모세스를, 마샬이 아스필리쿠에타를, 포그바가 윌리안을 상대할 때가 많았다. 포그바는 빌드업 단계에서부터 윌리안을 크게 흔들었다. 첼시 5-4-1 수비 대형의 특징상, 윌리안이 미드필더 라인과 함께하는 장면이 많지 않았기 때문이다.

맨유가 왼쪽으로 공격을 전개할 때면 굳이 무리한 도전을 시도하지 않았다. 전체적인 공격 공간이 매우 제한적일 뿐더러, 윌리안과 아자르가 역습에 대한 채비를 하고 있었기 때문이다. 맨유가 역습을 허용할 경우에는 윌리안이 전진한 영의 뒷공간을 공략할 수 있었다. 왼쪽 측면에서의 맨유는 크게 2가지 요소를 노리는 듯했다. 첫째는 마샬의 번뜩임을 통한 순간적인 공간 창출이고, 둘째는 루카쿠를 겨냥하는 단순한 크로스 찬스였다.

맨유는 중원에서 조직적으로 움직이는 마티치와 맥토미니를 통해 첼시의 2미드필더를 끌어내려 했다. 첼시의 라인 사이 간격을 벌린다면 산체스가 루카쿠를 더욱 자유롭게 지원할 수 있었다. 상황에 따라서라면 루카쿠, 마샬, 포그바 등이 직접 라인 사이 지역으로 들어가 공격을 이끌어나갈 수도 있었다. 맨유의 첫 번째 골 장면이 이러한 전술적 원리가 적용된 대표적인 상황이었다.

하지만 맨유는 이러한 공격 체제 속에서 생각보다 만족스러운 모습을 보여주지 못하는 듯 보였다. 마샬은 아스필리쿠에타와의 1 대 1 구도에서 우위를 점하지 못했으며, 산체스는 라인 사이 지역에서 기대만큼의 영향력을 발휘하지 못했다. 그렇기 때문에 루카쿠 역시 첼시 3명의 센터백들 사이에서 적극적인 지원을 받기 힘들었다.

64분 무리뉴는 양 팀 통틀어 첫 번째 교체 카드를 꺼내들었다. 맨유의 공격 형태에 변화를 주기 위함이었다. 무리뉴는 마샬을 빼고 린가드를 투입했다. 이 시점부터 산체스가 왼쪽으로 이동하여 기존 마샬의 롤을 수행하고, 린가드가 중앙에서 루카쿠를 지원하는 형태로 변화했다.

린가드는 측면 크로스 상황에서 골을 넣을 수 있는 확실한 자원이다. 앞장에서 소개했듯 피지컬을 통해 상대 수비수와 경합하기보단, 반응 속도와 위치 선정으로 경합 싸움에서 우위를 점하는 스타일이다. 린가드의 존재는 루카쿠가 측면으로 더욱 자유롭게 움직일 있게끔 만들어줬다. 그리고 체력적으로 지친 첼시의 수비 라인을 직접적으로 흔들며 산체스나 루카쿠에게 공간을 열어주기도 했다.

5분 린가드에게 역전골을 허용한 첼시는 공격적인 교체를 감행하기 시작했다. 78분 오른쪽 윙백인 모제스를 빼고 스트라이커 지루를 투입한 것이었다. 이로써 첼시는 굉장히 공격적인 4-2-4 대형으로 전환했다. '알론소-뤼디거-크리스텐센-아스필리쿠에타'가 백4를, '드

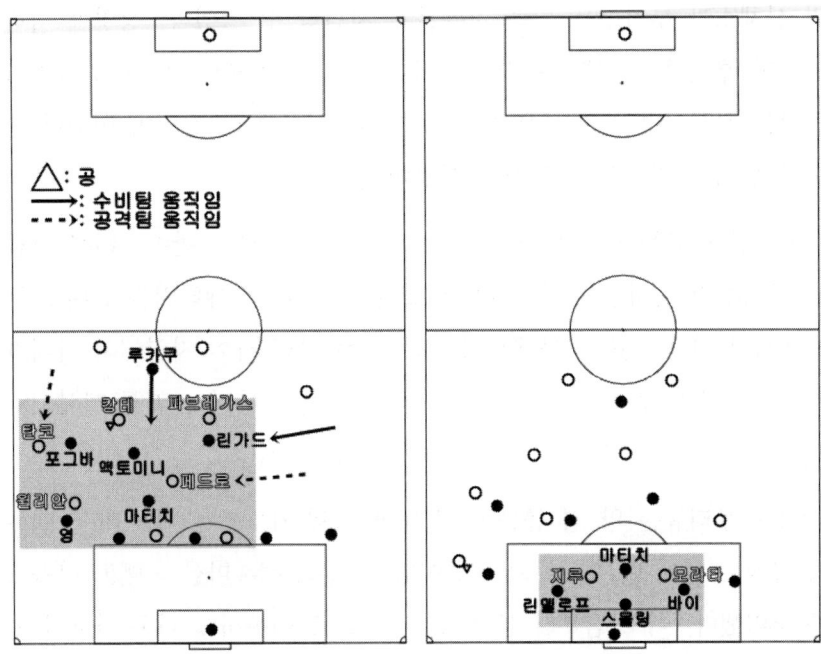

▲ 양 팀의 교체가 이뤄진 이후 펼쳐진 경기구도

링크워터-캉테'가 미드필더 라인을, '페드로-모라타-지루-윌리안'이 1선을 구성하는 형태였다. 이후 81분 드링크워터대신 파브레가스를 투입시키며 더욱 공격적인 형태로 나섰다.

콩테의 교체 의도로는 크게 2가지로 해석할 수 있다. 첫째는 전체적인 대형에 변화를 주기 위함이었다. 상술했듯 맨유는 첼시의 3-4-3 시스템에 맞춘 수비 대형을 들고 나왔다. 그렇기 때문에 공격적인 교체를 감행하더라도, 대형적으로 변화를 줄 수 있는 옵션을 선택하는 것이 더욱 효율적인 결정이었다. 콩테는 4-2-4로의 대형 변화를 통해 맨유의 수비 체계에 혼선을 주려 했다.

둘째는 대형 변화를 시도하더라도 중원 2미드필더가 맨유의 린가드(기존 산체스 롤)와 포그바에게 마킹 당할 수 있기 때문이었다. 이 경우 첼시는 기존처럼 후방 빌드업 단계에 큰 어려움을 겪을 수 있었다. 콩테는 이러한 상황을 대비하기 위해 최전방에 장신의 모라타(189cm)와 지루(192cm)를 모두 배치한 듯 보였다. 파브레가스(기존 드링크워터)와 캉테가 후방 빌드업 단계에서 영향력을 발휘하지 못할 경우, 센터백들은 최전방 2톱을 겨냥하는 롱 볼 옵션을 선택할 수 있었다.

첼시의 4-2-4 시스템에서는 측면의 페드로와 윌리안이 자유롭게 움직였다. 이들은 포지션에 구애받지 않고 활발하게 볼 주위 지역으로 가담했다. 이를 통해 더욱 많은 크로스 기회를 창출하려 했으며, 박스 안에 위치한 모라타와 지루의 피지컬을 200% 활용하려 했다. 측면의 아스필리쿠에타와 알론소 역시 굉장히 공격적으로 활동했다.

한편 무리뉴는 이에 대한 대응책을 준비해온 듯 보였다. 81분, 콩테가 파브레가스를 투입하려 할 때 무리뉴 역시 교체 카드를 꺼내든 것이다. 그는 산체스를 빼고 센터백 바이를 투입했다. 이 시점에서의 맨유는 5-1-3-1과 같은 대형을 형성했다. '영-린델로프-스몰링-바이-발렌시아'가 수비 라인을, 마티치가 그 윗선을, '포그바-맥토미니-린가드'가 2선을, 루카쿠가 최전방을 맡는 형태였다.

맨유의 수비적 특징은 크게 2가지였다. 첫째는 2선의 '포그바-맥토미니-린가드' 라인이 항상 좁은 간격을 유지하며 볼 주위 지역에 가담하는 것이었다. 이는 페드로와 윌리안이 자유롭게 활동하여 첼시의 공격을 이끌어가는 것에 대한 대응책이었다. 마티치 역시 이들과 좁은 간격을 유지하며 볼 주위 지역에 수비 숫자를 확보했다.

둘째는 백3 라인 바로 윗선에 마티치를 배치함으로써, 모라타와 지루의 피지컬을 무마하려는 것이었다. 최후방에 위치한 맨유 4명의 선수들 역시 강인한 피지컬을 자랑하는 선수들이었다. 당장 신장만 보더라도 네 선수 모두가 190cm에 육박하거나 그보다 컸다(린델로프 187cm, 스몰링 193cm, 바이 187cm, 마티치 194cm). 맨유는 이들을 통해 모라타와 지루의 우직한 피지컬에 대응할 수 있었다.

06
리버풀 vs 맨체스터 시티

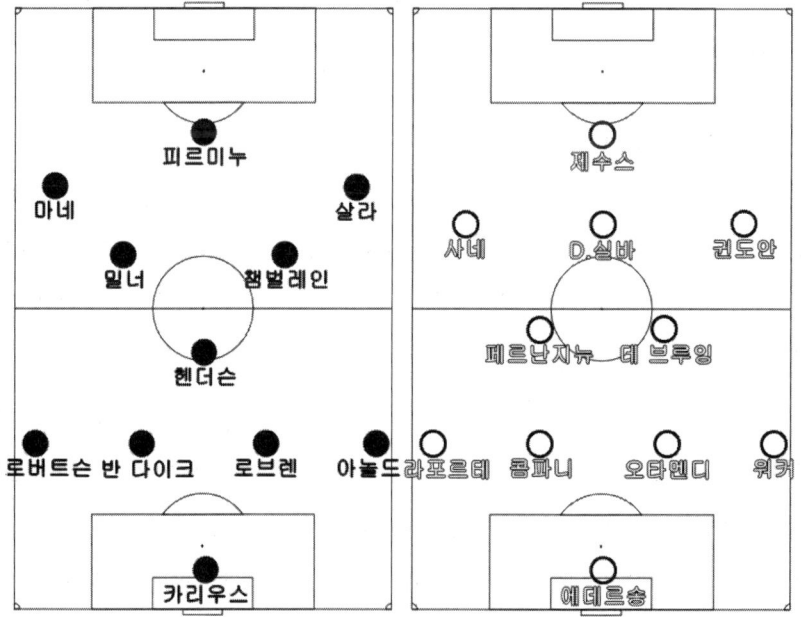

▲ 리버풀-맨시티전 선발 라인업

경기 날짜	2018년 4월 4일 19시 45분 – 현지 시각 2018년 4월 5일 3시 45분 – 한국 시각
경기 결과	3 대 0, 리버풀 승
득점자	12 살라, 20 챔벌레인, 31 마네
경기 부류	17/18 챔피언스리그 8강 1차전
경기 장소	안필드 (리버풀 홈, 맨시티 원정)
후보 명단	리버풀 – 도미닉 솔란케, 알베르토 모레노, 조르지오 바이날둠, 시몬 미뇰렛, 코너 마스터슨, 대니 잉스, 나다니엘 클라인 맨시티 – 라힘 스털링, 다닐루, 클라우디오 브라보, 베르나르도 실바, 알렉산드로 진첸코, 존 스톤즈, 파비안 델프
결장 명단	리버풀 – 엠레 찬, 조 고메즈, 아담 랄라나, 조엘 마팁 (부상) 맨시티 – 세르히오 아구에로 (부상)

 양 팀 모두 주말 리그 경기에서 체력 안배를 위한 로테이션을 가동하진 않았다. 주중 챔피언스리그 경기 라인업과 비교해봤을 때, 리버풀과 맨시티 모두 한 자리만을 변화시켰다. 리버풀은 바이날둠 대신 챔벌레인을, 맨시티는 스털링 대신 귄도안을 챔피언스리그 일전에 꺼내들었다.

 전력 누수가 심했던 쪽은 홈팀 리버풀이다. 이날 리버풀의 부상 명단에 오른 4명의 선수들은 모두 즉시 전력감인 자원들이었다. 찬과 고메즈, 마팁은 확고한 주전 자리를 꿰찬 선수들이고, 랄라나는 어느 포지션이든 소화할 수 있는 멀티 플레이어다. 가장 큰 손실은 수비 라인 쪽에 일어났다. 윙백 고메즈와 센터백 마팁이 모두 빠지며 수비 라인에만 2명의 선수들이 결장하게 됐기 때문이다. 클럽은 이들의 공백을 메우기 위해 98년생의 어린 센터백인 코너 마스터슨을 벤치에 앉히는 선택을 했다.

클롭은 전술적으로 큰 변화를 주진 않았다. 이날 리버풀은 자신들의 4-3-3 전술 체계를 기반으로 경기를 치러나갔다. 맨시티전을 앞두고 달라진 점이라면 좌우 미드필더 자리에 챔벌레인을 기용했다는 사실이었다. 리버풀은 2경기 전에(리그 30R 맨유전) 마지막으로 활용했던 챔벌레인 카드를 이날 챔피언스리그 일전에 다시 꺼내 들었다. 챔벌레인은 1월 맨시티와의 리그 경기에서 골을 터뜨린 기억이 있었다.

주목해야 할 팀은 맨시티다. 그간 과르디올라는 기본적인 전술 체계는 유지하되, 그 안에 상생하는 여러 요소들을 변형하는 식으로 전략을 세워왔다. 큰 폭의 전술 변화는 잘 시도하지 않은 것이었다. 그러나 이번 리버풀전은 달랐다. 이날 과르디올라는 백4와 백3 대형을 유기적으로 혼용한다는 파격적인 시스템을 꺼내들며 전술적 승부수를 던졌다.

변화의 바람은 리버풀전에 앞서 열린 에버튼과의 리그 경기에서부터 불었다. 당시 과르디올라는 3-5-2 시스템을 들고 나왔다. 제수스와 스털링이 2톱을, 'D.실바-페르난지뉴-데 브루잉'이 3미드필더를, '라포르테-콤파니-오타멘디'가 센터백 라인을 이루는 형태였다. 양 측면 지역은 사네와 워커가 담당했다. 이날 에버튼전은 주중 챔피언스리그를 위한 일종의 시범 경기이기도 했다.

프리미어리그 전술 백배 즐기기

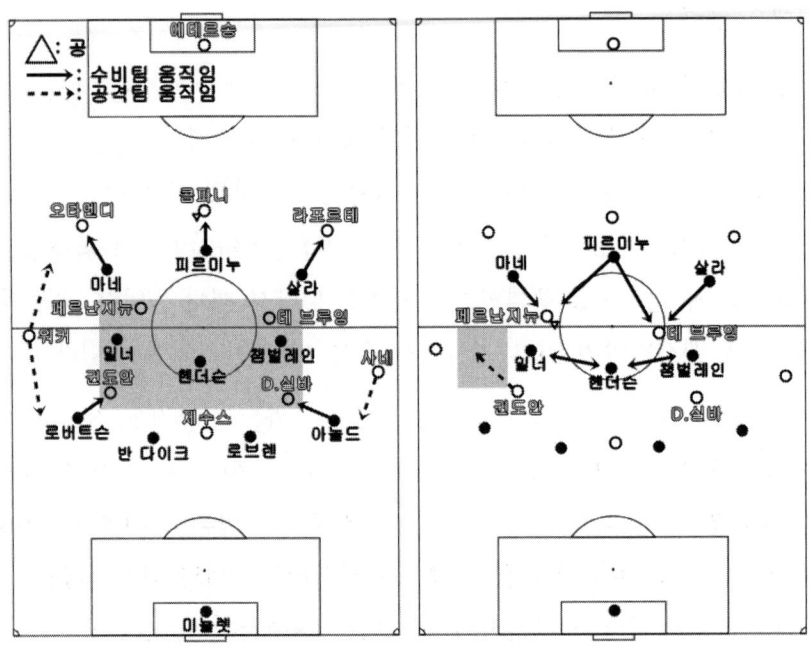

▲ 맨시티의 후방 빌드업 형태와 리버풀의 전방 압박

　맨시티가 본격적인 빌드업을 시작할 때면 백3 대형으로 전환했다. 왼쪽의 라포르테가 중앙으로 좁히고, 오른쪽의 워커가 전진한 형태였다. 맨시티는 이러한 백3 대형을 형성하기 위해 이날 콤파니와 오타멘디의 자리를 바꿔 배치했다. 기존에 오타멘디와 콤파니가 센터백 콤비를 이룰 때면 오타멘디가 왼쪽을, 콤파니가 오른쪽을 담당했다. 오타멘디는 스톤스와 짝을 이룰 때도 왼쪽으로 뛸 만큼 왼쪽 센터백 자리에 익숙한 선수이기 때문이다. 그러나 이번 리버풀전에서는 오타멘디가 백4 수비 라인의 오른쪽을, 콤파니가 왼쪽을 담당했다. 이는 백3 전환시 공격적인 성향을 지닌 오타멘디가 측면 지역을 담당하도록 하기 위해서였다.

워커의 전진에 따라 공격 진영에도 변화가 일어났다. 귄도안과 D.실바가 연쇄적으로 밀려나면서 이들이 각 측면의 하프 스페이스를 담당하게 된 것이다. 이로써 맨시티는 백3 대형으로 전환할 때 3-4-2-1과 같은 포메이션을 띠게 됐다. 워커와 사네가 양 측면 지역을 담당하는 형태였다.

맨시티는 백3 전환을 통해 크게 3가지 부분을 의도했다. 첫째는 중원 지역에서 수적 우위를 형성하는 것이었다. 앞 리버풀편에서 소개했듯, 윙어인 살라와 마네는 미드필더 라인으로 내려오는 빈도가 적다. 이들은 주로 1선에 머물러 피르미누와 함께 상대 수비 라인을 강하게 통제하고, 수-공 전환 단계에서 위치적 우위를 점한다. 그렇기 때문에 리버풀은 대부분의 수비 상황에서 3미드필더만으로 중원을 장악해야 했다.

물론, 이러한 살라와 마네의 성향 때문에 맨시티는 센터백 라인에서의 빌드업 과정에서 어려움을 겪기도 했다. 리버풀이 조직적인 4-3-3 대형으로 전방 압박을 가함에 따라 맨시티의 3센터백을 1 대 1로 수비할 수 있었기 때문이다. 라포르테와 콤파니, 오타멘디는 전반전 동안 리버풀 3톱의 압박에 고전했다. 클롭은 경기 후 인터뷰에서 다음과 같이 말했다. "맨시티는 기회를 만들어내지 못했습니다. 저희가 올바른 타이밍에 압박을 가했기 때문이죠. 특히나 전반전에 정확한 압박을 가했습니다. 상대의 빌드업 상황에서요. 공격진들의 선수들이 굉장히 잘해줬습니다. 마네가 조금이라도 달려들면, 침착하고 자신감에 찬 오타멘디와 콤파니가 백패스를 시도하는 장면이 연출됐습니다."

맨시티는 중원 지역에 페르난지뉴, 데 브루잉, D.실바, 귄도안을 모두 배치하여 리버풀의 3미드필더를 상대로 수적 우위를 이뤄내려 했다. 3선의 페르난지뉴와 데 브루잉이 볼을 잡을 때면, 하프 스페이스의 D.실바와 귄도안이 리버풀 좌우 미드필더의 옆 공간으로 벌려 섰다. 맨시티는 이를 통해 볼을 전진시키거나 상대 3미드필더의 간격을 벌리려 했다. 밀너와 헨더슨, 챔벌레인의 간격이 벌어질 경우에는 제수스나 반대편 하프 스페이스의 선수가 공간을 확보할 수 있었다.

개인적으로는, 과르디올라가 리버풀과 맨시티의 과거 경기들을 통해 이러한 전술적 아이디어를 얻어온 것이라고 생각한다. 우선 3미드필더를 상대로 수적 우위를 이뤄내는 것은 포체티노가 리버풀과의 리그 26R 경기에서 선보인 아이디어였다. 당시 포체티노는 알리, 에릭센, 다이어, 뎀벨레를 모두 중원에 배치한 4-2-2-2 대형을 꺼내 들었다. 한편 3미드필더를 상대로 옆 공간을 공략하는 것은 맨시티가 첼시와의 리그 7R 경기에서 꺼내든 무기였다.

> '델프 윙백 기용' 카드를 처음으로 꺼내든 때가 첼시와의 리그 7R 경기였다. 당시 과르디올라는 윙어 사네와 스털링을 통해 첼시의 양 윙백을 묶어내고, 좌우 미드필더인 D.실바와 데 브루잉을 활용하여 상대 3미드필더의 옆 공간을 공략했다. 당시 맨시티는 중원에 3명의 선수를 둔 4-3-3 포메이션이었기 때문에, D.실바나 데 브루잉이 측면으로 빠질 때면 윙백 델프가 중앙으로 좁혀와야만 했다.

둘째는 사네와 아놀드 간의 1 대 1 구도를 빈도 높게 조성하고, 이를 적극적으로 활용하는 것이었다. 아놀드는 리그 30R 맨유전(맨시티전 2경기 전)과 32R 팰리스전(맨시티전 전 경기)에서 굉장히 불안한 모습을 보여줬다. 노스웨스트 더비에서는 아놀드 쪽에서 맨유의 2골이 터졌으며, 팰리스전에서는 윌프레드 자하에게 굉장히 고전했다. 무리뉴는 리버풀과의 경기 후 인터뷰에서 다음과 같이 말하기도 했다. "저의 의도는 아놀드를 직접적으로 공략하는 것이었습니다. 아놀드는 빠르지만, 래쉬포드는 더욱 빠르죠. 리버풀은 뒤에서 수비할 때 문제점을 노출했습니다."

과르디올라는 리버풀의 최대 불안 요소인 아놀드를 공략하기 위해 사네의 의도적 고립 상황을 조성했다. 사네의 의도적 고립은 대개 워커가 후방 빌드업 단계에 적극적으로 가담하면서 만들어졌다. 워커를 주축으로 맨시티의 후방 빌드업이 오른쪽 방향으로 전개된다면, 리버풀의 압박 대형이 왼쪽으로 쏠렸기 때문이다. 사네의 의도적 고립을 활용할 경우 맨시티는 후방 빌드업 상황에서 빠르게 페너트레이션 단계로 넘어갈 수 있었다. 맨시티는 상대 진영에서 볼을 점유하는 상황에서도 터치라인 부근으로 벌린 사네를 적극적으로 활용했다.

셋째는 리버풀의 핵심 공격 자원인 살라를 통제하기 위함이었다. 리버풀의 3톱 중에서 역습시 가장 매서운 선수는 살라다. 살라는 볼을 치고 달리는 속도가 굉장히 빠른 공격수다. 그렇기 때문에 역습 상황에서 공간만 주어진다면, 단숨에 상대 골문 앞 지역까지 도달할 수 있다. 상대팀이 높은 수비 라인을 유지하는 맨시티라면 살라의 이러한 강점은 배가될 것이다. 과르디올라는 이를 통제하기 위해 라포르테가 센터백 라인에 머물고, 워커가 적극적으로 전진하는 백3 대형을 꺼내 들었다.

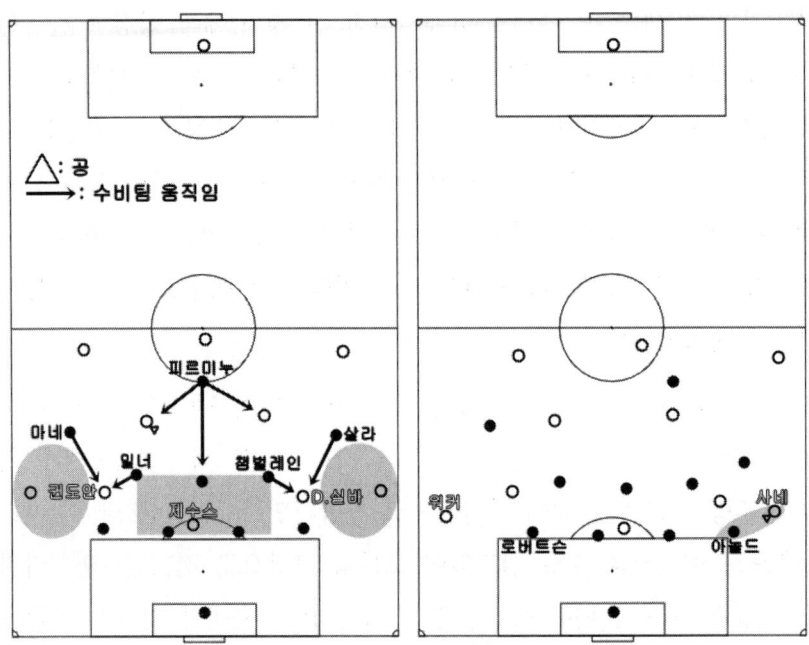

▲ 맨시티가 페너트레이션 단계에서 겪은 문제점

맨시티는 변형 백3 시스템을 통해 비교적 쉽게 볼을 전진시킬 수 있었다. 리버풀의 '공격-미드필더' 라인 사이 지역에 위치한 데 브루잉과 페르난지뉴가 볼을 잡는데 성공한다면, 중원 지역에서 형성하는 수적 우위를 통해 페너트레이션 단계로 어렵지 않게 도달할 수 있었다. 또한 후방 빌드업 단계에서부터 활용하는 사네의 의도적 고립을 통해 단 한 번의 패스만으로도 높은 지점에 볼을 투입시킬 수 있었다.

맨시티가 페너트레이션 단계에 돌입했을 때면 리버풀은 굉장히 견고한 수비 대형을 형성했다. 측면 마네와 살라의 위치에 따라 4-3-3과 4-5-1 대형을 오갔다. 이날 리버풀의 공격 라인은 후방 수비 상황에 굉장히 적극적으로 내려오며 수 싸움을 도와줬다. 맨시티가 최고 수준의 페너트레이션을 구사하는 팀으로 이날 리버풀은 경기 시작 30분 만에 3골을 몰아넣었기 때문이다.

리버풀은 종/횡적으로 굉장히 폭 좁은 수비 대형을 형성했다. 수비와 미드필더 라인 간의 간격은 단 5~6m 정도밖에 되지 않았다. 리버풀 4명의 수비수들과 3미드필더는 좁은 간격을 유지하며 위험 지역을 집중적으로 봉쇄했다. 최후방 백4 라인 역시 타이트하게 유지했다. 윙백인 로버트슨과 아놀드는 1차적으로 박스 안 지역을 지키는데 주력하며 맨시티의 콤비네이션 플레이를 통제했다.

맨시티는 리버풀의 후방 수비 대형을 전혀 뚫어내지 못했다. 우선 최전방의 제수스가 완벽하게 봉쇄됐다. 그는 굉장히 타이트한 리버풀의 라인 사이 지역에서 아무것도 하지 못했다. D.실바와 귄도안은 리버풀 3미드필더의 옆 공간을 공략하는데 주력했기 때문에, 기존의 4-3-3 시스템에서와 같이 제수스를 적극적으로 지원할 수도 없었다. 이날 제수스는 단 25번만의 볼 터치 횟수를 기록했다. 이는 선발 출전한 맨시티 선수들 중 최하위에 달하는 수치였으며, 57분에 교체로 들어온 스털링보다 단 2회 많은 기록이었다.

과르디올라가 의도한 중원 지역에서의 수적 우위도 이뤄내지 못했다. 우선 하프 스페이스에 위치한 D.실바, 귄도안은 리버풀의 좌우 미드필더와 윙어로부터 집중적인 견제를 받았다. 상술했듯 살라와 마네가 적극적인 수비를 펼친 탓에, 맨시티의 하프 스페이스 활용을 성공적으로 통제할 수 있었다. D.실바와 귄도안은 페너트레이션 단계에서 좀처럼 공간을 확보하지 못했다. 한편 3선의 페르난지뉴와 데 브루잉은 피르미누가 적극적으로 내려와 통제했다. 그렇기 때문에 3미드필더의 간격이 벌어지더라도, 리버풀은 피르미누를 통해 즉각적으로 공간을 메울 수 있었다.

결국 맨시티가 승부를 봐야 하는 공간은 측면이었다. 리버풀의 촘촘한 밀집 수비 대형에 따라, 1차적으로 측면 공간은 열어놨기 때문이다. 맨시티가 측면으로 공격을 전개할 때면 로버트슨과 아놀드가 즉각적으로 나서 수비했다. 맨시티의 공격 형태상 페네트레이션 단계에서 자유를 얻게 되는 선수는 터치라인 부근의 사네와 워커가 됐다.

이날 유일하게 공간을 얻은 사네와 워커는 아놀드/로버트슨과의 1대 1 구도에서 전혀 우위를 점하지 못했다. 자유를 누렸는데도 불구하고 무언가를 만들어내지 못한 것이다. 그렇기 때문에 맨시티의 공격 패턴은 자연스레 측면에서 시도되는 크로스에만 의존하게 됐다. 제수스와 귄도안, D.실바는 로브렌, 반 다이크와의 크로스 경합에서 전혀 우위를 점할 수 있는 선수들이 아니었다. 이날 맨시티는 무려 28번의 크로스를 시도했다.

과르디올라는 후반전을 맞이하면서 변화를 주기 시작했다. 처음은 데 브루잉과 귄도안의 위치를 바꾸는 것이었다. 맨시티는 후반전에 돌입하면서부터 귄도안이 3선에, 데 브루잉이 오른쪽 하프 스페이스에 위치한 형태로 전환했다. 기본적인 전술 체계는 유지하되, 포지션 스위칭을 통해 무언가를 만들어내기 위해서였다.

이후 53분에는 리버풀에 변화가 찾아왔다. 살라가 사타구니 부상을 당하며 이탈한 것이었다. 클롭은 미드필더인 바이날둠 카드를 투입함으로써 이를 메우려 했다. 53분 이후의 리버풀은 '마네-피르미누-챔벌레인'이 3톱을, '밀너-헨더슨-바이날둠'이 미드필더 라인을 이루는 4-3-3 시스템으로 전환했다.

57분에는 과르디올라가 본격적인 전술 변화를 가했다. 귄도안을 빼고 윙어 스털링을 투입한 것이었다. 이로써 데 브루잉은 기존에 위치했던 3선으로 다시 돌아가게 됐다. 스털링은 오른쪽 하프 스페이스 지역을 담당하지 않았다. 그는 빌드업 단계에서부터 측면으로 넓게 벌려 로버트슨을 상대했다. 스털링의 이러한 역할에 따라, 57분 이후의 맨시티는 왼쪽 방향으로만 빌드업을 전개하게 됐다.

과르디올라는 스털링 카드를 통해 기존의 문제점을 풀어내려 했다. 상술했듯, 맨시티가 57분간 페너트레이션 단계에서 겪은 문제점은 측면 지역에서 무언가를 만들어내지 못한다는 것이었다. 과르디올라는 스털링을 통해 로버트슨을 공략하려 했다. 스털링은 워커에 비해 공격적으로 훨씬 날카로운 선수다. 본질적으로 윙어 자원이기 때문이다. 또한 워커 역시 적극적인 오버래핑을 시도했기 때문에 로버트슨을 상대로 2 대 1 수적 우위를 이뤄낼 수 있었다. 맨시티는 왼쪽 방향으로만 빌드업을 전개하되, 페너트레이션 단계에서는 양 사이드를 골고루 활용했다. 후반전 리버풀은 윙어의 적극적인 수비 가담을 통해 스털링을 막아냈다.

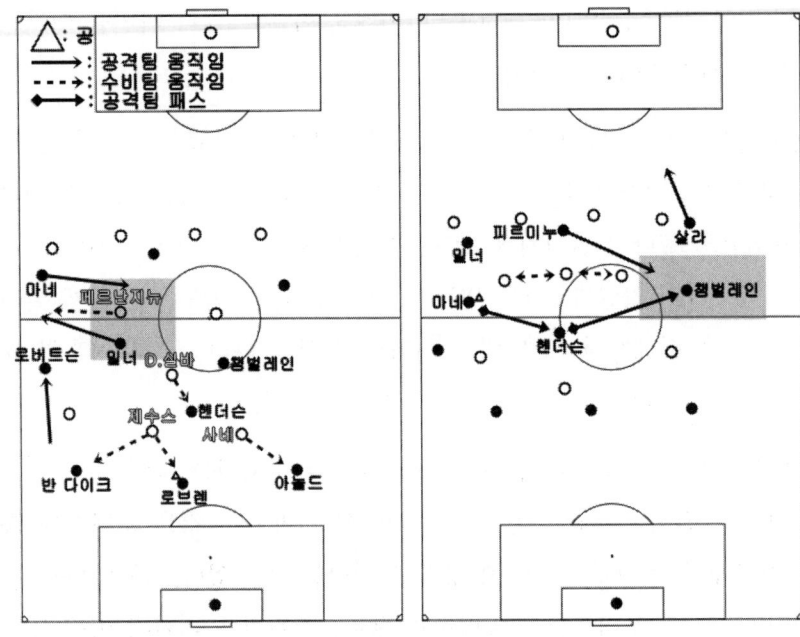

▲ 리버풀의 공격 형태

　맨시티는 늘 그랬듯 높은 지점에서부터 리버풀을 통제하려 했다. 이들이 수비를 시작할 때면 백4 형태로 전환했다. 전체적으로 선발 라인업의 4-2-3-1과 비슷한 대형이었다. 맨시티가 4-2-3-1 대형을 바탕으로 전방 수비를 진행할 때면 구조적으로 4-3-3의 리버풀과 1 대 1 구도를 이뤄내기도 했다.

　리버풀은 주로 맨시티의 오른쪽 진영을 공략하려 했다. 이날 리버풀은 왼쪽 방향으로만 전체 공격의 44%를 담당했다. 공격 능력이 뛰어난 로버트슨을 활용하고, 아놀드의 오버래핑 빈도를 줄이기 위함이었을 것이다. 상술했듯 이날 맨시티는 사네 쪽을 적극적으로 활용했기 때문에 아놀드가 후방 지역을 고정적으로 지켜야 할 필요가 있었다.

리버풀은 맨시티의 역동적인 압박 성향을 이용했다. 맨시티의 강한 압박을 유도하고, 이때 순간적으로 창출된 빈 공간을 공략하려 했다. 리버풀의 1차적인 작업은 후방 빌드업 단계에서부터 이뤄졌다. 맨시티가 '사네-D.실바-제수스' 역삼각 대형을 통해 리버풀의 후방 빌드업을 통제하려 할 때면, 주로 반 다이크, 로브렌, 로버트슨, 아놀드, 헨더슨 5명의 선수들이 패스 게임을 통해 이들을 벗겨냈다.

맨시티의 허점을 찌르는 선수들은 마네와 챔벌레인이었다. 후방 지역에서의 볼 공유를 통해 맨시티의 수비 간격이 벌어졌다면, 마네와 챔벌레인은 빈 공간을 찾아 들어가 볼을 받아낼 채비를 했다. 포지셔닝에 따라 마네가 왼쪽을, 챔벌레인이 오른쪽 진영을 담당했다.

리버풀이 왼쪽 방향으로 공격을 전개할 때면 로버트슨과 밀너가 맨시티의 수비수들을 끌어냈다. 로버트슨은 지치지 않은 활동량을 통해 맨시티를 종적으로 크게 흔들었다. 수비와 공격 진영을 자유롭게 넘나들며 후방 빌드업과 공격 단계에 모두 광범위한 영향력을 발휘했다. 이날 로버트슨이 기록한 52번의 볼 터치 횟수는 팀 내 최다 수치였다. 한편 밀너는 메짤라 롤을 통해 맨시티의 미드필더를 측면으로 끌어내거나 로버트슨, 마네를 지원하려 했다. 리버풀이 로버트슨과 밀너를 통해 맨시티의 왼쪽 진영에 공간을 만들어냈다면, 마네가 그 지역으로 빠르게 이동하여 영향력을 발휘했다.

리버풀의 이러한 공격 형태에 따라 피르미누는 주로 오른쪽 진영에 무게중심을 뒀다. 왼쪽 진영에 비해 오른쪽 지역은 볼에 대해 적극적이지 않았기 때문이다. 상술했듯 아놀드는 공격에 적극적으로 가담하

기 힘든 환경이었으며, 살라는 연계에 강점을 가진 공격수가 아니다. 피르미누는 오른쪽으로 담하여 챔벌레인과 함께 공격을 이끌어가야 할 필요가 있었다.

챔벌레인 역시 리버풀의 왼쪽 공격 상황에서 공간을 얻어갔다. 맨시티의 미드필더 라인이 볼 주위 지역으로 몰릴 때면, 챔벌레인이 반대편 지역으로 침투하여 자유를 누렸다. 이날 챔벌레인은 이 지역에서 환상적인 중거리 골을 뽑아냈다(D.실바와 사네 사이 공간). 챔벌레인은 지난 2018년 1월의 맞대결에서 이와 비슷한 전술적 역할을 수행하기도 했다.

참고 문헌

1. Independent – Mauricio Pochettino boldly went toe to toe with Manchester City – but that is not why Tottenham were thrashed 15p
2. Tribuna Expresso – As lições do professor Mourinho 23p
3. Sky Sports – Thierry Henry on Pep Guardiola: Tactics, training and what it's like to play for new Manchester City boss 48p
4. Calciomercato – Manchester City's De Bruyne loves Pep Guardiola's approach 48p
5. Goal – 'Long ball, long ball, long ball' – Guardiola digs out Man Utd as he explains City approach 128~129p
6. Dream Team – Maurizio Sarri gives hipster answer when asked about Man City's most dangerous player 132p
7. The Guardian – Manchester City justify Pep Guardiola's £130m spent on full-backs 143p
8. Calciomercato – Manchester City's De Bruyne loves Pep Guardiola's approac 145~146p
9. The Guardian – Pep Guardiola happy as Man City repeat 'Fergie time' trick against West Ham 150p
10. Chronicle Live – Pep Guardiola: Newcastle scored 'only time' they crossed halfway line in second half vs Man City 151p
11. YouTube – Pep Guardiola Full Pre-Match Press Conference – Tottenham v Manchester City 156p
12. Twitter Anfield HQ – Thierry Henry: "I would've liked to have played with this guy." 168p
13. Mirror – Jurgen Klopp interview on US TV: Full transcript as Liverpool boss talks tactics after Man City win 168~169p

14. Sky Sports - Carlos Carvalhal says Swansea are preparing a 'surprise' for Liverpool 182p

15. BBC - Manager Carlos Carvalhal says Swansea put "Formula 1 car" Liverpool in traffic as the Premier League's bottom club claimed a famous victory at the Liberty Stadium. 182p

16. Sky Sports - Jurgen Klopp says Liverpool heart will win games rather than tactics 186p

17. Liverpool Fc - Jürgen Klopp's verdict on Reds' defeat at Tottenham 197p

18. Liverpool Fc - Jürgen Klopp praises 'mature' Reds display in Saints win 197p

19. Twitter Chris Wheatley - Wenger on changing to three at the back: "The first time in 20 years. That shows that even at my age you can change." 198p

20. Telegraph - Aaron Ramsey injury tempts Arsene Wenger to return Arsenal to back four for West Ham trip 211p

21. Arsenal - Mkhitaryan - Why I always dreamt of playing here 214p

22. Arsenal - Wenger - Why Elneny can be a success 216p

23. Telegraph - Antoine Griezmann to Manchester United: everything you need to know with the transfer appearing unlikely 231p

24. Independent - Zlatan Ibrahimovic sends reminder to Manchester United in 'King Kong' Instagram post 232p

25. Liverpoolecho - Garbutt: Why Everton's Romelu Lukaku struggled with his heading plus views on Koeman, Rooney and the future 241~242p

26. ManchesterEvening - Manchester United manager Jose Mourinho reveals where Paul Pogba played at Newcastle 249~250p

27. Sky Sports - Jose Mourinho defends Man Utd tactics after draw at Sevilla 262p

28. City Watch - Pep's Presser: Silva, Kompany & Delph injury updates ahead of United vs City, feelings on the Manchester derby 310~311p

29. YouTube - Manchester City 4-1 Tottenham - Pep Guardiola Post Match Press Conference - Premier League #MCITOT 316~317p

30. Independent - Mauricio Pochettino boldly went toe to toe with Manchester City - but that is not why Tottenham were thrashed 321p

31. ManchesterEvening - Four Manchester United players praised by Jose Mourinho vs Chelsea 334~335p

32. Twitter Dan Levene - Conte on Hazard substitution: "I think he was finished his energy. In the first half he ran a lot. 337p

33. ManchesterEvening - Four Manchester United players praised by Jose Mourinho vs Chelsea 338p

34. Liverpool Fc - Jürgen Klopp warns after City win: 'Nothing is decided yet' 352p